# Soupe maigre
## et
## tasse de thé

Merci au Conseil des Arts du Canada
et au Conseil des Arts du Manitoba
pour l'appui financier apporté
à la publication de cet ouvrage.

Maquette de la couverture :
Réal Bérard

Données de catalogage avant publication (Canada)

La Salmonière, Christine de, 1873-1931
        Soupe maigre et tasse de thé
        ISBN 2-921353-29-6
1. La Salmonière, Christine de, 1873-1931.  2. Vie des pionniers –
Manitoba – Ste-Rose-du-Lac.  3. Ste-Rose-du-Lac (Manitoba) –
Moeurs et coutumes.  4. Pionniers – Manitoba – Ste-Rose-du-Lac – Biographie
I. Titre

FC3399.S258Z49  1994      971.27′02′092      C94-920092-1
F1064.5.S258L347  1994

Dépôt légal : 3ᵉ trimestre 1994, Bibliothèque nationale du Canada

Directeurs : Annette Saint-Pierre et Georges Damphousse

Christine de La Salmonière

# Soupe maigre
## et
## tasse de thé

Éditions des Plaines
C.P. 123
Saint-Boniface (Manitoba)
R2H 3B4

Je dédie ce livre à mes enfants, en particulier à mon bien-aimé Antoine, le seul survivant des deux êtres chéris que j'appelais avec tant d'orgueil : mes Canadiens!

La tombe s'est refermée depuis cinq ans déjà sur l'aîné, sur mon premier-né, mon petit Henri, celui pour qui je destinais ces souvenirs... Fiat!

À mon petit Geoffroy, mon benjamin né sur terre de France qui me console de l'absence de Henri.

Mes enfants chéris, lorsque vous aurez grandi et que vous connaîtrez les épreuves de la vie, souvenez-vous en lisant ce livre d'une mère qui a beaucoup aimé, beaucoup souffert.

Christine

Christine de La Salmonière

# Présentation

Les pages de ce récit ont été écrites il y a juste un siècle par ma grand-mère Christine. Nous les avons précieusement conservées dans nos archives familiales. Le hasard d'une rencontre entre un couple, Thérèse Vincent et Edward Van Humbeck de Winnipeg, et Élisabeth, arrière-petite-fille de cette grand-mère, au cours d'un voyage en Egypte, puis celui de l'intervention d'un éditeur canadien, ont fait revivre ce récit et lui ont donné valeur de témoignage. La vie a parfois beaucoup d'imagination!

Il peut être intéressant d'ajouter quelques commentaires reçus directement de mon grand-père Joseph et de ma grand-mère Christine auprès desquels j'ai vécu jusqu'à ma quinzième année. Je les ai fidèlement gardés en mémoire. Il en est ainsi des raisons qui ont déterminé, à la fin du siècle dernier, l'embarquement au port français du Havre à destination de New York puis de Winnipeg, de quelques dizaines de très jeunes garçons venant des provinces d'Anjou, du Poitou, de la Mayenne, du Saumurois et d'ailleurs. Ces fils de grandes familles, propriétaires de terres agricoles de plus en plus fractionnées par la succession des générations, cherchaient le moyen de s'établir d'une manière indépendante et différente des traditions qui avaient déjà tant de mal à survivre. Les propriétés n'étaient plus protégées par le droit d'aînesse, aboli en 1790, qui avait assuré l'indivisibilité du fief. Ces jeunes gens en partance vers le Canada avaient été touchés par des prospecteurs qui négociaient des concessions pour le compte de deux notaires, l'un en France et l'autre à Winnipeg, qui se sont avérés indélicats et n'ont cessé de nuire à leurs projets. On leur vantait une aventure extraordinaire qui paraissait à leur portée. Elle fut inimaginable, à tel point que la majorité d'entre eux s'empressa de prendre la voie du retour.

Mon grand-père, déjà fiancé, avait l'ardeur et le courage qui déplacent les montagnes. Ses qualités, jointes à une grande fierté, lui permirent d'affronter les premières et rudes épreuves de son implantation à Sainte-Rose. Ingénieux et méthodique, il construisit une maison en rondins, défricha des arpents de terre, mit à couvert quelques animaux et lança son exploitation malgré l'extrême rigueur du climat.

Au début de la troisième année il rejoignit la France, épousa Christine et revint sans attendre avec elle sur sa terre. L'avenir était à eux, ils se découvraient une âme de pionniers canadiens. Trois années s'écoulèrent avec leurs cortèges démesurés de difficultés et d'obstacles, mais aussi de joies comme la naissance de leurs deux fils, Henri et Antoine mon père. Ils avaient alors la certitude que leurs existences seraient canadiennes.

Hélas! la santé de ma grand-mère imposa irrémédiablement leur retour en France. Ils s'installèrent à Nice, sur la Côte d'Azur, puis définitivement au bord du Lac Léman en Savoie. Ma grand-mère est décédée en 1931, mon grand-père deux ans plus tard.

Grand-mère Christine a disparu après une longue maladie. Elle est devenue pour ses petits-enfants un personnage de légende. Ils se souviennent de sa présence affectueuse, de sa joie exubérante, de sa manière de conter des histoires, de donner des fêtes pour eux. Longtemps après, ceux qui l'avaient bien connue, mais surtout ses mémoires, nous ont aidés à mieux la découvrir. Ces pages la révèlent telle qu'elle était. Courageuse dans la détresse, mais désespérée par la rudesse de la vie à Sainte-Rose-du-Lac à laquelle elle n'avait pas été préparée. L'écriture lui a procuré l'évasion dont elle avait besoin. Elle a su en user entraînant tour à tour le lecteur dans ses émotions et dans les événements de sa vie. C'est le vent en furie que l'on entend, le terrible hiver qui se manifeste dès l'automne, l'arrivée brutale du printemps qui fait craquer la glace et inonde les prairies. C'est le feu et les contre-feux, l'humanité des Métis, la drôlerie des faits alors qu'elle frôle le drame. C'est la poésie qui imprègne ses descriptions. C'est la prière dans laquelle elle se réfugie, qui la réconforte. C'est avant tout l'amour qu'elle porte à son mari.

Mon grand-père avait le comportement d'un homme flegmatique et courtois. Il maîtrisait sa sensibilité comme ses réactions face à l'adversité des éléments et des hommes. Avant son départ de France il avait fait des études vétérinaires à Beauvais qu'il a pu expérimenter et mettre en pratique à Sainte-Rose. À son retour ils les a reprises et finalement mises au service du monde rural. De plus, elles lui ont servi pour la gestion des terres héritées de son père. Plus tard j'ai rencontré des cultivateurs qui l'avaient bien connu et se souvenaient de sa personnalité, de sa compétence et de la bonté qu'il manifestait auprès des plus démunis. Par nature et par ses affinités ancestrales, mon aïeul appartenait au monde rural auprès duquel il avait passé sa vie, ce monde qui, de nos jours encore, a gardé ses qualités humaines, morales et ses traditions.

À titre anecdotique, j'ai appris qu'il avait même été amené à soigner un troupeau de rennes que les montagnards cherchaient à acclimater dans les Alpes. Curieusement une expérience analogue est encore en cours, à plus haute altitude mais sans résultat probant.

Il a toujours gardé la nostalgie du Canada et le regret d'avoir quitté le vent d'aventure qui l'avait conquis. Enfin, il a fait construire une demeure sur une colline qui domine le lac Léman. L'horizon en est limité par les montagnes du Jura suisse. Elle est encore habitée par l'un de ses petits-fils qui s'est rendu à Sainte-Rose-du-Lac l'an dernier et qui m'a commenté les émotions qu'il avait ressenties au cours de cette découverte.

Le hasard, une fois encore, a voulu que mon fils Hervé épousât Pauline, canadienne par sa mère. C'est ainsi que trois de mes petits-enfants bénéficient déjà de la double nationalité franco-canadienne. Je suis bien aise de pouvoir le dire à nos cousins des Plaines.

La vie a décidément beaucoup d'imagination! Il me plaît de rêver que le passé et le présent sont amenés à se mêler et à se rejoindre hors du temps.

Geoffroy de La Salmonière
Paris, juin 1994

## Chapitre 1

Les mariages, dit-on, sont faits au Ciel. Il faut bien qu'il en soit ainsi, puisque le nôtre a triomphé de tous les obstacles. Bien jeune encore, j'avais donné mon coeur à Joseph, et Joseph m'avait donné le sien. Tout heureux, nous comptions les jours où il nous serait permis d'échanger nos serments, au pied des autels. Tout nous souriait. Nos parents seraient ravis de nous unir l'un à l'autre.

Ciel! Quel coup de foudre, quand ils furent instruits de notre projet. Ils y mirent un veto absolu.

Ne pouvant vaincre notre résistance, ils pensèrent «*Aux grands maux les grands remèdes. L'éloignement est la mère de l'oubli. Loin des yeux loin du coeur. Il faut absolument les séparer*».

Et quelle séparation! Je resterai dans mon petit nid où l'on cherchera à m'amuser, à me distraire, pour me le faire oublier.

Joseph quittera la France, ira en Amérique, au Canada, dans une région où la civilisation n'a pas encore pénétré, parmi les Cris, les Saulteux, les Pieds-Plats. On lui achètera un lot dans la forêt vierge, il le défrichera de ses mains et s'y fixera à jamais.

Telle fut la sentence inexorable.

Nos coeurs en étaient brisés, mais nullement vaincus.

Les mariages sont faits au Ciel; rien, rien ne lassera notre patience.

*Puisqu'il le faut, pars, mon cher Joseph, je t'attendrai; confiance, compte sur moi comme je compte sur toi, tu me reviendras bientôt.*

Et le voilà perdu dans les profondes forêts du Canada, au milieu des Sauvages[1], souffrant toutes les douleurs, comptant uniquement sur sa Christine pour abréger ou réjouir son exil et pour lui donner le bonheur.

S'il souffrait pour moi, je souffrais à cause de lui. Que de luttes il m'a fallu soutenir, pendant quatre longues années, pour lui conserver ma fidélité.

Caresses, douces persuasions, tendres conseils de ma bien-aimée maman qui, sans doute, ne voulait que mon bonheur; fêtes multipliées, nombreux voyages d'agrément, mille distractions. Malgré tout, ma pensée et mon coeur étaient toujours à Joseph. Combien d'affreux tableaux ne m'a-t-on pas présentés, pendant de longs, bien longs entretiens, pour me décourager?

---

[1]   L'auteur utilise le nom que l'on donnait au XIX<sup>e</sup> siècle aux Autochtones du Canada, sans aucune valeur péjorative.

– Mon coeur est à Joseph, avec lui tout me sera douceur.

Bientôt les prétendants se présentent pour solliciter ma main. Je n'ai pour tous qu'une seule réponse : non.

Tendre maman fait miroiter à mes yeux les plus séduisants avantages : magnifique fortune, beau nom bien français, riche équipage, château...

– Non, ma parole est à Joseph, à lui seul je veux être.

Elle me pousse jusqu'aux dernières limites possibles et je réplique :

– Puisque vous le voulez, soit, mais vous irez vous-même dire *oui* à ma place, au pied de l'autel.

En présence de tant de résistance, nos familles s'avouèrent vaincues. Ordre est donné à Joseph de rentrer en France et de se rendre au plus tôt à Nice où l'attend sa fidèle aimée.

Le voici, après quatre longues années d'absence et de combat. Notre union a été bénie, le 12 février 1894, dans la gracieuse église de Saint-Pierre. Oui, les mariages sont faits au Ciel, et je commence ma lune de miel.

Nous quittons Nice, pour le Canada, vers la fin du mois d'avril. Joseph reprendra sa vie laborieuse de colon, et moi, contente de mon sort, je serai petite fermière. J'embrasse tous mes parents, non sans avoir le coeur gros de larmes.

La séparation avec des êtres chéris est toujours cruelle. Et combien grande est ma frayeur devant l'inconnu qui m'attend. Nous passons gentiment six semaines auprès de mes beaux-parents. Nous nous rendons ensuite à Paris pour faire des emplettes, et là, je reçois un télégramme m'annonçant l'arrivée de maman et de mon frère, Charles. Maman, sur mon expresse demande, m'avait promis de venir assister à mon embarquement; et mon bon et cher frère m'accompagnera jusqu'au Canada pour rassurer maman, mais surtout pour m'habituer plus facilement à mon nouveau genre de vie.

Quel dévouement de sa part! Quitter maman, mes frères, mes soeurs, ses amis, les plaisirs et le climat radieux de Nice, pour venir souffrir avec sa soeur chérie et la soutenir dans toutes ses épreuves. Ayant vécu, pendant quelques mois dans ce pays, deux ans auparavant, il savait la vie qui m'était réservée. Il n'ignorait pas non plus combien maman aurait été inquiète de me savoir toute seule, tandis que mon mari serait retenu par ses travaux, loin de la maison.

Cher, bien cher frère! Quel dévouement délicat! Quelle généreuse abnégation! Oh! Merci, merci, mille fois merci.

Le jour du départ arrive bien vite. Que dirai-je de ce voyage de Paris au Havre? Oui, nous riions et plaisantions mais avec la mort dans l'âme...

Enfin, nous voici embarqués sur le bateau *La Tourraine*, grand transatlantique, mesurant cent soixante mètres de long sur quinze de large. Sa vue gigantesque rassure un peu maman, que les voyages sur mer ont toujours effrayée. L'heure du départ approche. Il faut se dire adieu. On brusque la séparation, et Dieu sait comment tout cela s'est fait.

Je perçois déjà le mouvement du bateau qui s'éloigne insensiblement. Quel bruit! Quel vacarme! Mais moi, je ne vois rien, rien que ma bien-aimée maman. Je la vois, là-bas, debout, sur le quai. Elle ne nous perd pas des yeux, elle se tient bien droite et nous regarde, en agitant son mouchoir.

Imperceptiblement nous contournons le port. Le mouvement s'accélère. Maman, hélas, ne nous regarde plus. Elle se cache le visage dans son mouchoir... elle sanglote.

Cette vue me brise le coeur. Et alors, pour la première fois, j'entrevois l'avenir dans toute sa réalité : une grande crainte m'étreint, je suis épouvantée. Je me cramponne au bord. Je ne trouve pas une larme, pas un soupir, pas une parole. Je reste là, comme rivée sur place, concentrant toute mon énergie, toute mon âme dans mon regard. Maman! Maman!... Mais non, ce n'est plus qu'une silhouette, une ombre qui peu à peu s'efface... qui s'est évanouie...

Le bateau, par un brusque mouvement, tourne à gauche et pique en avant. Le soleil de ma belle France a disparu et les ombres de la nuit s'étendent sur les flots. Sans un mot – les paroles sont superflues en de telles circonstances – je me tourne vers les deux êtres si chers qui me restent et qui sont maintenant toute ma famille, et je mets mes mains dans leurs mains. Ils serrent longuement et tendrement mes pauvres menottes tremblantes et glacées. Nous nous regardons, oh! si affectueusement! Ils m'ont comprise. À l'un, j'ai demandé amour et protection; à l'autre, j'ai transmis toutes les vibrations de mon coeur, débordant de la plus fraternelle reconnaissance.

Ce n'est que le lendemain, vers cinq heures du matin, que je suis secouée par le mal de mer. Croyant que ce malaise était causé par la chaleur des cabines et le manque d'air, je monte sur le pont. Joseph et Charles m'accompagnent. Je m'étends sur la chaise longue et j'ai aussitôt la sensation d'être sur des chevaux de bois. Bientôt le terrible malaise me met dessus dessous. Je cours à chaque instant me pencher par-dessus bord et payer mon tribut à la mer.

Je hasarde cependant un coup d'oeil à droite et à gauche – en réalité, j'avais peur d'ouvrir les yeux - car, tout à l'heure, je voyais la mer à une distance incommensurable, elle me paraissait comme un mince ruban pâle à l'horizon; et maintenant, je l'aperçois sous mes pieds, clapotant contre cet immense bateau, ah! nous voici à pic au-dessus de l'abîme, bah! il a disparu. OH!! le roulis... OH!! le tangage... Tâchons d'oublier et regardons ce qui se passe. Voici des messieurs. Pour montrer qu'ils ont le pied marin, ils passent devant nous comme des braves. Ils arpentent le pont comme des zouaves à l'assaut... tout en allongeant démesurément le cou, oh! bien involontairement, croyez-le. C'est clair comme le jour, ces beaux messieurs veulent poser devant les dames, et ne point paraître, en passant devant elles, ridicules.

Mais en voici un d'un comique achevé : un English, s'il vous plaît, élégant et nigaud, chapeau sur l'oreille, monocle à l'oeil, canne ornée de brillants, et des talons ridiculement hauts. En vain, fait-il le bravache, chaque oscillation du bateau le fait pâlir; et quelle grimace! c'est à se tordre. Il marche à menus petits pas penchant sa longue perche tantôt en avant, tantôt en arrière, pour se donner une contenance. Mais le malheureux perd pied, titube, trébuche et s'accroche au premier venu sans souci de l'entraîner dans sa chute. Pauvre dandy!

Le tangage augmente. Les dames, moins vaniteuses, pâlissent visiblement. Les voilà étendues, emmitouflées dans leurs couvertures de plaids, et les yeux hermétiquement clos. Dieu! qu'il fait froid! Le vent souffle, la mer est noire, le bateau commence à danser. Je crois prudent de gagner ma couchette; Charles me donne le bras et Joseph porte les couvertures. J'arrive au sommet de l'escalier. Horreur! L'escalier s'enfuit sous mes pieds : je suis suspendue dans le vide; il remonte, il redescend. C'en est trop, ma tête tourne, mon coeur défaille, mes yeux se troublent... et je m'évanouis, entraînant avec moi mon brave Charles. Lui, n'a pas échappé tout à fait à ce vilain malaise; mais mon mari, bravo! un vrai marin, superbe appétit, santé parfaite et joyeux toujours comme un pinson.

Le bateau, marchant à toute vitesse, m'éloigne de plus en plus des êtres chers que j'ai laissés là-bas. Mon coeur m'y ramène sans cesse. Pourquoi, pourquoi tant d'inquiétudes pendant les derniers mois qui ont précédé mon mariage? Dans le courant des quatre longues années que nous nous sommes attendus, n'avais-je pas tout le loisir de m'habituer à la pensée de la séparation? Je savais fort bien ce que je voulais faire. Maman m'avait dit et redit, sur tous les tons, les épreuves qui m'attendaient en Amérique. J'aimais Joseph et j'ai voulu le suivre et m'expatrier avec lui.

S'expatrier! Mais n'est-ce pas un mot affreux pour une femme française? Surtout lorsqu'il s'agit d'échanger une vie de luxe et de bien-être, une vie de mille douceurs pour une vie de colon dans un pays tel que le Canada? Quand il faut s'en aller vivre en paysan, en fermier, à de pareilles distances? À des lieues et des lieues de toute civilisation? Dans une contrée où il n'y a ni société, ni médecin, ni nourriture convenable? Non, on n'a pas idée de cela dans notre chère France Mais moi, je me souviens des promesses échangées, de la parole donnée. Que m'importait l'éloignement? Ne faut-il pas se séparer un jour ou l'autre? Et, au moment où la séparation est inévitable, comme il arrive quatre-vingt-dix fois sur cent quand on se marie, non l'Amérique ne m'effrayait pas plus qu'un coin éloigné de la vieille Bretagne. Quant aux sacrifices qui me seraient demandés, je ne m'en inquiétais même pas. J'aimais tant mon cher Joseph, que toute souffrance supportée par amour pour lui me serait toujours légère. Au reste, je ne comprends pas l'amour sans le dévouement. Bien des fois, dans mes rêveries, j'avais entrevu le moment de la séparation et je me voyais en embrassant tous les miens, pleine de courage et le sourire sur les lèvres. C'était le rêve, mais bien autre a été la réalité.

À la gare de Nice, où tous sont venus m'accompagner, j'ai éprouvé un tel saisissement devant l'inconnu qui s'ouvrait devant moi, une telle appréhension de ne jamais plus revoir ces visages chéris, que j'en ai été atterrée et que cette crainte, cette frayeur m'accompagnent toujours…

Et le bateau continue à filer ses noeuds.

Aux approches de Terre-Neuve, nous entrons dans le brouillard. Il est si intense que nous ne pouvons rien distinguer à dix mètres de nous. La sirène fait entendre, coup sur coup, son hurlement prolongé qui m'agace passablement les nerfs. On stoppe fréquemment jusqu'au port de New York et chacun se dit avec désolation, que notre arrivée sera considérablement retardée. Nous entendons la sirène d'un autre bateau qui apparaît soudain, tout à côté de nous; les passagers sont sur le pont; on se salue avec le mouchoir et on se souhaite bon voyage. Ô mon Dieu! qu'il faudrait peu de chose, pour faire sombrer un vaisseau, avec un tel brouillard. Mais la sirène protectrice continue heureusement à donner de la voix. Nous approchons, assez souvent on jette la sonde; le bateau glisse presque imperceptiblement. Nous allons entrer dans le port et l'on nous fait contempler la colossale statue de La Liberté.

Après huit jours de navigation, le samedi 20 avril à cinq heures du soir, nous débarquons. Pendant la traversée, une toute jeune femme est morte et a été coulée à fond avec son nouveau-né. Son mari est là sur le pont, cherchant des yeux celle qu'il attend avec une si vive impatience. Qui donc aura le courage de briser le coeur de cet infortuné et de détruire en un instant tous ses rêves de bonheur?

Enfin, nous voici sur la terre ferme. Mais non, elle se dérobe sous mes pieds. Ceux qui m'accompagnent semblent se pencher en avant, puis se rejeter en arrière. C'est une illusion. Je n'ai qu'à fermer les yeux quelques secondes pour revenir à la réalité.

Nous descendons à l'hôtel de Paris. Christopher Street. Là, tout me rappelle que je suis à l'étranger, loin du cher pays de France. Ces fenêtres à guillotine, sans rideaux, sans persiennes, avec un simple store à ressort, en papier peint, me le prouvent suffisamment. Et ce lit sans sommier avec ce si long oreiller tout aplati et ces draps si courts et ces couvertures si étroites qui laissent voir les bords du matelas? Dieu, quel inconfort! Pouvez-vous vous faire une idée d'une première nuit dans un hôtel, après huit jours de traversée? Non? Eh bien! puissiez-vous ne jamais en faire l'expérience.

Vous êtes fatigué, brisé, rompu par le voyage. Aussitôt après le souper, vous vous retirez dans votre chambre et vous ne cherchez qu'une chose : votre lit. Vous le gagnez bien vite, quels doux rêves vous allez faire!... Brrrr... que les draps sont froids! Ma foi, on dirait qu'ils sortent de l'eau... Sans doute un peu de fièvre, causée par la fatigue... mais que le matelas est dur... et l'oreiller? tiens! il est vide. Enfin, on s'arrange comme on peut et on ferme les yeux pour mieux dormir. Mais, flûte! voici le roulis, le tangage qui recommencent. J'entends même le clapotement des vagues contre les flancs du bateau. Je vois le pied de mon lit se soulever lentement et s'abaisser ensuite. Je me cramponne comme je peux. Nuit blanche, impossible de fermer l'oeil. Heureusement, la seconde nuit a été meilleure.

Le lendemain, dimanche, nous allons faire un tour en ville. Voulez-vous connaître mon impression? Elle n'est pas flatteuse, cette ville de New York. Je la trouve horriblement laide. Les rues sont mal entretenues, des trous à chaque pas pour vous luxer les pieds, des immondices amoncelées sur les trottoirs, jusqu'après-midi. Et le chemin de fer aérien? Une véritable horreur. L'ombre qu'il projette dans les rues produit une telle obscurité qu'on est obligé d'éclairer les magasins au pétrole, en plein jour.

Et les Yankees? Pas polis du tout. Ils jettent par la fenêtre du tramway leur pituite, sans se soucier sur qui elle tombera. Les vilains!

Et la toilette? Horreur des horreurs. Voyez cette fillette, avec sa jupe couleur fraise écrasée, garnie de velours rouge vif, son corsage lie-de-vin et les manches vert de bouteille, son chapeau rouge vermillon, avec de gros noeuds de ruban vert-de-gris. Est-ce assez joli?

Et cette dame, avec son corsage orange vif, sa jupe violette, son chapeau rose, forme pain de sucre, entouré d'une large guirlande de myosotis? Est-ce élégant? Dernière mode, s'il vous plaît. Pauvre carnaval de Nice, te voilà enfoncé.

Et la foule? Oh, des Nègres, des Chinois, des Métis en quantité. J'entends parler toutes les langues, mais surtout l'italien et l'espagnol. On parle aussi un certain patois anglais. Je remarque que *yes* se prononce *gnyaaa* avec un *a* très prolongé et nasillard au possible.

Par contre, mes compliments au fameux pont de Brooklyn qui offre des voies particulières aux piétons, au chemin de fer, aux tramways et aux voitures. Brooklyn est un lieu de promenade, où se rend en foule, surtout le dimanche, tout un monde d'oisifs. Et quel monde? Des affolés qui courent le nez en l'air, comme s'ils allaient manquer le train, en piaillant comme des perruches et en nasillant comme des canards.

*Yes... gnyaaa.*

## Chapitre 2

Nous avions l'intention de passer une huitaine de jours à New York afin de nous reposer un peu de nos fatigues et de nous rendre compte en même temps de toutes ses curiosités. Mais l'avouerai-je? J'en ai assez de tout ce que j'ai vu. Je suis très lasse. J'attribue cela à mon état. Oh! que je voudrais être arrivée chez moi, être toute seule dans ma chambre. Ce voyage n'en finit plus. Combien de lieues avons-nous déjà parcourues? Je n'ose les compter. Je m'en veux de la tristesse mortelle qui m'étreint et que je ne puis surmonter. J'ai beau me raisonner, me dire que je me dois tout entière à mon mari, que je suis ici par un acte de ma volonté, rien n'y fait. Ces considérations ne font qu'accroître ma souffrance. J'ai la nostalgie, quoi! C'est ridicule, c'est stupide tant que vous voudrez. Je n'y puis rien.

Il est vrai que les circonstances s'en mêlent. Savez-vous ce qui nous a surtout obligés de quitter New York si précipitamment? Un affreux accident, une mort effrayante, peut-être un horrible suicide.

Je ne puis le passer sous silence.

Trois aimables compagnons de voyage étaient descendus avec nous au même hôtel : monsieur le Vicomte d'A., ami de collège de mon mari, qui amenait avec lui monsieur Barret d'Orléans, son ancien camarade de régiment, tous deux venant tenter fortune au Canada et un jeune commerçant suisse, tout pétri d'esprit, plein de gaieté et très serviable, mais dont j'ai oublié le nom.

Le surlendemain de notre arrivée, nous prenions tous les six notre dernier repas de la journée, à une petite table, lorsque soudain, la porte s'ouvre et nous voyons entrer deux grands et gros gaillards, dont l'air étrange et farouche, sans nous couper l'appétit, mit fin à nos rires et à nos plaisanteries. Ils étaient si basanés ou machurés peut-être, qu'on les aurait pris pour des Nègres, si l'extrême finesse de leurs traits n'avait témoigné du contraire. Et le Vicomte effrayé murmure :

– Voilà des conspirateurs, des évadés du bagne, des anarchistes; je ne voudrais pas les rencontrer au coin d'un bois.

Ils sont là, debout, au milieu de la salle à manger. Ils s'entretiennent à voix basse, nous regardent furtivement les uns après les autres, se fixent sournoisement sans mot dire, échangeant entre eux des signes bizarres… Rarement ils parlent à haute voix, en très bon anglais du reste; leur conversation qui ressemble au langage des sourds-muets attire l'attention. Enfin, l'un d'eux promet à l'autre de venir sans faute le rejoindre le lendemain matin, lui fait un dernier signe mystérieux, lui serre la main affectueusement, mais trop longtemps à mon avis, et s'en va. Tout cela, pensai-je, ne me dit rien de bon.

Tandis qu'ils conversaient ensemble, tous les regards étaient braqués sur eux. Mais, à peine partis, nous échangeons nos réflexions. M'adressant à mon voisin :

– Je crois, lui dis-je, que vous avez raison, ces gens-là ne disent rien qui vaille.

– Des forçats évadés, me répond le Suisse.

– Pour le moins, des anarchistes, ajoute le Vicomte. Ils vont nous faire sauter cette nuit. Je ne suis pas du tout à mon aise, si ce n'était pas si tard, je quitterais l'hôtel. J'ai le pressentiment d'un malheur et je tiens à ma peau!

Mais mon mari qui ne se trouble pas pour si peu ajoute :

– Bah! ce sont des malheureux ruinés au jeu. Allons-nous coucher et n'y pensons plus.

Le lendemain matin, nous sommes éveillés par un vacarme épouvantable. C'est un va-et-vient de pas précipités, de cris confus, d'appels étouffés. Monsieur d'A. vient frapper à notre porte en criant :

– Le voisin de Charles est mort!

Il n'en fallut pas davantage pour m'émotionner.

Les domestiques, à leur réveil, pris à la gorge par une très forte odeur de gaz, ne tardent pas de s'apercevoir qu'elle provenait de la chambre du fameux Nègre. On l'appelle, pas de réponse. On enfonce la porte, il est trop tard, le malheureux est étendu sur son lit, raide mort. Est-ce un accident, un suicide? J'opine pour ce dernier, car la porte avait été fermée à double tour. Sur la commode quelques pièces de monnaie étaient alignées, une montre, des bagues, et chose digne de remarque, le bec de gaz était ouvert.

Mon frère et le jeune Suisse occupaient la chambre à côté, séparée seulement par une porte condamnée. Ils étaient restés longtemps à bavarder et à rire, avant de se coucher; et c'est ce qui les a sauvés. Ils entendirent le moricaud se mettre au lit, et ce ne fut que plus tard qu'ils furent incommodés par l'odeur du gaz. Le Suisse se lève, met le feu, l'imprudent, à une allumette, constate que le bec de leur chambre est bien fermé et cherche d'où peut bien venir cette odeur. Par un hasard tout providentiel, il ne s'est pas approché de la porte condamnée, sinon nous sautions tous. Il ouvre toutes grandes les fenêtres et se remet au lit en ayant soin de s'envelopper la tête avec une serviette, afin de moins entendre les ronflements assourdissants du terrible voisin qui, d'après lui, en prenait trop à son aise. Il ne pouvait soupçonner que ce qu'il entendait était le râle d'une pénible agonie. Si mon frère et son compagnon s'étaient endormis de suite, ils auraient été asphyxiés. Ils doivent un beau cierge d'action de grâces à la sainte Vierge.

Très désagréablement impressionnés par ce drame lugubre, nous bouclions nos malles lorsqu'un cri, comme je n'en ai jamais entendu de ma vie, fait tressaillir tout l'hôtel. C'était un cri de douleur et de rage, un hurlement prolongé de bête fauve. Les femmes, pâles et affolées, se serrent contre le mur, en tremblant de tous leurs membres et les hommes ne sont guère plus rassurés.

– C'est un cri satanique, dit le Vicomte.

– S'il crie, répondis-je, c'est qu'il est encore vivant.

Charles se précipite dans l'escalier, se saisit d'un policier en lui criant :

– Courez vite, il crie! Il n'est pas encore mort, courez vite! Hâtez-vous.

Le policier, vert de frayeur, s'avance en soufflant comme un phoque, car il est énorme. Il s'arrêterait volontiers pour reprendre haleine, mais Charles, sans miséricorde, le pousse en avant. Essoufflé, tremblant de peur, il se décide à ouvrir la porte... Le mort toujours immobile occupe la même position. On court chercher un chirurgien. Celui-ci retrousse ses manches et applique cinq vigoureux coups de poing sur l'abdomen du moricaud, ce qui lui fait pousser un dernier râle. Le policier se tourne ensuite vers les témoins consternés et effrayés pour dire d'une voix haletante, en s'épongeant le front :

– Il est mort et bien mort.

Bon sang! Quelle terreur! Je m'attendais à le voir debout au milieu de la chambre.

Le maître d'hôtel, visiblement contrarié, veut nous assurer que le fameux cri n'est pas parti de la chambre du mort. Mais le Vicomte, les yeux hagards, proteste de toutes ses forces :

– Ce n'est pas un être humain qui a poussé ce cri, dit-il, non, ce n'est pas un être humain, c'est un sorcier, c'est un possédé, c'est le diable qui a crié, en s'échappant de cet homme.

Ce pauvre de S. paraît fou de peur. Il nous raconte mille diableries dont il aurait été le témoin. Il nous affirme sérieusement que la frayeur qu'il en a ressentie, l'a mis à deux doigts de la folie et qu'il lui en reste toujours quelque chose. Quoi qu'il en soit, nous avons quitté New York le même jour. Mais que d'ennuis nous ont donnés nos bagages! Le fusil de Charles a été perdu ou volé, et nos malles, fort maltraitées, nous sont arrivées en mauvais état.

Nous voici à Saint-Paul. Il y a grève depuis plusieurs jours. Aucun ouvrier ne travaille. Il est impossible de trouver une bouchée de pain. On est fort inquiet et on ne respire partout que mécontentement et révolte. La ligne du chemin de fer, qui passe par les chutes de Niagara, ne fonctionnant plus, nous saisissons, mourant de faim, le premier train en partance. Il va nous descendre à Chicago à l'entrée de la nuit et, à ce moment, nous avons le spectacle de quatre incendies à la fois.

Les salles d'attente présentent, la nuit, un aspect curieux. Point de bancs pour s'asseoir mais des chaises à bascule où se bercent hommes et femmes, enfants et vieillards; les uns avec nonchalance, les autres avec frénésie. Il paraît que c'est un exercice souverainement calmant pour les nerfs.

Après quelques heures d'attente, nous quittons Chicago. En nous enfonçant dans les bois, le train augmente de vitesse. Plus nous nous éloignons des bords du grand fleuve Saint-Laurent et de ses villages mouvementés, plus aussi je suis frappée par l'aspect sauvage des forêts qu'on défriche. Dès que nous approchons d'un lieu habité, on sonne la cloche à toute volée. La cloche remplace ici le sifflet.

Souvent, nous apercevons sur la voie des troupeaux de bêtes à cornes ou des bandes de chevaux. Comme la compagnie de chemin de fer est responsable, on ralentit la marche du train tandis que la cloche sonne de plus belle pour les effrayer. Les uns se jettent de côté et fuient à toute vitesse; les autres prennent le galop devant la locomotive et s'arrêtent bientôt, exténués. Le chasse-pierre les heurte, les projette violemment en l'air et ils retombent blessés à mort.

Pendant que le train poursuit sa course effrénée, je songe à ceux que j'ai laissés en France et je m'effraie de la distance immense que j'ai déjà mise entre eux et moi, et que chaque minute ne fait qu'augmenter. Trois fois le jour, le matin, à midi et à cinq heures, le train ralentit d'allure. Nous entendons un bruit sec, on vient d'accrocher à l'arrière le char-restaurant.

Le terme *train* n'est pas usité ici : on dit *char* en français, et *cars* en anglais, ou tout simplement le C.P.R. (Canadian Pacific Railway) tout comme nous disons en France le P.L.M.

Les wagons sont parfaitement bien aménagés et offrent un confort qu'on rencontre rarement ailleurs. Le passage est au milieu, et les places, faisant face à la locomotive, sont à droite et à gauche. On y trouve cabinets de toilette pour hommes et pour femmes, salons, boudoirs, bibliothèque, dortoir et cuisine.

Notre wagon est accroché à la locomotive. Il nous faut donc parcourir le train dans toute sa longueur pour arriver au *dining-car*. J'éprouve, en me levant, une grande difficulté à aller en sens inverse. Le terrain fuyant que j'aperçois, à travers les vitres des wagons, me donne le vertige. Quoique le froid m'ouvre l'appétit, je ne puis rien manger. La nourriture étrange de ce pays me soulève le coeur. On nous sert du poulet à la confiture et une soupe au lait concentré sur laquelle surnagent des grains de maïs concassés. Dois-je attribuer, à ma position, le dégoût insurmontable que j'éprouve pour tous ces mets qu'on nous fait payer horriblement cher?

Le jour, je passe mon temps à considérer le paysage. À mesure que nous avançons, il prend un aspect plus sauvage. De loin en loin, je vois défiler devant moi des scieries et des maisons en *logs* ou en troncs d'arbres, si vous préférez, que remplaceront bientôt des chalets coquets et gracieux. À l'approche d'un site habité, le train sans s'arrêter ralentit son allure afin de permettre à l'employé des postes de saisir le paquet de lettres suspendu à un poteau. Les colons que j'aperçois ont la barbe hirsute, le teint bronzé, un aspect demi-sauvage et des vêtements très grossiers. Ils me font presque peur. Quelques-uns regardent passer le train, avec une certaine curiosité; les autres n'y prêtent aucune attention et continuent leur besogne. Voici des hommes occupés à tracer des chiffres rouges, sur des troncs d'arbres coupés et équarris. Une heure plus loin, je vois, à mon grand étonnement, toute une flottille de ces troncs marqués glissant sur la rivière et se rendant à leur destination.

Nous sortons des bois et nous entrons dans la prairie. Les neiges ne sont pas fondues partout. Dans les marais, encore beaucoup de glace; et où elle a disparu des tortues en quantité. Oh! qu'il fait froid, je grelotte. Mais nous approchons de Winnipeg, la ville la plus rapprochée du terme de notre voyage.

Fatiguée de contempler sans cesse le paysage des prairies, si triste et si monotone, je me décidais à aller chercher un livre à la bibliothèque – car dans le train, on trouve des livres dans toutes les langues, comme aussi des bonbons de tous pays – lorsque soudain, un arrêt subit nous jette les uns sur les autres. Les marchands savent profiter de ces haltes, qui peuvent durer un quart d'heure comme une heure, pour venir nous offrir des livres, des oranges, des bananes, des taureaux américains, ou si vous aimez mieux, des dattes; mais bah! nous avons bien d'autres soucis. Pourquoi cet arrêt indéfini en rase campagne à deux heures de l'arrivée? Toutes les têtes sont aux fenêtres et bientôt chacun gagne la plate-forme et descend. Quoi? La locomotive est embourbée, les madriers, posés de distance en distance pour soutenir les rails, sont rompus. Le mécanicien voulant se tirer de ce mauvais pas continue à chauffer et ne réussit qu'à casser le frein et les essieux de la locomotive.

Quelle agréable perspective! Passer deux jours, loin de toute habitation, pour obtenir une réparation fort sommaire. Qu'allons-nous manger pendant ce temps? Heureusement, un autre train passe, et nous voyant en panne, s'arrête. Sa locomotive nous démarre si doucement que nous nous demandions si le train était en mouvement.

Nous voilà relancés. Mais pour ne pas en perdre l'habitude, notre locomotive s'embourbe de nouveau, à un quart d'heure de Winnipeg. Ce n'est pas sans de longs efforts que nous avons pu arriver enfin dans cette ville.

*Chapitre 3*

Vous qui me lisez, et qui sans doute n'avez jamais voyagé dans des contrées lointaines, pouvez-vous comprendre mes grandes fatigues, après un si long parcours? Remarquez que j'avais alors vingt ans et deux mois. J'étais mariée depuis trois mois et... la layette attendait dans la malle l'arrivée du cher petit être, qui devait plus tard me consoler de toutes mes peines. J'étais attristée par la séparation, désorientée dans ce pays si nouveau, brisée de fatigue, après une traversée de huit jours, suivie sans arrêt de trois jours et trois nuits de chemin de fer. Ajoutez tous les malaises de la grossesse, et vous comprendrez peut-être la dose d'énergie dont il a fallu faire preuve, pour continuer, gaiement en apparence, un pareil voyage. Dussé-je vivre cent ans, jamais ce souvenir ne s'effacera de ma mémoire!

Nous voici à Winnipeg. Quelle ville dégoûtante! Les maisons sont en grande partie construites en bois, comme aussi les trottoirs. Les rues sont spacieuses, c'est vrai, mais quels affreux parages! Des troncs d'arbres, des branches, des fagots enfouis dans une boue infecte, noire comme l'encre. On n'en sera pas étonné quand on saura que l'emplacement de cette ville était, il y vingt ans à peine, un immense marais.

Nous descendons à l'hôtel Rosen House, en face de la gare. Le propriétaire, un Bernardt, homme charmant, se met en quatre pour rendre notre séjour aussi agréable que possible. Il nous sert les meilleurs plats. Comme je l'ai déjà remarqué à New York, on ne trouve dans les chambres, ni table, ni bureau : un lit, une chaise, une commode et c'est tout. De ma fenêtre, je vois passer sur la grande route les charrettes qu'on appelle ici *wagons*, et quelques voitures. Je vois filer sur la voie du chemin de fer des trains, ou mieux pour parler le langage du pays, des *chars* de voyageurs et de marchandises. Quand un *char* arrive, la cloche d'avertissement se fait entendre et chacun se gare de son mieux car ici, point de barrière et les chevaux ne paraissent nullement effrayés.

Oh! la France! la France!!! ma bien-aimée, comme je me sens isolée et perdue loin de toi. Comme je deviens farouche, quand je t'entends nommer, avec un ton railleur, *le vieux pays, the old country.*

Pour les Américains, le vieux pays est quelque chose de si démodé, de si décrépit qu'on dirait vraiment que ses jours sont comptés. Il ne faut pas avoir de sang français dans les veines pour ne pas sentir l'outrage. Les hommes ici aiment beaucoup à parler politique, et connaissez-vous leur arrogante prétention? Écoutez-les : «En Europe, tout va mal, les gouvernements sont mauvais. Il ne faut plus de royauté, mais des républiques. La France a donné l'exemple, les autres nations l'imiteront bientôt. La France aura toujours des démêlés avec les autres états qui la méprisent, parce qu'elle n'a ni religion, ni croyance et aussi, parce qu'elle a de mauvais chefs. Bientôt éclateront des guerres européennes et des guerres civiles. Nous laisserons tous ces états vermoulus se dévorer les uns les autres et, au moment propice, de concert avec l'Angleterre, nous interviendrons et nous triompherons. Nous nous tournerons ensuite contre notre alliée et nous briserons sa puissance, et la grande Amérique fera la loi à toutes les nations du vieux monde». Voilà ce que j'ai entendu bien souvent.

Nous avons fait plusieurs courses dans cette ville toute nouvelle. Quatre heures après notre arrivée, nous sommes allés réclamer à la gare une malle et une valise. On nous a fait payer pour le dépôt, la modeste somme de vingt-cinq francs. C'était pour rien! Plusieurs fois, j'ai eu l'occasion de rencontrer des membres de l'Armée du Salut, c'est tout simplement ridicule. J'ai vu aussi des Sauvages, aux yeux perçants, au nez d'aigle, au teint cuivré, les cheveux longs, crasseux, ébouriffés. Je n'ai pas trouvé exorbitant le prix des meubles. Nous avons acheté de quoi meubler deux chambres à coucher, des ustensiles de ménage et de la vaisselle, le tout pour cinquante-huit piastres, ou deux cent quatre-vingt-dix francs.

Le dimanche, j'ai assisté à la messe et entendu prêcher en anglais. Le sermon a été traduit ensuite en français, dans cet affreux français canadien où toutes les terminaisons en *ais, ait,* se prononcent *â.* Après quelques mots pieux très brefs, on a parlé argent pendant une demi-heure. On exhortait les fidèles à payer la dîme, comme il est d'usage ici, avec menace de dénoncer du haut de la chaire ceux qui s'y refuseraient.

Le dimanche suivant, il faisait un vent à décorner les boeufs. De ma fenêtre, je ne vis pas une seule femme passer dans la rue, à peine un homme, toutes les heures. Ce jour-là, mon mari, mon frère et leurs amis avaient voulu se rendre à Saint-Boniface. Ils ont dû traverser le pont comme de vulgaires bartarins, c'est-à-dire à quatre pattes, afin de ne pas être emportés car le vent fait des siennes dans le Canada, tout comme le mistral sur le pont de Baucaire. Il transporte des maisons en *logs* comme des fétus de paille. Je me suis même laissé dire qu'un jour il fit pirouetter en l'air une charrue, d'un bord à l'autre de la rivière Rouge.

Les habitants nous regardent comme des bêtes curieuses. Ils sont bien habitués à voir passer de rudes travailleurs, bons à tous les métiers, même des jeunes gens des meilleures familles de France, mais une femme du monde, non jamais. Cela leur semble tout simplement un acte de folie. Me voilà donc un objet de pitié pour tous ces gens-là. On me dit que je ne pourrai point vivre ici, que j'en aurai bientôt assez. On me répète sur tous les tons que le genre de vie de ce pays ne convient qu'aux laboureurs de profession, qu'aux casseurs de pierres, qu'aux terrassiers et aux paysans, mais point du tout à une femme du monde comme moi, frêle et si délicate. Nous verrons bien.

Mais je me plais à reconnaître ici l'amabilité avec laquelle nous avons été reçus partout, tant par les Canadiens français ou Anglais que par les Métis. Plusieurs familles nous ont invités pendant notre séjour à Winnipeg, et partout nous n'avons eu qu'à nous féliciter de leur bon accueil. Ce qui m'a été par-dessus tout le plus agréable, c'est la visite de mon frère aîné, Frédéric[1], établi depuis sept ans à Fannystelle. Il n'avait pas craint de franchir une distance de trente milles pour venir embrasser sa chère soeur. Après tant d'autres, il me redit que j'arrivais dans un pays de chien, que j'en connaîtrais toutes les souffrances et que je ne m'y habituerais jamais, bien mieux, que je n'y passerais pas six mois avant de soupirer après mon retour.

Mon mari et monsieur de B. sont dans la désolation. On leur avait écrit que l'hiver était achevé et qu'ils pouvaient revenir. Il n'en était rien. On ne voyait partout que bancs de neige, entourés de flaques d'eau où jouaient des tortues en grand nombre. Les immenses prairies, sans arbre, sans verdure, ont toujours l'aspect lugubre de l'hiver. Notre arrivée à Sainte-Rose-du-Lac, point terminus de notre voyage, nous paraît bien problématique. Les chevaux pourront-ils faire le trajet? Ces pauvres bêtes ne vont-elles pas s'embourber jusqu'aux genoux? Quant à transporter nos meubles et nos malles, il ne faut

---

[1]  Frédéric de Caqueray faisait partie de la colonie française fondée à Fannystelle par la Comtesse d'Albuféra.

nullement y songer. Que c'est triste!

Quant à moi, fatiguée de la vie d'hôtel et désirant être rendue au plus tôt dans mon chez-moi, j'insiste pour ne pas prolonger davantage notre séjour dans cette affreuse ville. Je suis exaucée, car une lettre de Patrice Naud, avec qui nous ferons bientôt connaissance, annonce à mon mari qu'il nous attend à Arden, avec les voitures nécessaires.

Après quinze jours d'attente à Winnipeg, nous quittons cette ville à huit heures du matin, nous traversons, sans nous y arrêter, Portage-la-Prairie et nous arrivons à Arden. Ici se termine pour le moment la ligne de chemin de fer. Il nous reste à franchir soixante milles en voiture pour arriver à notre résidence. Joseph me demande si je veux passer la nuit à Arden. Mais la vue de quelques maisonnettes en bois, groupées sur la colline, autour d'un petit temple, ne me tente pas du tout. Je n'ai plus qu'un désir : être chez moi. Quelque misérable que soit la demeure qui m'attend, au moins je ne serai pas exposée à la curiosité de tout le monde qui me considère comme le type accompli du *vieux pays*.

Beaucoup d'Anglaises (Arden est une colonie anglaise) sont venues me voir à l'hôtel. Elles sont étonnées de m'entendre parler l'anglais si correctement, aussi les félicitations ne me manquent pas. En général, on me trouve trop svelte, trop délicate, et surtout beaucoup trop jolie pour venir me cacher en pareil pays. On admire beaucoup mes mains blanches et mignonnes et on me demande sérieusement s'il en est ainsi pour toutes les Françaises. Ces nigauds, plutôt que des malins, ne m'ont-ils pas demandé à leur montrer mon pied. Sans doute ils ont dû remarquer qu'il était tout petit. Toutes ces questions enfantines m'amusent beaucoup, ce qui m'a fait dire que, dans le royaume des aveugles, les borgnes sont rois. On me fait partout les plus grands éloges de mon cher Joseph, tous me disent qu'il méritait une excellente femme et que je dois me rendre digne de lui.

Patrice Naud nous attendait. C'est un vrai Métis, peau cuivrée, yeux en amande très noirs, sourcils arqués, nez busqué, pommettes hautes, légères moustaches tombant à la chinoise, laissant voir des lèvres festonnées, front bas, cheveux courts très épais, et noirs comme l'aile du corbeau. Il paraît plus jeune que son âge, à peine lui donnerait-on dix-huit ans, et j'apprends qu'il est déjà père de cinq enfants. Il a une très belle taille. Il est si souple et si élastique dans tous ses mouvements que je n'ai jamais rien vu de semblable.

Il nous apprend que la fonte des neiges a rendu les chemins impraticables, qu'il ne faut pas songer à emporter les meubles et les malles, mais seulement le strict nécessaire sinon, nous ne pourrions avancer. À certains endroits, ajoute-t-il, les chevaux calent jusqu'au ventre. Nous ne prenons donc avec nous qu'une valise, trois couvertures de voyage et nos manteaux.

Ce brave Patrice, qui avait hiverné le bétail de Joseph pendant son voyage en France, ne pouvant amener les boeufs car il en avait un de malade, était arrivé avec quatre chevaux et la *wagon*. La *wagon*, qu'on prononce *ouagguine*, disons-le tout de suite, est un véhicule très commode et qui s'adapte à tous les usages. Avec sa boîte qui lui donne la forme d'un tombereau, vous avez un char à bancs; si vous allongez l'échelle formant plate-forme et enlevez la boîte, vous avez un chariot pour transporter les longues billes de bois; avec ses larges ridelles appelées *racks*, placées sur des roues, vous avez la charrette à foin, et si vous voulez traverser la rivière, sa boîte étanche peut vous servir de bateau.

Nous voici en route. Patrice et Charles, montés sur une wagon traînée par deux chevaux, ouvrent la marche. Joseph et moi, nous nous installons sur un coquet boghei, acheté à Winnipeg, qu'enlèvent facilement les deux autres chevaux. Viennent ensuite monsieur de B. et monsieur Barret, aussi en boghei, enfin monsieur de la Forest et un jeune Américain de Sainte-Rose.

Le galop nous était rarement permis, vu le peu de terre ferme. Partout, les *coulées* ou rivières ont débordé. La fonte des glaces et des neiges a tout inondé. Les chevaux tirent et soufflent en pataugeant et en s'enfonçant jusqu'à mi-jambe dans la boue grasse et noire. Comment trouver son chemin à travers bois? On voit des traces de roues et on les suit. On passe, comme on peut, par-dessus des troncs d'arbres, des racines, des branches qu'on a jetés pour permettre aux chevaux de trouver pied et de ne pas s'enfoncer. En traversant les *coulées*, car les ponts font défaut, l'eau passe par-dessus le dos des chevaux, pénètre dans la voiture et inonde la valise. J'ai beau relever les pieds, les jambes, l'eau m'atteint quand même. Je suis brisée, moulue. Les brusques secousses me cassent les reins. Souvent nous voyons les traces d'une voiture qui s'est profondément embourbée. Pour ne pas nous exposer au même danger, nous quittons le chemin; les uns prennent la droite et les autres prennent la gauche, à travers bois. Les jeunes arbustes plient sous le poids de la voiture, mais résistent assez pour la soulever.

Le soir, nous nous arrêtons devant une maison de modeste apparence. Devant la porte, une longue perche, portant à sa cime un chiffon quelconque, nous indique, suivant l'usage du pays, qu'ici *on loge à pied et à cheval*. C'est une *stopping place*, un lieu d'arrêt qui, certes, n'a pas le confort d'un hôtel, mais qu'importe, nous y passons une assez bonne nuit.

Le lendemain matin à six heures, nous quittons la baraque et nous nous remettons en route. Je demande à Joseph si nous sommes encore bien éloignés, il me répond que nous n'y serons pas rendus ce soir. Le voyage est identiquement le même que la veille. Toujours des cours d'eau à traverser et des ravins presque à pic à gravir. Tantôt plus hauts que les voyageurs, les chevaux piétinent sur place, mais les coups de gosier les excitent et ils enlèvent prestement leur chargement. Tantôt descendant un talus, ils se jettent en arrière comme pour s'asseoir, mais le mors et la poigne solide du conducteur, qui tiennent lieu de frein, les empêchent de faire de dangereuses glissades. Quelle route, grand Dieu!

Le second jour, c'était un dimanche, encore le même beau chemin. Je suis littéralement brisée. J'ai demandé si souvent : quand arriverons-nous ? que je n'ose plus, pour ne pas être ennuyeuse, ou paraître ridicule. Mais voici une aventure qui va nous divertir.

Patrice nous avait prévenus que la *coulée*, ayant débordé à un certain endroit, avait rendu le passage impraticable, et que si toutefois l'eau avait continué à monter on ne pourrait passer. Nous y voici. Les hommes sautent à terre, tournent à droite, tournent à gauche, partout ils s'enfoncent. C'est évident, un cheval et une voiture ne passent pas où un homme ne passe pas. Enfin, ils trouvent un passage jonché de branches ; ils remontent en voiture et excitent vigoureusement les chevaux, pour leur faire accélérer le pas et les empêcher d'enfoncer. Mais nous voilà bientôt arrêtés devant une *wagon* embourbée jusqu'aux essieux ; les bêtes en ont jusqu'au ventre et c'est en vain qu'on les excite de la voix et du fouet.

– Stop ! nous crie un Anglais. Ici, on ne passe pas, voyez-vous ?

– Mais, répond Patrice, vous avez passé quoique chargé ; et nous, nous sommes *allège*.

– À votre aise, mais ici, on ne passe pas. Descendez de voiture et prenez ici, à droite.

Patrice et Charles sautent dans l'eau. En vrai connaisseur, Patrice examine un instant l'étendue d'eau boueuse, puis léger comme un chevreuil, sautant à droite et à gauche, effleurant à peine le sol, franchit une vingtaine de mètres et rejoint quelques Sauvages assis à terre qui, fumant paisiblement leur calumet, examinent sans trop s'en soucier, l'embarras des voyageurs. Charles veut imiter Patrice. Il s'élance au pas de course, fait quelques mètres et s'arrête net. Je constate qu'il raccourcit à vue d'oeil. Il est déjà enlisé jusqu'aux genoux, il se débat comme un diable dans un bénitier mais le malheureux ne fait que s'enfoncer davantage. Patrice lui crie :

– Ne bougez plus. Retirez vos pieds des bottes, puis courez en posant vos pieds sur les touffes d'herbe.

La position était critique. Enfin, il parvient à se débarrasser de ses bottes, prend son élan et arrive sain et sauf auprès des Indiens. Ceux-ci, en le voyant patauger et arriver en chaussettes, se tordent de rire. Enfin, l'un d'eux se décide à aller repêcher ses bottes et à les lui rapporter. J'en ai bien ri moi-même tant c'était comique.

Quelques heures avant la nuit, tandis que nous traversions un fossé large et profond, le cheval de monsieur de La Forest, trouvant sans doute qu'on lui en demandait trop, trouve bon de se coucher et de ne montrer hors de l'eau que ses naseaux. Impossible de le faire relever. La Forest, Joseph et Charles se jettent à l'eau, détellent le cheval et le mènent en lieu sûr. Ils retournent, dégagent la voiture et parviennent à la traîner au bord. Ils sont mouillés jusqu'à la ceinture et n'ont pas de quoi se changer car vous vous rappelez, nous avions laissé nos malles à Arden, ce qui nous obligera à coucher tout habillés jusqu'à ce que les chemins permettent le transport des bagages. Et Dieu sait quand...

Huit heures et demie. Une toiture paraît au milieu des arbres.

– Arrivés! s'écrie Joseph.

Et moi je soupire :

– Enfin!

*Chapitre 4*

Un vieillard aux cheveux blancs et à la longue barbe blanche, un vrai patriarche de l'ancien temps, s'avance gravement à notre rencontre.

– Bonjour Pâtrice, mon fils... bonjour Joseph. Hâ! vous voilà de retour de France, et vous nous amenez votre femme, ben fatiguée, n'est-ce pâs? par un tel temps, avec des chemins comme çâ! Hâ, notre pays est beau quand même. Entrâ donc, mâ femme vous attendâ, et Anny aussi. On va vous fare à souper. Nous avons ben peu, mais c'est offert de bon coeur, allez.

La mère Naud m'ouvre ses bras, sa fille me fait le plus gracieux accueil. À la vue de ce groupe de gens, aux traits si peu européens, je m'arrête interdite. Je crois rêver, être totalement en dehors de la vie réelle. Ce spectacle inattendu, si nouveau pour moi me rappelle ce que j'ai cessé d'être et ce que je vais devenir dès ce jour. Je comprends qu'il me faudra créer en moi une nouvelle personnalité, mettre de côté la jeune Française, si fière de sa noble origine et devenir tout simplement une femme canadienne, la femme d'un colon, si vous préférez. Je prévois que mes sentiments vont être froissés de mille manières. Tout ici est nouveau : nouvelle terre, nouveau monde, nouveau peuple, nouveaux usages, nouvelle vie. Il faudra m'adapter à tout cela, vivre de cette vie comme si elle avait toujours été la mienne. *Allons, courage, mon coeur. Haut, mon âme. Planons au-dessus de tout cela. Voici l'heure de l'épreuve, l'heure du dévouement, l'heure de l'amour vrai, sincère, constant. C'est mon entrée dans la vie nouvelle que j'ai moi-même choisie.*

Joseph m'a déjà raconté tout ce que ces braves gens ont fait pour lui, pendant ses quatre ans d'exil. Ils ont été pour lui un père et une mère dans toute l'acceptation du mot; aussi les aime-t-il très profondément.

Madame Benjamin Naud est métisse. Mariée à quinze ans à un Canadien de race, elle a eu de lui seize enfants qui sont encore tous vivants. Sauf une fille mariée qui est domiciliée beaucoup plus loin et les plus jeunes qui sont encore auprès de leurs parents, les autres ont déjà six ou sept enfants et habitent dans le voisinage de la maison paternelle. Madame Naud a encore auprès d'elle sa vieille mère. Elle est infirme et couchée au coin de la chambre avec le calumet à la bouche. On me demande si je veux lui serrer la main. Alors, la vieille se redresse de son mieux et me tend une longue main osseuse et décharnée. D'une voix profonde, caverneuse, elle me souhaite la bienvenue, dans un langage étrange qui m'est inconnu. Ses yeux petits mais perçants, son nez d'aigle, ses pommettes fortement saillantes, son visage encadré de cheveux grisonnants, son teint cuivré, ou si vous aimez mieux, rouge brique, font sur moi un effet fantastique et cette voix si profonde, si ténébreuse, me remue d'une manière étrange. Madame Naud me dit que sa mère est indienne de naissance, ou comme on dit ici, sauvagesse, et de la tribu des Cris. Elle parle leur langue et on me traduit ses paroles de bienvenue. La plus jeune des filles de la famille est plutôt jolie que belle. Elle a peu hérité du type indien. Son teint n'a plus la chaude couleur de cette race, il est pâle et mat; mais les yeux sont noirs comme la nuit, et les cheveux ont le reflet de l'aile du corbeau.

La table est dressée aussitôt, et on s'excuse de n'avoir pas de pain à offrir. On sort de la huche une galette, appelée *bannock* par les Anglais.

La galette se fait plus rapidement que le pain, et elle lui est préférable, me dit-on, parce qu'elle est plus nourrissante. Je veux bien le croire, mais c'est lourd comme du plomb. Le goût est bon. C'est un mélange de farine et de lait caillé, auquel on ajoute quelquefois des oeufs avec quelques pincées de bicarbonate de soude. On doit pétrir la pâte longuement et afin de l'empêcher de lever, on la pique de part en part avant de la mettre au four.

On nous sert des oeufs sur le plat, de la crème fraîche, du beurre et de la confiture de fraises des bois. Que boit-on? Du thé, sempiternellement du thé!

Après le souper, nous prenons congé de nos hôtes.

La bonne Métisse m'invite à venir la voir le plus souvent possible. Joseph, me dit-elle, est son fils d'adoption.

Je lui réponds que rien ne sera changé et qu'au lieu d'un enfant, elle en aura deux; ce qui paraît réjouir cet excellent coeur.

Le Canadien nous accompagne jusqu'à la rivière grossie par la fonte des neiges. Il nous montre le radeau qu'il a construit lui-même. C'est tout ce que l'on peut trouver de plus primitif. On passe d'abord avec Charles, ensuite la voiture et enfin des chevaux que tiennent Joseph et un Métis. Et puis, fouette cocher, en route pour la maison.

La nuit commence à tomber. Les chemins sont à peine indiqués par de rares traces de voiture. Nous traversons la prairie, passant par-dessus arbustes et racines. Les quatre milles me paraissent interminables. Je ferme les yeux pour ne pas voir. Enfin, Joseph s'écrie :

– Nous y voici!

Aux dernières lueurs du crépuscule, je distingue une petite maison de *logs*, troncs d'arbres non équarris. Comme maîtresse de maison, j'ouvre la porte. Et que vois-je dans une pièce assez spacieuse éclairée par deux fenêtres? Un poêle, oui, un beau poêle de cuisine, des plâtras un peu partout, et puis, plus rien. À côté du poêle, une autre porte, je l'ouvre aussi. C'est une pièce assez longue, dans laquelle je distingue, aux dernières lueurs du soir, quoi? un petit poêle, et puis? plus rien... c'est tout.

– N'est-ce pas qu'elle est gentille notre maisonnette, dit joyeusement une voix derrière moi. Ma petite femme, nous voici chez nous.

– Oui... oui... bien... très bien. Et comprimant le flot de larmes tant que je puis : Joseph, mon ami, je ne vois ni lit, ni ustensiles, ni lampe, ni vaisselle, ni... ni...

– Ma pauvre petite femme, pourquoi n'as-tu pas accepté l'invitation de ces braves gens?

– Oh! Joseph, je ne pouvais pas, j'étais trop malheureuse, trop fatiguée, j'avais trop besoin d'être seule. Mais ne te tourmente pas, nous nous arrangerons. Va dételer tes chevaux et les conduire à l'écurie.

Plus tard, Charles dresse ma chaise longue et j'en prends possession. Lui, il étend les couvertures à terre et s'y couche dessus côte à côte avec mon mari.

La nuit ne nous apporte aucun repos.

Le lendemain, mon mari parcourt les différentes maisons du voisinage; enfin, après trois jours de recherches, il parvient à trouver un mauvais lit et un mauvais matelas et de plus, trois cuillers, trois fourchettes, autant d'assiettes et une tasse, qu'on a bien voulu lui prêter.

Serez-vous étonné, cher lecteur, si je vous dis que j'ai été, les trois premiers jours, dans un profond désespoir? et que mon pauvre mari et mon bon frère étaient dans la plus cruelle inquiétude à mon sujet? J'avais beaucoup souffert en voyage, j'étais malade en arrivant, je n'avais pas de lit pour me reposer, j'avais trop longtemps refoulé mes douloureuses émotions. Ne pouvant m'habituer à la nouvelle nourriture, je mangeais à peine pour ne pas mourir de faim. Est-il donc étonnant qu'après avoir regardé, à mon premier lever, cette campagne déserte, cette maison isolée et vide, je n'étais plus maîtresse de mes nerfs, et que je m'abandonnais au plus violent désespoir?

Comme je m'en voulais de ma présomption! Comment ai-je pu me croire, un seul instant, assez d'énergie pour vivre une telle vie? Je me lève donc, dès que les premiers rayons du jour entrent dans ma chambre, car ici, point de persiennes, rien que trois fenêtres dans ma chambrette, pour empêcher la lumière d'y entrer à pleins flots.

Bien que nous soyons déjà au milieu du mois de mai, le froid est toujours vif, surtout dans cette maison nouvellement construite, et qui est restée inhabitée pendant tout l'hiver. Et, pour le moment, nous n'avons pas de bois à brûler.

Le matin, nous mangeons des confitures et nous buvons du lait, à midi, item, et le soir encore. C'est trop uniforme et mon estomac en est révolté.

Pendant que mon frère s'occupe de l'écurie, et que mon mari se rend au village, je m'éloigne un peu de la maison et je prête l'oreille à ce grand silence de la nature qui m'environne. Quelquefois, le mugissement lointain d'une vache égarée vient seul m'apporter une note de vie. Les arbres sont sans feuillage, et l'eau partout, l'eau du dégel, l'eau des inondations. La nature est aussi triste que mon âme.

Quinze jours après notre arrivée, Joseph m'a laissée pour aller chercher les bagages laissés à Arden. Il m'a promis d'être de retour dans huit jours. Le retour... son retour, oh! que ce sera gentil! Alors, j'aurai tant à faire pour tout mettre en place dans la maison, que je n'aurai plus le temps de souffrir. Mais d'ici là, comme le temps va me paraître long! Huit jours, m'a-t-il dit, mais huit jours, sans autre nourriture que du lait coupé avec de la farine, huit jours, sans autre couchette qu'un mauvais grabat pour Charles et un misérable pliant portatif pour moi! Huit jours encore. Je n'en verrai jamais la fin.

Nous passons nos jours, mon frère et moi, et la plus grande partie des nuits, à parler des chers absents. Nous calculons l'heure actuelle de Nice et nous nous rendons compte en ce moment de leurs actions et nous vivons de leur vie. Au seul nom de maman, prononcé peut-être avec plus d'amour encore, à l'heure du bonjour et du bonsoir, nous revivons les baisers échangés et nos yeux se mouillent de larmes.

Pendant ces longues journées, nous allons nous promener, jamais bien loin, car l'eau nous oppose toujours de toutes parts une barrière infranchissable. Une fois, nous sommes allés en voiture chez monsieur de B... Son compagnon, monsieur Barret, se trouvait seul. Le pauvre jeune homme ne s'était point fait une idée du pays où on l'avait amené. Il couche sur une masse de foin et nous le trouvons fort découragé.

Un soir, fatiguée de manger toujours de la confiture, je demande à Charles d'aller acheter chez monsieur Jacob, qui demeure à un demi-mille, un litre de lait et un peu de farine pour faire une bouillie afin de changer un peu notre ordinaire.

N'oublions pas de dire ici que nous avions emprunté quelques vieilles caisses. Une nous servait de table et une autre de chaise. Un billot de bois était le siège de Charles. Nous n'avions pour tout luminaire qu'une lanterne d'écurie, un fanal comme on dit ici. Ce ne fut pas sans peine à cause de l'obscurité de plus en plus grandissante, que nous parvînmes à la garnir et à l'éclairer. Elle ne donnait qu'une très faible clarté. Aussi, ce fut à tâtons que je retirai les assiettes du buffet, je veux dire la caisse renversée. Nous avions grand-faim tous les deux. Je retire la soupe du feu. Elle répand un parfum suave, appétissant. Je la verse dans les assiettes et vite, vite, en véritable affamé, Charles porte une cuillerée à la bouche... Pouah! Quelle grimace il me fait, en repoussant violemment son assiette! Ah! ah! ho! puf! hâ! hâ! pof! Et il crache, crache de toutes ses forces à se démantibuler la mâchoire. Horreur!

Étonnée, j'en goûte à mon tour. Quelle atrocité! Je crache moi aussi, c'est bien du pétrole que je viens d'absorber. Quelle horreur! Une soupe au pétrole!

Je m'explique bientôt le mystère. Charles, en

garnissant la lanterne, avait renversé le liquide sur la caisse qui, par une fissure, avait coulé dans les assiettes. C'était tout simple.

– Allons, encore un soir sans souper.

Charles, épuisé par la faim, surmonte son dégoût, mange sa soupe et la mienne en avouant que ventre affamé n'a point d'oreille. Nous n'avons pu fermer l'oeil de la nuit. Lui était tourmenté par des soulèvements de coeur et moi... par la faim. Cet accident ne fut pas le seul pendant ces premiers jours. Une fois, un chat vola notre dîner et une autre fois ce fut un chien.

Tout seuls, mon frère et moi! Les jours s'écoulent et tous se ressemblent, hélas! Autour de la maison, nous avons trouvé des troncs d'arbres qui nous servent de sièges. Nous nous asseyons l'un en face de l'autre, ou côte à côte, et la main dans la main, nous prêtons l'oreille des heures entières dans l'espoir d'entendre les grosses roues sur l'herbe de la prairie. Mais, jamais rien. Nous sommes bien tout seuls, lui et moi, perdus dans ce pays, inconnus de tous. Et cependant, les huit jours sont écoulés et point de nouvelles.

Alors, nous parlons du *home*, de ceux que nous avons laissés en France. Nos coeurs se gonflent, les larmes nous viennent aux yeux... Brusquement, l'un se lève sous prétexte de regarder à la fenêtre, l'autre va à la chambre chercher quelque chose qu'il ne trouve pas. Ces actes insignifiants, qui ne nous échappent pas, nous font mieux comprendre la cruelle douleur et de l'un et de l'autre car il n'y a rien à voir par cette fenêtre et rien à faire dans cette chambre vide. C'est bien là, le malheur. J'aurais besoin d'occupation, d'un travail quelconque pour me distraire et, hélas! rien, rien. Les jours passent et Joseph ne revient pas.

Voilà quinze jours qu'il m'a laissée... qu'il est parti. Je me ronge de plus en plus. Tantôt, je le vois assailli par les loups, car ils foisonnent ici, je les entends toutes les nuits. Parfois, je le vois se noyer en traversant une coulée. Que c'est affreux quand l'imagination se met à battre la chamade! Jamais de ma vie, je ne me suis trouvée dans un pareil état de nervosité. Où est-il? Joseph, Joseph!

Jamais, je n'ai tant prié de ma vie, soit pour mon Joseph bien-aimé afin d'obtenir son retour, soit pour moi afin d'avoir un peu de courage. Oh! la prière! Elle me calme, elle me fortifie.

Mais, ô mon Dieu! qu'est-il donc arrivé! je tremble de tous mes membres.

– Oh! Charles! si, si... s'il lui était arrivé un malheur! Si nous sommes ici tout seuls...

Et j'éclate en sanglots.

Et mon frère, mon bon frère, plus pâle que la mort, prend ma tête dans ses mains et, m'embrassant de tout son coeur, il me dit :

– Allons, allons, pas de ces vilaines idées. Le retard s'explique facilement. Il est chargé, très chargé, et les chemins n'ont pas eu le temps de sécher complètement. Il y a aujourd'hui quinze jours qu'il est parti, il ne peut guère tarder. Essuie tes larmes. S'il te trouvait ainsi, avec ce visage, il en éprouverait trop de chagrin.

– Chère petite soeur, tu as tant de ressemblance avec maman que j'aime à te regarder et t'en aime mille fois plus... Allons, voilà que je te fais encore pleurer. Je t'en prie, sois raisonnable, sinon pour toi, au moins pour *lui*. Ces émotions sont trop dangereuses pour toi.

– Mais Charles, je ne peux pas. C'est plus fort que moi... Nous sommes si seuls.

– Non, chérie, tu n'es pas toute seule, ne l'oublie pas.

\* \* \*

Minuit! Assise sur une chaise longue, plongée dans l'anxiété la plus affreuse, je pleure toutes les larmes de mes yeux. Mon frère, encore plus pâle que moi, mortellement inquiet, prête l'oreille au moindre bruit.

– Charles, qu'allons-nous devenir? Que lui est-il arrivé? Ô mon Dieu! je meurs d'effroi...

Clic, clac, clic, clac, un roulement de voiture! Ciel! La porte s'ouvre soudainement et Joseph me tient dans ses bras. Il essuie mes larmes et m'appelle des noms les plus doux.

Fini! enfin, cet affreux cauchemar. Mon cher mari est à mes côtés, sain et sauf. Que le bon Dieu soit béni!

Charles va dételer, pendant que nous sommes tout à la joie de nous revoir. Le cher ingrat! Il me fait quelques doux reproches de m'être tant inquiétée sur son sort. Il me dit que je nuis à ma santé et, par conséquent, au chéri déjà si impatiemment attendu.

Qu'on n'oublie pas qu'il y avait trois mois seulement que nous étions mariés, que j'avais vingt ans et lui vingt et un.

## Chapitre 5

Avec quelle joie, le lendemain matin, je vois entrer meuble après meuble et toutes ces grandes malles dans la maison. Avec quel plaisir je vais commencer aussitôt l'installation et dresser les lits. Mais, quelle stupéfaction quand je constate que le marchand juif de Winnipeg nous a volés! Au lieu des bons matelas que nous avions payés très cher, je ne trouve que des horreurs de matelas en foin, revêtus d'une mince couche de laine, et des enveloppes fendues de haut en bas, laissant échapper tout le contenu.

Je n'ai pas osé toucher ce jour-là aux malles. L'émotion aurait été trop vive et il n'en faut pas trop à la fois.

Joseph m'a apporté quantité de douceurs : bonbons, conserves de fruits, etc. Il est si bon, si affectueux! Il fait tout son possible pour m'égayer et m'être agréable.

Il s'entend à merveille avec mon frère. Cependant, celui-ci ne peut pas toujours rester avec nous, il rentrera en France, c'est inévitable. Il trouve le climat trop dur et la vie trop difficile. Il dit sans cesse qu'il faut être des crève-faim pour se fixer en pareil lieu. Mais son départ ne va-t-il pas éprouver cruellement mon mari? Je le crois bien.

Nous ne comprenons pas comment Joseph et mon frère Frédéric installé à Fannystelle ont pu vivre ici, tout seuls, et si longtemps. Qu'ils ont dû souffrir! Comme j'y vais souffrir moi-même! Joseph m'a promis de me raconter en détail toutes les péripéties de son séjour ici, et de me faire voir les deux maisonnettes qui l'abritaient. Je recueillerai précieusement dans mon journal tous ces chers souvenirs pour les transmettre à nos enfants.

Le surlendemain, je n'y tiens plus, les malles me font risette, je les vide avec une douce émotion, les unes après les autres et je mets tout en place. Notre petite maison hier si vide encore est aujourd'hui toute coquette. Les lits avec leurs rideaux et leurs belles couvertures respirent le luxe. Sur les étagères faites par nous, mille bibelots qui font le ravissement de nos visiteurs. J'ai suspendu aux murs avec des cordons rouges ou bleus de grandes photographies de Nice, Monaco, Menton, Monte-Carlo, Villefranche, Beaulieu, etc. Aux fenêtres j'ai mis de petits rideaux de dentelle; au milieu de ma chambre, la carpette et à sa place la descente de lit. Le tout prend à mes yeux un petit air de fête et de confort.

Pendant que je me livre ainsi à l'arrangement de mon ménage, Joseph et Charles s'occupent de l'organisation de la ferme. Ils vont de côté et d'autre chercher les animaux qui ont hiverné en plein air ou dans les fermes voisines.

Un jour j'étais toute seule, je n'avais pas encore de domestique, il faisait chaud et j'avais laissé la porte ouverte. Debout, au milieu de la cuisine, j'essuyais la vaisselle quand derrière moi, j'entends un beuglement. Effrayée, je fais volte-face et que vois-je? L'énorme tête d'une bête à cornes; peut-être un taureau qui prenait sans doute ma maison pour une étable et y rentrait comme chez lui. Derrière lui, plusieurs autres se pressent évidemment dans l'intention de suivre cet effronté conducteur. Un moment, j'ai senti mon coeur s'arrêter car il faut vous le dire, j'ai eu toute ma vie une peur affreuse des bêtes à cornes. Mais, il ne s'agissait pas de défaillir, il fallait se défendre. Je m'arme d'une casserole et de toute la force de mon bras, je la lance sur la tête de l'intrus. Elle va frapper avec fracas sur ses cornes. Terrifié, il pirouette sur ses pattes de derrière et se sauve la queue en l'air en mugissant, en roulant dans ses orbites ses grands yeux apeurés. Je ferme aussitôt la porte et pousse le verrou. Plus morte que vive, je tombe sur la chaise et j'ai beaucoup de mal à reprendre mon sang-froid.

Le soir je racontai à mon mari et à mon frère la terrible visite. Les moqueurs, ils en rirent beaucoup. Cependant Joseph loua ma présence d'esprit. Si je n'avais pas détourné le boeuf, les autres l'auraient suivi, le plancher se serait effondré sous un tel poids, tous seraient tombés dans la cave... et moi j'aurais partagé leur triste sort. Il a bien fallu rire moi aussi; mais assez mortifiée, je suis bien décidée à l'avenir d'aller au milieu de ces bêtes-là pour surmonter la frayeur qu'elles me causent.

– À propos, me dit mon mari, demain nous irons avec Charles chercher dans la prairie deux de nos vaches. Si elles ne veulent pas se séparer du troupeau nous les prendrons au lasso; sinon nous les cernerons avec nos chevaux et nous les ramènerons ici. Ne t'effraie pas en les voyant venir. Dans tous les cas barricade-toi dans la maison.

En effet, ils partent dans l'après-midi et je les vois disparaître au grand galop de leurs chevaux dans les hauts taillis de trembles et de saules.

Le lasso rend des services inappréciables pour la capture des bêtes qui vivent en liberté. Mais les chevaux, en particulier, ont vite trouvé le truc pour y échapper. Ils donnent un certain coup de tête qui les fait se détourner et empêche le poursuivant de porter juste. Pour s'emparer de ceux-là, il n'y a qu'à les suivre et à les pousser dans un muskeg où ils s'embourbent. Dès lors, leur capture est très facile. Les jeunes chevaux donnent beaucoup plus de difficulté. Quand ils reçoivent en plein galop le lasso autour du cou ou des jambes, ils désarçonnent par la secousse qu'ils impriment le cavalier, si celui-ci n'a pas pris soin de se tenir ferme, les genoux serrés, et si sa monture dressée à cet exercice ne s'arrête pas net et ne s'arc-boute pas sur ses quatre pieds. Dès lors, le cheval enlacé reçoit seul la secousse et roule à terre.

Quelques heures après, prévoyant qu'ils ne tarderaient pas d'arriver, je monte au grenier et je vois, en effet, poindre à l'horizon deux cavaliers qui enveloppent plusieurs bêtes lancées à la course. Voulant faire preuve de courage, je descends prestement l'échelle et me voici dehors faisant bravement face au danger... Bientôt, je distingue le tourbillonnement des feuilles, j'entends le craquement des branches sous les pieds des bêtes qui s'avancent au grand galop, naseaux au vent, l'air inquiet, poursuivies à outrance par les cavaliers. Je les attends de pied ferme. Non, je n'ai pas peur.

– Tiens, dis-je, trois vaches au lieu de deux.

– Christine! me crie Charles, ouvre vite l'étable.

J'y cours, j'ouvre la porte, et à l'instant, les trois bêtes sur mes talons se précipitent pour y entrer.

– Non, non, crie mon mari à Charles, pas le blanc, il n'est pas à nous.

Bravement, je saisis une gaule pour lui barrer le passage. La bête me voyant décidée fait volte-face et court autour de l'étable toujours poursuivie par Joseph qui voudrait la lancer dans la direction des prairies. Mais, voyant Charles arriver sur elle à fond de train, et prise entre deux feux, elle se précipite de mon côté. Je lève aussitôt mon bâton pour l'effrayer.

– Prends garde, malheureuse, me crie Joseph, en jetant son cheval entre moi et la bête, c'est un taureau.

Quelle frousse! Je laisse tomber ma gaule et m'enfuie à toutes jambes sous une charrette. Le coquin me poursuit, tombe sur ses genoux et cherche à me saisir avec ses longues cornes. Je me ratatine tant que je puis du côté du mur. J'essaie de grimper sur la charrette à la force de mes poignets croyant m'appuyer contre le mur, j'enfonce sous l'effort une porte mal assujettie et les poutrelles me tombent lourdement dessus.

L'ennemi gagne du terrain. Il va passer entre la charrette et le mur. La peur me donne des ailes. D'un bond, je suis hors de portée et agile comme un écureuil, je grimpe rapidement sur les arêtes qui sortent de l'angle de l'écurie.

– Vite! me crie Joseph.

– Vite! vite! crie Charles.

– Sauvée! répondis-je en battant des mains.

J'étais arrivée sur la toiture!

Hors de danger, je fis une belle nique à mon grand diable cornu qui debout sur ses pattes de derrière, cherchait encore à saisir ma jupe rouge cause de sa fureur.

Revenus de leur frayeur, Joseph et Charles chargent le taureau à grands coups de fouet et ils ne l'abandonnent que quand ils le voient assez loin, essoufflé et tirant la langue.

C'est égal, je ne le cache pas, j'ai eu une fameuse peur.

J'en ai été malade et je ne parle pas des cauchemars de la nuit...

* * *

Sainte-Rose-du-Lac, Dauphin
le 27 juin 1894

Bien chère Petite Mère,

C'est aujourd'hui que j'ai eu le bonheur de recevoir votre première lettre datée du 25 mai. Avec quelle impatience je l'attendais et quelle joie pour moi de reconnaître votre écriture, vous ne pouvez l'imaginer.

Je vous manque, dites-vous! Quelle consolation de vous l'entendre dire! Je le devinais et mon coeur me le répète sans cesse. Le temps vous semble bien long et à moi il me paraît une éternité. Chaque jour, je suis la marche du soleil, et quand il est à son déclin je dis : encore un jour de moins à souffrir et un jour de plus qui me rapproche de l'heure, mille fois désirée, où j'aurai le bonheur de fouler de nouveau la belle terre de France, et de voler dans les bras de ma bien-aimée maman. Car si les Anglais, comme on le constate ici, oublient facilement le vieux pays, *old country*, comme ils disent, s'ils s'identifient de même au nouveau monde, *new country*, s'ils s'américanisent sans difficulté, pour nous Français, il en est tout autrement : nous abhorrons l'exil. Je le sens pour mon propre compte; jamais je ne m'y habituerai.

Notre existence dans cette vaste campagne presque inhabitée est lugubre. Mais mon devoir comme aussi mes intérêts m'y retiennent, et puis, qui sait si ce désert ne deviendra pas un jour une ville florissante? Nous aurons alors l'honneur de compter parmi les fondateurs de Sainte-Rose, comme l'a été, il y a vingt ans à peine la mère de madame Benjamin Naud pour la ville de Winnipeg qui compte aujourd'hui plus de soixante mille habitants.

Voulez-vous petite mère chérie, connaître un peu le milieu où se meut votre petite Christine? Le village compte dix-sept maisons disséminées sur une superficie de je ne sais combien de kilomètres carrés. À chaque maison est adjoint un tout petit jardin, deux ou trois arpents de terre défrichée ou *cassée*, comme on dit ici. Ce terme est bien choisi car le sol, formé d'une tourbe épaisse et compacte, ne s'effrite pas comme chez nous, mais se coupe, se tranche en longues lanières.

À cent mètres de la maison se trouvent la vacherie, l'écurie pour les chevaux, un petit parc pour les veaux et une porcherie.

Les maisons sont petites. La distribution des pièces est à peu près la même partout : une chambre à coucher et une cuisine, surmontées d'un grenier avec une toiture de bardeaux. Les pauvres n'ont qu'une unique pièce couverte de chaume ou de tourbe.

Dans la chambre à coucher on ne voit ordinairement

qu'un seul lit pour les époux. Les enfants couchent pêle-mêle, enveloppés de leurs couvertures sur un large matelas ou tout simplement sur des peaux de bêtes. Hommes, femmes et enfants ne quittent que les vêtements de dessus.

On me dit partout qu'on ne construit pas autrement les maisons, à cause des froids rigoureux de l'hiver et de la difficulté de chauffer plusieurs pièces à la fois. Le Fahrenheit descend parfois à -56 degrés. On ne peut d'ailleurs faire autrement dès le début; mais plus tard, quand les récoltes réussissent et qu'on a obtenu la patente de sa terre, on se construit de jolies maisons, avec tout le confort possible; on transforme les anciennes bâtisses en grainerie ou laiterie.

Ici, on ne parle qu'argent. Tous les moyens son bons, pourvu que le but soit atteint. *Make money, honestly if you can.* Voilà l'axiome reçu qui vous dépeint l'Américain. En voici un autre très employé aussi : *time is money.* Quand on vous aborde, on ne vous demande pas comme dans le *vieux pays*, des nouvelles de votre santé, mais de vos intérêts. Un objet n'a de valeur que selon son prix. Quand les habitants viennent chez moi, ils s'extasient devant mes bibelots; mais soudain : *It costed you how much?* Combien ceci? Combien cela? Si j'énonce un prix minime, l'objet perd à leurs yeux toute valeur et ils s'en détournent. Vous le voyez, chère petite mère, c'est un genre tout différent de celui que j'ai connu et aimé.

Mais la société me direz-vous? De société? Pas

l'ombre. Nous ne sommes ni à New York ni à Ottawa. Personne à voir, personne à qui parler. Et que pourrais-je bien dire à des gens qui n'ont jamais rien vu, qui n'ont aucune notion de nos usages, qui considèrent un polichinelle à ficelles comme un phénomène et une poupée qui ouvre et ferme les yeux comme un miracle?

Et le curé de la paroisse? Oui, parlons-en, bonne petite mère. Sans doute Joseph lui témoigne beaucoup d'amitié; sans doute les Sauvages et les Métis qu'il évangélise depuis plus de vingt ans l'adorent; mais j'ai le regret de vous dire qu'il me déplaît souverainement. C'est un petit homme pétri d'esprit – des gens d'esprit, délivrez-nous, Seigneur – taquin comme il n'est pas permis de l'être, moqueur par-dessus le marché et malin comme un singe. Faut-il vous raconter notre première rencontre?

Tout nouvellement arrivée, abattue par le découragement et remplie de mille angoisses, j'étais allée lui faire une visite dans l'espérance de trouver auprès de lui consolation et réconfort. Je faisais cette démarche d'autant plus volontiers qu'il était français et surtout provençal, presque un compatriote. Je n'eus pas plutôt parlé des Français, de la chère France que je venais de quitter, qu'il me fît une sortie à fond de train.

– Hâ! hâ! les Français! oui! ces canailles de Français, ces horribles Français, ces Français sans religion, sans foi ni loi, qui viennent ici détraquer les indigènes, semer partout la mauvaise graine, alors que nous missionnaires, nous avons tant de mal à faire germer la bonne.

– Mais, vous êtes français, mon Père?

– Non... oui... de naissance seulement. Je n'aime que les Sauvages.

– Et, pas les Métis?

– Non. Non. Les Métis ont pris les défauts des deux races sans en prendre les qualités. J'aime les Saulteux, les Cris, les Pieds-Plats. Ils sont mes enfants et je suis leur père. Voilà plus de trente ans que je vis parmi eux, couchant comme eux à la belle étoile en été et sur la neige en hiver, avec une simple couverture. Je les ai vus un peu partout. J'ai parcouru les immenses prairies sur un mauvais bronco (cheval de race particulière employé par les Métis et les sauvages). À la nuit, je m'étendais sur l'herbe mais pas sans avoir pris la précaution d'attacher le cheval à mon poignet avec une longue corde.

– Quelle imprudence! mon Père. Et ne vous est-il jamais arrivé d'être traîné ou blessé par votre cheval?

– Oui certes, plus d'une fois, mais cela n'était rien. Les rusés sauvages me suivaient de loin, en catimini, et pendant mon sommeil, ils coupaient assez souvent la longe de mon cheval et le faisaient disparaître sans parler de mon fusil et de ma poudre.

– Et que faisiez-vous alors?

– Je marchais devant moi, à la grâce de Dieu.

– Que mangiez-vous?

– Des racines, des fruits sauvages, des herbes.

– Et ce sont ces Sauvages-là, ces larrons que vous admirez et aimez? dis-je tout étonnée et ahurie en ouvrant de grands yeux.

– Oh! Madame la Française, ne me faites pas maintenant si triste mine.

– Que voulez-vous, mon Père, soyez indulgent. La séparation de ma chère petite mère est si récente que...

– Votre mère, votre mère, mais elle est peut-être morte à cette heure. Si cela est, vous ne le saurez que dans un mois. Allons, Madame, quand on fait un sacrifice, il faut le faire généreusement, sans tergiverser et pleurnicher. Allons, tout pour le bon Dieu, le reste n'est rien, moins que rien. Dieu seul est tout et doit être notre fin.

Ô Maman! À ces mots, «votre mère est peut-être morte», j'ai été glacée d'effroi. Si c'était vrai! Mais non, impossible. Aussi, me redressant soudain avec indignation, j'ai dit:

– Monsieur, j'étais venue chercher auprès du représentant du bon Dieu un peu de consolation. Toute douleur sincère et profonde doit être respectée et je me permets de vous dire que si je pleure parfois, je ne pleurniche jamais.

Je le salue et me retire, tandis qu'il haussait les épaules en riant, comme il aurait fait à une boutade d'enfant.

Oh! l'amour-propre froissé, surtout dans la douleur!

Voilà *Mossieu* le Curé, bonne petite mère.

Faut-il vous faire connaître les autres personnages de notre village? Laissons de côté trois jeunes Français de noble origine que les parents ont expédiés ici pour des motifs peu honorables. Je ne puis les recevoir chez moi. Voici d'abord trois familles françaises. Celle de monsieur Lecomte dont le père était casseur de pierres en Anjou et qui s'est établi ici avec sa femme et ses sept enfants; celle de monsieur Béasse, homme remarquablement intelligent et très habile médecin; et celle de monsieur Perrin, jadis cultivateur dans les environs de Langres. Ces trois familles habitent à dix et douze milles de chez nous. Maintenant, voici les Métis : d'abord, monsieur et madame Benjamin Naud avec leurs deux plus jeunes enfants, Anny et Duhamel; les autres, comme nous l'avons déjà dit, habitent les environs de la maison paternelle et ont tous de nombreux enfants : Jacques Naud, l'aîné, Amable, Vital, Patrice, Albert, et leurs soeurs, les femmes Ritchot et Ladéroute. Après vient monsieur Hamelin, frère de madame Benjamin Naud, marié à une femme de quatorze ans, qui lui a donné seize enfants tous vivants. Ensuite, monsieur Jacob, notre plus proche voisin, marié, bien que français, à une des filles Ritchot. Il est du reste très heureux en ménage. Sa femme a mis au monde quelques jours après notre arrivée, son premier enfant, magnifique et ravissant garçon, aux cheveux dorés, à la peau blanche, que sa grand-mère appelle : mon Français.

N'oublions pas les familles des Sauvages : Cook, Spens

et Lacouet. Donc en tout, dix-sept maisonnettes sur une superficie où on bâtirait trois villes comme Marseille.

Joseph me conduit parfois chez les Métis qui sont tous des braves gens mais ils ne causent que charrue, herse, boeufs, chevaux, blé ou avoine. J'essaie de leur parler de la France, mais ils demeurent incrédules. Pour les persuader, il ne faut rien moins que la vue de mes grandes photographies panoramiques de Nice. Alors, entendez-les : «Quoi! un pays qui a des maisons avec tant de châssis? où l'on boit du vin tous les jours?», etc. Tout les étonne. On ne peut leur parler de rien, parce que tout est nouveau, inconnu pour eux. Ils n'ont rien vu de mieux que cette affreuse ville de Winnipeg et ils ne peuvent rien concevoir de plus beau.

Notre nourriture jusqu'à présent est peu variée; soupe maigre au vermicelle ou au riz, pommes de terre ou haricots et lard. Heureusement, de loin en loin un canard sauvage, quand Joseph a le temps de faire un tour à la chasse; sinon, je n'y tiendrai pas longtemps. Mon bon mari ne se plaint pas de l'ordinaire, il a été habitué à pire, car il n'avait pas toujours de pain, voire même de la galette, dans les premiers temps de son séjour ici.

Je me tue au travail, petite mère chérie; c'est une manière comme une autre de tuer le temps, sinon je risquerais fort que le temps me tue. En ce moment, Charles joue avec le chat, et pour me faire rire il lui parle en métis : *miniouche* (minet) tu es *magassant* (agaçant), attends donc une *escousse* (un moment), tu ne fais que *grouiller* (bouger); est-il *négant* (ennuyeux), est-il assez *chéti* (méchant, bon à rien) ce *miniouche.*

Mon mari et moi avons été parrain et marraine d'une petite fille du fermier Angevin. Je viens de prendre la soeur aînée de ma filleule comme domestique. Elle a quatorze ans et s'appelle Marie. On me l'a donnée comme très capable et la pauvre fille ne sait rien faire du tout. J'aurai beaucoup de peine à trouver ce qu'il faut.

Joseph avait rapporté de son voyage vingt et un sacs de farine. On est venu nous en emprunter de tous côtés et il ne nous en reste presque plus. Tel est l'usage, dit mon mari et on rend toujours très exactement. C'est d'ailleurs le moyen de se faire des amis; car à une pareille distance du lieu des approvisionnements, il faut bien savoir s'entraider. Il me met au courant des affaires et m'explique tout ce qu'il a fait et tout ce qu'il se propose de faire. En le voyant si respecté et si aimé et le sachant sérieux et pratique, j'ai pleine confiance en son jugement et j'approuve toutes ses décisions. Il me dit souvent que penser à faire fortune au Canada est une pure illusion. Ceux qui ont des revenus, s'ils savent s'y prendre peuvent les augmenter, peut-être les doubler et c'est tout; quant à ceux qui n'ont rien, s'ils parviennent à acquérir avec le temps un peu de bien-être, ils doivent s'estimer très heureux.

Il ne faut pas perdre de vue que, de quelque côté qu'on se tourne, élevage ou fermage, les travaux sont également durs. En somme, le Canada est un pays qui convient admirablement aux casseurs de pierres, aux terrassiers, laboureurs, fermiers et charretiers, suffisamment aux petits commerçants, mais point du tout à un gentilhomme.

La vie est si dure que les Métis eux-mêmes s'en plaignent, tout comme les paysans français. N'allez pas croire cependant que nous soyons découragés, non; mais nous ne nous faisons aucune illusion sur l'avenir. Nous lutterons autant que nous le pourrons. Mon mari continuera à faire l'élevage et le fermage, tout en pratiquant avec son habileté sans pareille, la science qu'il a acquise à l'École vétérinaire de Beauvais.

Nous avons acheté cinq vaches avec leurs veaux. Nous avons trois juments et un cheval, des porcs et des poules. J'allais omettre quatre gros boeufs pour le labour. Voilà pour le début.

Charles et Joseph labourent au loin pendant que je vous écris. Comme c'est drôle pour moi de les voir en habits de travail, les guides autour du cou. Je vais souvent les rejoindre et les suis, le fusil en bandoulière. La chasse m'amuse et le gibier ne manque pas.

Au revoir, ma très chère petite Maman. Je vous embrasse, comme je voudrais vous embrasser, si je pouvais vous voir...

Christine

## Chapitre 6

À l'ocasion de la fête de l'Association de Saint-Joseph, fondée jadis par Mgr Taché, et composée exclusivement de Métis, nous avons eu un joli festival. On avait dressé de nombreuses baraques où l'on vendait des pâtisseries et des sirops, et organisé une course de chevaux entre Anglais et Métis. Ce fut un Métis qui remporta l'unique prix consistant en quelques dollars. Le clou de la fête fut le grand festin donné en plein air dans une vaste salle de feuillages. Tous les habitants s'étaient donné rendez-vous autour des nombreuses tables garnies de toutes sortes de tartes et de sucreries. Tout aurait été charmant sans l'agrément d'entendre et de sentir la musique lancinante des maringouins.

Savez-vous ce qu'est que le maringouin? C'est le frère aîné de nos moustiques français, mais beaucoup plus méchant. Ce qu'on appelle ici moustique est un imperceptible moucheron, dont la piqûre mille fois plus cuisante que celle des maringouins produit une brûlure semblable à celle d'un fer rouge; il y en a très peu, heureusement.

Mais les maringouins? Oh! non, non, n'allez-pas vous imaginer que vous pouvez vous en préserver en agitant un mouchoir ou un éventail. À certaines heures de la journée et en certains lieux, ils forment de véritables nuées, il y en a des milliers et des milliers, que dis-je, des milliards! On en est aveuglé, mangé, dévoré. Ils vous entrent dans les yeux, le nez, les oreilles, la bouche, et si le tour du cou n'est pas bien serré, gare à vous, vous sentirez bientôt qu'ils se sont faufilés dessous. Vous avez le visage, les mains, les jambes tout en feu, criblés de leurs terribles dards qui transpercent les étoffes les plus épaisses et pénètrent même les piqûres de votre chaussure. Combien de fois, passant la main d'un geste rapide sur mon cou, ne l'ai-je pas retirée toute rouge de sang et barbouillée hideusement de leurs corps écrasés? Non, les deux mains ne peuvent suffire à se délivrer de cette engeance et parfois, sans exagération, on en deviendrait fou.

C'est dans un de ces cas que j'ai eu l'occasion d'admirer l'endurance de notre curé. Un dimanche après la messe, il nous accompagna jusqu'à notre voiture et s'arrêta pour nous parler. Je voyais son front, son cou, ses mains, noirs de maringouins et il ne faisait aucun mouvement pour s'en débarrasser, tandis que je trépignais sur place en maudissant mes cruels bourreaux.

– Mon Père, lui dis-je, vous êtes noir de maringouins.

– Ah! C'est que nous sommes d'anciennes connaissances.

– Raison de plus pour qu'ils ne vous tourmentent pas. Tuez-les donc.

– À quoi bon! Après ceux-ci d'autres viendront; puis, ce sont de petites bêtes du bon Dieu. Il ne faut pas leur faire de mal; il vaut mieux se laisser piquer; on s'y habitue bien vite. Au reste, ils sont encore en petit nombre, ils commencent à peine.

– Dites-moi donc, mon Père, on dit que le Bon Dieu n'a créé que des animaux utiles, à quoi donc sont utiles les maringouins?

– Quand ils ne serviraient qu'à exercer votre patience et à vous faire acquérir des mérites, Madame, ce serait bien suffisant...

– Merci!

Un après-midi, nous partîmes en voiture avec Charles vers le village. En chemin, il nous semblait entendre une musique vague et lointaine.

– Est-ce mon imagination? N'entends-tu pas quelque chose, Charles?

– Oui, comme un concert dans le lointain.

– Écoute... c'est étrange... ça se rapproche, qu'est-ce donc?

Le bourdonnement musical devint si fort, que nous portâmes instinctivement nos regards sur nos têtes. Hô!

la! la! à deux mètres de distance, un immense nuage de maringouins. Ils s'abaissèrent en tourbillonnant, et ne tardèrent pas à couvrir les chevaux et hélas! nous-mêmes. Nos pauvres bêtes n'étaient pas à la fête et nous non plus.

Un certain soir j'étais allée à la chasse aux poules d'eau. À peine immobilisée pour tirer un canard, les brigands m'envahissent. Ils me piquent les paupières, le visage, les bras, les mains avec une rage féroce. Je ne rentre pas bredouille, j'avais mon canard mais aussi des piqûres cuisantes, des vessies brûlantes qui m'ont donné la fièvre pendant plusieurs jours.

Faudra-t-il pour cela renoncer à la chasse? J'en ai une furieuse envie.

Mon frère n'a pas été plus heureux. Il a eu l'imprudence de retrousser ses manches en allant puiser de l'eau à la rivière et il est rentré les bras tout noirs de maringouins. Pendant plusieurs jours il a gardé les bras très enflés et a beaucoup souffert de la démangeaison.

Le soir, ils sont si nombreux sur les murs de la maison qu'on la dirait tapissée de noir. Ils se tiennent en bataillons serrés devant les portes et les châssis, comme pour en faire le siège : c'est pire encore aux étables et aux écuries. La vie ne serait pas tenable si l'on n'employait contre eux, l'unique moyen capable de nous en débarrasser, *la boucane* ou fumée.

Veut-on purifier une chambre qu'ils ont envahie? On

fait bon feu au poêle, on jette dessus une bonne quantité d'herbes humides qui donnent une grande fumée, on baisse rapidement les châssis et on se sauve au plus vite, en ayant soin de tirer la porte derrière soi.

Une fois dehors, même opération. On fait un grand feu, on y jette dessus du fumier, on se met dans la fumée et, grâce à ce bain... de vapeur parfumée *sui généris*, en un clin d'oeil l'ennemi a pris la fuite.

Ensuite on fait la boucane dans un ustensile quelconque, qu'on place devant la porte d'entrée. Le vent ou à défaut de multiples coups de chapeau pousse la fumée dans la maison et a vite fait de balayer nos bourreaux. La boucane fait ici l'office de sentinelles. Elle défend l'entrée contre nos redoutables ennemis.

Quand on est obligé de coucher en rase campagne, on est tout aussi ingénieux pour s'en préserver. On charge et on garnit de foin tout autour une charrette, en ayant soin de ne laisser qu'un tout petit orifice pour entrer et sortir. Pendant cette opération, quelqu'un fait la boucane sous la charrette, de manière à ne produire que de la fumée. On ferme l'orifice avec une couverture et vous pouvez passer la nuit là-dessous sans être incommodé par la gent sanguinaire.

J'ai bien essayé de nous protéger contre ces barbares envahisseurs au moyen de tulle-moustiquaire qui couvrait nos larges chapeaux et venait se serrer par une coulisse élastique autour du cou, mais en vain. Ces gueux-là profitaient du moment où le mouchoir devenait indispensable pour pénétrer en nombre, dans la place ouverte. Les prisonniers, ce n'étaient pas eux, mais nos pauvres nez, nos oreilles, nos yeux. Il a fallu renoncer à ce masque protecteur qui avait de plus le désavantage de nous tenir trop chauds.

Ce n'est pas l'usage ici de tenir à l'écurie les animaux qui ne sont pas d'une utilité immédiate. Tous, nous ne gardons que les deux chevaux de voiture, deux paires de boeufs et les veaux. Tous les autres sont laissés en liberté, dans les vastes prairies, jusqu'à quatre heures de soir où il faut les faire rentrer.

Mais à cette heure, les maringouins n'étant plus alourdis par la chaleur, sont beaucoup plus actifs, leurs piqûres plus cuisantes et leur zonzonnement plus agaçant. Que faire pour protéger bêtes et gens contre de tels adversaires? Toujours la boucane. Et voici comment Joseph procède. Il dispose des brassées de copeaux et des fagots de bois de manière à ce que le feu puisse durer le plus longtemps possible. C'est un talent que de bien faire son bûcher. Quand le tout est bien allumé et que le bois commence à se carboniser, il jette d'abord dessus et par côtés, plusieurs couches de fumier sec, et ensuite du fumier frais. Une épaisse colonne de fumée ne tarde pas à s'en dégager et à s'élever lourdement.

– Mais Joseph, qu'est-ce donc? On dirait le grondement lointain du tonnerre? Une charge de cavalerie?

– Tu le verras bientôt.

Et là-bas, je vois les talles des saules vivement agitées, les branches plier et se rompre sous le galop des chevaux affolés. Ils arrivent dans un clin d'oeil et nous entourent. Effrayée, je m'accroche à la veste de mon mari.

– N'aie pas peur, n'aie pas peur, me dit-il, ils ne te feront aucun mal. Regarde les chevaux blancs et gris, les alezans, c'est à peine si tu peux distinguer la couleur de leur robe, tant ils sont couverts de maringouins. Ils veulent s'enfumer un peu, pour se débarrasser de leurs ennemis.

Les intelligentes bêtes! Sitôt qu'elles aperçoivent dans le lointain une spirale de fumée, elles relèvent la tête, pointent les oreilles, renâclent bruyamment et aussitôt, les voilà au pas de charge franchissant la prairie, passant à travers bois, sautant ou brisant tous les obstacles. Ne craignez pas qu'elles s'égarent. Elles arrivent toujours à la boucane, quelqu'en soit la distance.

Une fois le but atteint, les chevaux se mordent, se battent, se bousculent.

C'est à qui sera au plus épais de la fumée. Bien entendu, les plus faibles se trouvent les derniers. Vienne un coup de vent qui couche ou fasse tourner la fumée, vite, ils s'y précipitent et se mettent à la queue leu-leu dans la traînée.

Quand le vent ou la brise manque et que la fumée s'élève en droite ligne, affolés par les piqûres, ils se précipitent dans le feu, le grattent et se tiennent debout sur le braisier. Les boeufs se couchent dessus et se font parfois de sérieuses brûlures. Aussi, avons-nous été obligés de clôturer l'emplacement réservé à la boucane et souvent, nous avons trouvé la barrière brisée, renversée. Faut-il qu'elles souffrent, ces pauvres bêtes!

Mais, me direz-vous, comment peuvent-elles se préserver dans les prairies et les bois? La Providence les a munies d'une magnifique queue qui descend jusqu'à terre. C'est leur seule arme de défense. Un cheval à qui on aurait coupé la queue, comme on le pratique en France, ne pourrait résister aux piqûres et on le verrait bientôt dépérir. Nous en avons eu un exemple.

Mais voici maintenant un gros troupeau de bêtes à cornes. De loin, elles ont aussi aperçu la boucane et, trottant lourdement, gauchement empressées, finissent par arriver. Elles se placent à la suite des chevaux, car ceux-ci ne sont nullement disposés à céder leur place.

Joseph et Charles n'ont pas perdu leur temps. Ils ont fait une seconde boucane un peu plus loin. Aussitôt, les chevaux moins favorisés arrivent à la course et les boeufs sont encore les derniers.

Enfin, pour terminer, on fait à l'écurie, dans une bassine *ad hoc*, une boucane très épaisse, pour qu'elle puisse durer le plus longtemps possible. Dès que la fumée s'est répandue sur les bêtes, elles se calment et sommeillent bientôt. Aussitôt que l'opérateur a terminé son oeuvre, il se couche à plat ventre pour pouvoir trouver un peu d'air respirable et il ne se lève que lorsque l'effet voulu a été produit. Alors, il éteint soigneusement le feu et se retire.

Telle est notre occupation journalière en cette saison. En quittant l'écurie, nous avons soin d'activer la boucane de la porte et de bien nous enfumer. Nous rentrons aussitôt dans la chambre où l'air est à peine respirable et la fumée intense. Mais peu à peu, elle se dissipe et nous dormons bientôt avec la conscience du devoir accompli.

*Chapitre 7*

Nous voici dans un pays où l'égalité règne en maître absolu. Le patron n'est pas plus que l'ouvrier et le maître pas plus que son domestique. Celui-ci se considère comme l'égal de son maître et il est traité comme tel. Il mange avec lui et comme lui, prend part aux conversations et émet son avis en toute liberté. Il critique avec le même sans-gêne. À l'hôtel, grande a été ma stupéfaction, quand une ou deux heures après le repas, je vis apparaître les laveuses de vaisselle, en soie noire et dentelles, pomponnées et parfumées, nous regardant de haut en bas et se mêlant à la conversation.

Leur but est de trouver un mari quelconque ou tout au moins – et c'est ce qui arrive le plus souvent – une bonne pension. Mais comment? Tout simplement en entretenant des fréquentations publiques avec celui qui a fixé leur choix. On raconte à ce sujet de curieuses histoires. En voici une dont j'ai été témoin.

Une jeune fille, employée dans un hôtel, poursuivait publiquement de ses assiduités un certain monsieur X non dépourvu d'une certaine aisance. Dans les réunions, elle aimait à se tenir auprès de lui, à ne causer qu'à lui seul avec douce risette. Il n'en fallait pas davantage pour donner suite à mille suppositions. C'est tout ce que désirait la fine mouche. Le tour réussit. Elle est publiquement compromise. Elle lui manifeste donc, un jour, le désir de se faire épouser et monsieur X ne répond ni oui, ni non.

Or, trois mois après, elle lui intente un procès. Monsieur X le perdit et fut condamné à épouser la jeune fille compromise ou, en cas de refus, à lui payer de forts dommages-intérêts pour éviter la prison et à lui servir une pension sa vie durant.

Le rusé compère, se voyant perdu, avait pris ses précautions avant le prononcé du jugement. Il était allé se réfugier dans les bois, auprès des Sauvages, emportant avec lui tout ce qu'il possédait. Les Sauvages furent très heureux de l'abriter et de jouer ce bon tour à la justice.

D'autres, et ce n'est pas la fine fleur de l'honnêteté, savent saisir le moment où quelqu'un est isolé pour aller le rejoindre. Aussitôt, elles poussent des cris effrayants, en appelant au secours. On accourt de toutes parts. Elles racontent avec des sanglots dans la voix, que ce monsieur-là leur a manqué de respect, etc... Le tour est joué. Elles sont compromises, il n'en faut pas davantage pour faire condamner le plus honnête homme du monde. Et les témoins, me direz-vous? Mais, ne savez-vous pas qu'en Amérique, le témoignage d'une femme vaut celui de deux hommes?

Une jeune fille du voisinage avait jeté son dévolu sur un brave garçon. Après quelques poursuites, elle lui dévoile discrètement son intention, mais celui-ci l'envoie planter ses choux ailleurs. Elle revient plusieurs autres fois à la charge et toujours en vain. Furieuse ou éprise, je ne sais pas, elle jure d'arriver à ses fins. Elle lui intente donc un procès, l'accusant de l'avoir très gravement compromise. Le jeune homme nie avec toute l'énergie possible, jurant qu'il n'a jamais eu le moindre rapport avec cette coquine-là. Celle-ci maintient avec non moins d'énergie son accusation... et gagne son procès.

Le jeune homme, refusant de la prendre pour femme, fut condamné à payer une pension à la mère, sa vie durant, et à l'enfant jusqu'à la majorité. Cette malheureuse créature fut condamnée par l'opinion et devint l'objet du mépris public.

En apprenant de pareils faits, si extraordinaires pour nous Français, je ne suis plus étonnée de la grossièreté des Yankees vis-à-vis des femmes, je suis même tentée de les excuser. Pendant notre court séjour à New York, nous nous sommes égarés plusieurs fois dans les rues qui se ressemblent toutes. Je m'adressais au premier venu pour avoir un renseignement et toujours j'étais toisée d'un air ironique et ces galants hommes poursuivaient leur chemin sans desserrer les dents. Aujourd'hui, je comprends leur conduite et ne puis les blâmer.

Tout le monde sait combien les Yankees sont grossiers vis-à-vis des femmes. Ils les bousculent sans façon. De leur fenêtre, ils les visent avec une incroyable habileté et lancent dans la rue leurs crachats, sans souci des passants. En chemin de fer, ils allongent leurs jambes sur les dossiers des banquettes sans s'inquiéter le moins du monde de la jeune dame ou de la femme à cheveux blancs dont le visage est ainsi encadré par deux grosses bottes. Oui, les femmes sont traitées par les Yankees avec un sans-gêne qui révolte la politesse française.

Les Canadiens français au contraire, comme les Métis qui ont du sang français, sont généralement polis et même très polis. Mais les Canadiens anglais, à part de très rares exceptions, c'est kif-kif avec leurs congénères.

Mais revenons à nous.

Me voici dans ce pays depuis quatre mois. Parviendrais-je jamais à prendre le dessus, malgré cette vie si monotone, malgré tant de privations? Oui, je le comprends, il ne s'agit plus pour moi maintenant, de distractions, de fêtes, de plaisirs, il s'agit de mon devoir et rien que de mon devoir.

Ô doux et sages conseils de ma mère, soyez toujours présents à ma mémoire. Parfois, dans les moments de lutte, quand je sens le découragement m'envahir, je ferme les yeux pour mieux entendre ma mère chérie. Je revis ces longs après-midi que nous passions ensemble, occupées à quelque ouvrage manuel!

Toute jeune fille, me disait-elle, voit le mariage suivant l'idéal qu'elle se fait. Le mariage pour elle, c'est une fête perpétuelle, on y cueille des roses à pleines mains. Elle ne voit, dans ses rêves, que les réjouissances données en son honneur. Elle voit la robe de satin blanc, le long voile vaporeux, le fin et délicieux trousseau, les toilettes aux reflets chatoyants, les perles si blanches et les éclairs des diamants. Elle sera cajolée, entourée, adorée. On l'appellera *Madame* et elle marchera appuyée sur le bras de son mari qui aura pour sa petite femme des attentions charmantes. Mais elle ne songe pas que tout cela est de courte durée. Quelques semaines de fêtes, peut-être quelques mois... et tout rentrera dans la vie réelle qui lui ménage, trop souvent hélas! d'amères déceptions.

Ma pauvre petite, me disait-elle, as-tu bien pensé à ce que tu vas faire? Tu n'auras rien de tous les plaisirs qui ont été les nôtres et qui sont le partage de toute jeune femme de ton rang. Ton tour de noces sera ton voyage au Canada. Ta corbeille se composera de choses utiles et solides et non pas de batiste, de linon, de dentelles, de soies et satins, de fanfreluches...

Au lieu d'être entourée, adulée, tu seras seule a lutter contre des difficultés de tout genre. Plus tard, si Dieu t'envoie un petit être chéri, tu n'auras même pas ta mère près de toi; tu ne connaîtras pas le plaisir sans pareil de la jeune maman, faisant admirer aux siens la beauté et la gentillesse de son premier-né. Toutes les douces satisfactions te seront refusées. Tu l'auras voulu. Comme tu souffriras, toi qui as été faite pour une vie si différente. Mais alors, il ne s'agira plus de reculer. Il faudra accepter de gaieté de coeur les sacrifices qui te seront demandés et ne plus songer qu'à ton mari à qui tu te devras.

Sois prévenante pour lui, devinant ses moindres désirs avant qu'il ne les manifeste. Aie pour lui mille attentions charmantes, réjouis-toi avec lui de ses joies, mais surtout prends à coeur ses ennuis et ses peines. Qu'il sente qu'il a auprès de lui un autre lui-même. Dans la mesure du possible, seconde-le, oublie tes goûts pour les siens. Ne le tourmente pas avec les histoires de bonnes et de domestiques. Près de lui, aie toujours un visage souriant; qu'il soit sûr en rentrant chez lui d'être toujours accueilli avec un franc et aimable sourire. Évite bien toute discussion, cède toujours et souviens-toi que, par la douceur et les caresses, tu obtiendras tout... le monde entier, s'il pouvait te le donner.

Tout cela te paraîtra bien facile et bien doux au commencement, mais avec les années tu le trouveras peut-être plus difficile...

Petite mère chérie, que vos conseils étaient sages. Pour le moment, je me suis fait un devoir de cacher à mon cher mari toutes mes souffrances. Je m'y applique bien mais je ne réussis pas toujours. Je sens que mes sourires sont souvent des grimaces.

L'autre jour, Joseph s'était rendu a l'écurie pour atteler, et il ne revenait plus. Mon frère alla le chercher et il le trouva sanglotant le bras replié sur son visage.

Nous étions bouleversés de le voir pleurer ainsi, lui, si dur à la souffrance. Qu'avait-il donc? Inquiète, tourmentée, je le supplie de me dire la cause de ses larmes.

– C'est ta douleur, me dit-il enfin, qui me brise le coeur. Me crois-tu donc aveugle? Ton rire est forcé et, lorsque je rentre à l'improviste, ton visage est tout un monde de chagrin. Je suis jeune, je n'ai aucune expérience de la vie, mais je vois maintenant combien j'ai été fou et égoïste, bien involontairement je te l'assure, de t'emmener avec moi. Je savais combien tu m'aimais et je croyais que mon amour te suffirait. Moi, je serais heureux partout, pourvu que tu sois à mes côtés. La douleur que tu t'efforces en vain de me cacher, me rend le plus malheureux des hommes. Je perds le sommeil, l'appétit, je n'ai plus de goût au travail, tout m'écoeure. Ma petite femme chérie, un bon sourire de toi serait à mon coeur ce que le rayon de soleil est à la fleur. J'avais espéré que nous serions heureux. Hélas! Je vois bien que c'est impossible. J'ai donc songé que Charles, devant rentrer en France dans quatre mois, voudra bien retarder son départ de quelques semaines, pour te donner le temps de te rétablir, et puis toi, tu... partiras avec le bébé... chez toi.

– Et toi, mon pauvre cher Joseph, que deviendras-tu sans moi?

– Moi, dit-il en se contenant à grand-peine, mon

devoir me retient ici. Notre fortune étant petite, je ne puis abandonner cette terre et les travaux que j'y ai faits. Il me faudra y passer trois ans pour devenir propriétaire. Je me suis fait une position ou du moins je commence à me la faire. Qu'irai-je faire en France? Mais toi, retourne chez ta mère; dans quelques années, j'irai te rejoindre.

À ces mots : «retourne chez ta mère», mon coeur bondit de joie. Je reste tête baissée, et j'entends Charles murmurer à mes côtés :

– Cela devait finir ainsi. Je l'avais toujours dit, moi qui connais le pays. En partant, j'ai dit à maman, qu'à mon retour, je lui ramènerais probablement sa petite Christine.

Un soupir étouffé me fait relever la tête. Joseph me guette comme un criminel devant le juge qui doit prononcer sa sentence de vie ou de mort. Ses bons yeux si tristes et si inquiets qui me regardent, comme aussi cette phrase de maman qui me revient à la mémoire : «Souvenez-vous, pauvres enfants, qu'on ne vit pas que d'amour et d'eau fraîche. Vous vous rappellerez un jour que je ne me suis pas fait défaut de vous le dire à satiété». Tout cela, dis-je, me rend soudain toute mon énergie d'autrefois et me fait rougir de mon instant de faiblesse.

– Non, non, m'écriai-je avec une grande vivacité, vous vous trompez tous les deux. Je reste, je serai fidèle à mon poste toujours. Croyez-vous donc qu'il me serait possible de partir, maintenant que je connais les privations et les souffrances qui t'attendent, Joseph? Non, mille fois non, je ne partirai pas.

– Mais ta santé? Tu n'y songes pas?

– Ma santé prendra le dessus, mon bon et cher Joseph. T'abandonner? Oh! non, jamais. Comment oserais-je me présenter chez nous? Je me jugerais aussi lâche que le soldat qui déserte son drapeau. Et puis, mon Joseph, crois-tu que je puisse vivre loin de toi? Sais-tu? j'ai honte de moi-même, je suis venue pour t'aider et, jusqu'à présent, je t'ai causé mille ennuis. Mon pauvre ami, je m'en veux beaucoup, crois-le bien. Maintenant, c'est fini; chaque fois que le mal du pays viendra me surprendre, je me dirai : «Prends la fuite, retourne en France». Cette seule pensée me guérira car tu sais que toute ma vie j'ai eu en horreur la lâcheté. Allons, c'est fini, n'en parlons plus et au travail.

Tendrement, j'embrasse mon cher mari en lui disant :

– Tu verras que je serai vaillante.

Et aussitôt je me mets gaiement au travail. Dans ma précipitation, j'entasse trois fois plus de farine qu'il n'en faut pour faire des galettes et, devant mon étourderie, je pars d'un grand éclat de rire. Joseph me sourit de son bon sourire si affectueux.

– Petite femme, me dit-il très gentiment, en me voyant dans le… pétrin, je vais t'apprendre à faire la galette. Et aussitôt, il enfonce ses gros doigts dans la pâte, il la pétrit, la tourne et la retourne, en fait un gros tas et, flic flac, vlin vlan, abat la pâte avec de formidables coups de poing.

– Voilà comment on s'y prend, me dit-il, ce n'est pas plus malin que cela. Maintenant, mets ta galette à cuire, ainsi que ce canard sauvage que j'ai plumé et vidé. Je vais de ce pas panser les chevaux, et après dîner, hardi au travail.

Voilà les galettes enfournées. Joseph et Charles sont à l'étable; moi, je suis bien embarrassée devant ce canard. Comment cela se cuit-il? Je n'en ai pas la moindre notion. Je n'ai jamais fait la cuisine. Je sais bien battre un oeuf à la coque ou sur le plat, faire aussi des confitures, et c'est toute ma science culinaire. Mais un canard? un canard?... Oh! n'allez pas vous moquer de moi, cher lecteur. Après mûres réflexions, je mets mon canard dans la poêle à frire, avec un petit morceau de beurre, je lui laisse prendre une belle couleur et le tourne et le retourne.

Une demi-heure après, très fière de ma cuisine, je dépose sur la table, la soupe fumante, les galettes chaudes et mon canard qui embaumait. Joseph essaie de le découper. Quoi?... Encore cru?... Quelle déception!

– Ce n'est rien, me dit Joseph en riant, je te donnerai des leçons car je suis bon cuisinier et excellent rôtisseur.

Dimanche dernier ne sachant que faire de mes dix doigts, songez donc, nous allons Charles et moi à l'étable; nous nous y enfermons et, histoire de rire, nous détachons les petits veaux. Ah! que nous avons ri de leurs sauts maladroits et de la frayeur qu'ils avaient des poules. Ensuite, il fallait les rattraper et les attacher, je vous assure que ce n'était pas chose facile. Qu'aurait dit maman en nous voyant s'amuser ainsi? Elle aurait pensé que les distractions ici, ne nous gâtent guère.

Un de ces jours derniers, mon frère et mon mari s'entendirent comme deux larrons en foire pour m'amuser un peu. Les voila lancés l'un après autre à toute vitesse, cherchant à s'attraper; faisant des zigzags, se courbant, sautant des obstacles, et le tout avec des grimaces à faire mourir de rire. Bientôt, Joseph prend une bonne avance, se glisse dans la maison, remplit d'eau la grosse seringue et attend. Charles arrive essoufflé, colle sa tête contre la toile métallique du châssis et vlan, reçoit en pleine figure tout le contenu de la pompe foulante. Il en était suffoqué et faisait une tête... mais une tête... Dieu! Que j'ai ri! Charles était tout mouillé de la tête aux pieds. Mais, se ravisant, il saisit un grand seau plein d'eau, pénètre dans la maison et, en avant sur Joseph qui courait tout autour de la chambre comme un endiablé, qui grimpait sur les caisses, se cachait sous le lit. Le rire m'étouffait. Moi, les voyant si mouillés, je leur criai :

– Assez, assez, vous allez vous enrhumer...

Et de rire...

– Ho! nous nous moquons pas mal du rhume, me répond mon mari; tu as bien ri, ça suffit. C'est tout ce que nous voulions... Comme je voudrais te voir rire souvent de si bon coeur!

## Chapitre 8

Nous sommes en pleine fenaison. Dans le Canada, ce n'est pas une petite affaire. Les prairies sont *au large* comme on dit ici, c'est-à-dire assez éloignées de toute habitation. Elles sont la propriété du gouvernement qui sait toujours, comme partout ailleurs, se réserver la meilleure part.

À l'époque des récoltes, le gouvernement divise les prairies en divers lots et les cède en location aux colons, à un prix très modique, c'est vrai, mais pour un mois seulement. Le colon qui prend un lot doit déclarer, en même temps, le nombre de têtes de bétail qu'il possède.

Dès que les bureaux de location sont ouverts, c'est à qui arrivera le premier pour avoir le meilleur lot. À peine l'a-t-on obtenu qu'on s'y précipite avec non moins d'ardeur pour faire les foins car, je l'ai dit, on n'a qu'un mois devant soi.

On les fauche et on les ramasse à la machine. Ceux dont les habitations sont très éloignées, ou qui ont besoin à cause de l'importance du bétail d'une plus grande provision, couchent sur les lieux afin de ne pas perdre un temps précieux. Quant aux maringouins qui foisonnent à cette époque, et surtout dans ces parages, on sait s'en préserver comme nous l'avons dit ailleurs.

Nos foins ne sont pas très éloignés. Cela nous permet de rentrer tous les soirs et de vaquer à nos occupations ordinaires. Dès le matin, de très bonne heure, nous retournons au travail. Les chevaux et les boeufs traînent les *wagons* avec leurs *racks*. Les *racks* sont des cages en bois, à claire voie, excessivement larges, qu'on adapte sur la charrette ou *wagon* de chaque côté : ce qui permet d'emporter une plus grande quantité de foin.

À peine arrivés, Joseph et Charles s'empressent de dresser la tente qui doit me servir d'abri jusqu'à la fin du jour car, en juillet, si les nuits sont fraîches et très fraîches, le soleil est brûlant et la chaleur accablante. Comme je soupire parfois après la bonne brise de mer de ma côte d'azur! mais ici, pas un souffle d'air. Les deux hommes piquent donc en terre, à deux mètres de distance, deux pieux fourchus, sur lesquels ils adaptent une perche pour supporter la marmite dans laquelle je fais le thé; ils me préparent aussi le bois nécessaire et s'en vont au travail.

La cuisine est des plus simples. On emporte ordinairement de chez soi la galette et le beurre et il ne me reste qu'à préparer le thé. C'est du reste, toujours le même menu, à huit heures, à midi, à quatre heures et à sept heures : galette, beurre et thé. Parfois une poule de prairie s'abat à côté des travailleurs, si on a le fusil, on la tire, et c'est alors un extra qui fait plaisir.

Mais tout n'est pas rose dans ces travaux. Vous allez en juger. L'autre soir nous revenions du foin, tous les trois montés sur l'immense charge. Étant arrivés, Joseph et Charles se laissent glisser à terre et me disent d'attendre l'échelle. J'étais assise au milieu et ne pouvais rien voir. Ils crient gare. Mais comme le vent emportait la voix, je ne compris pas, et me penchai pour savoir ce qu'ils voulaient. Au même instant, je reçois sur la tête la lourde échelle en bois vert, et je tombe assommée. J'eus la fièvre et le délire, et je dus garder le lit quatre jours.

Une autre fois, nous revenions encore du foin, perchés au sommet de la charge traînée par des boeufs. On leur crie «ha ha!» pour les faire aller à droite, et «dji dji!» pour les mener à gauche. Mais, vous le savez, ils sont aussi têtus que des mules d'Auvergne. Comme nous approchions de la fosse à fumier, Joseph criait de toutes ses forces «dji dji!» pour la leur faire éviter, mais ceux-ci, pressés de rentrer à l'écurie, tirent à ha ha. Le boeuf de droite et la première roue s'enfoncent dans la fosse et nous voilà projetés au milieu, avec une grande quantité de foin. Nous nous dépêtrons comme nous pouvons en riant aux éclats.

L'année est très mauvaise. Les Anglais se disputent à coup de fourches les rares lots où le foin est plus abondant. Joseph ayant pris un lot beaucoup plus considérable qu'il ne lui fallait, a pu en céder une part, malgré la défense de sous-louer.

* * *

Toutes les récoltes sont terminées. Au large, on n'aperçoit plus que des meules de foin gigantesques. Quelques-unes mesurent vingt mètres de long sur dix de large. On en voit aussi plusieurs côte à côte. Toutes les meules sont cernées, selon le mot consacré, c'est-à-dire protégées contre les incendies par des labours que l'on fait tout autour pour enfouir toutes les herbes ou par un simple sarclage. On les entoure aussi de barrières pour les préserver contre les animaux domestiques qui vivent au large.

Je viens de parler d'incendie. Qui n'a entendu parler des feux de prairies qui dévastent le Canada? Quelques semaines après les récoltes, nous allions nous mettre à table, quand la porte s'ouvre et livre passage à Vital Naud et à sa femme. Nous les invitons à partager notre dîner.

– Volontiers, si j'osais, dit le Métis, mais il faut se presser. Ya le feu au large et nos foins sont menacés. J'arrive icitte avec mon frére Pâtrice pour chercher Joseph et mon frére Albert. Y en a beaucoup qui sont déjà partis au large.

Vite, sans s'asseoir, ils avalent la soupe et une tasse de thé, et emportent avec eux une galette. On attelle à la hâte et, à mon grand effarement, je vois Joseph et Charles grimper sur la voiture avec les deux Métis et partir à toute vitesse vers le lieu du sinistre.

– Montez ici, sur l'échelle, me dit la femme de Vital, vous allez voir le feu.

J'y monte... Quelle horreur! Là-bas au large une nappe de feu que le vent pousse vers nous, avec la vitesse d'un cheval emballé, répandant des tourbillons de fumée, lançant vers le ciel des milliers d'étincelles, dévorant tout sur son passage.

– Eh quoi! c'est au-devant d'un pareil danger qu'ils se sont précipités? Mais, je ne les reverrai jamais plus!... Mon Dieu! Mon Dieu! le feu dévore l'espace! Mais que peuvent-ils donc contre un pareil monstre? Ils sont fous!

L'angoisse est si forte qu'il me semble que j'en vais mourir.

Un feu de prairie! Mais savez-vous bien ce que c'est? Celui qui n'en a jamais été témoin ne peut s'imaginer pareille horreur. Représentez-vous une étendue immense à perte de vue où l'herbe pousse à hauteur d'homme, remplie de foin séchant au soleil, aux meules disséminées, avec des champs de roseaux et des fouillis d'arbres... Mettez le feu là-dedans par un vent déchaîné. Entendez-vous le sifflement du vent, le pétillement des flammes, le craquement des arbres verts qui se tordent sous la morsure du feu. Vous rendez-vous compte du désastre?

Devant un tel spectacle, je restais terrifiée et je répétais sans cesse: «Sont-ils fous! Sont-ils fous! Ils courent devant une mort certaine».

– Oh! que non, me dit la femme de Vital. Si le vent continua, le feu s'ra avant une heure aux roseaux, et tout sera pardu. Mais il souffle moins fort, y en seront betôt à boute.

– À bout de ce feu-là? Mais c'est impossible.

– On voit bien que vous savez pas ça en France : j'en ai vu ben d'autres. Si y sont seulement dix, y vont être maîtres du feu par le feu.

– Je ne comprends pas, comment cela?

– Eh ben ! la loi défend de mettre le feu, si on n'est pas dix pour le combattre, sans ça le feu échappe. Comment? Je vous expliquerai ça à la maison. Retournons-nous-en, vous êtes pâle, vous avez pas l'air d'être ben, vous avez ben besoin de prendre quelqu'chose. Tout en soupant, je vous dirai ça.

Une fois à table, elle m'explique en effet ce qui se passe au large.

– Voyez-vous, me dit-elle, il faut combattre le feu par le feu.

– Comment?

– C'est ben simple. Le feu approche, j'y vas y lancer contre un autre feu qui brûlera toutes les herbes, toutes les brousses et, quand la *flambe* arrivera, avec rien à brûler, y va s'arrêter.

– Mais ce nouveau feu qu'on allume, comment peut-on le pousser contre l'autre?

– C'est encôr ben simple. Nos hommes coupent des branches vartes ben fournies, y s'en font de longs balais, allument les brouisses aux alentours des meules de foins et...

– Mais ils sont fous! Avec un pareil vent, veulent-ils donc les faire brûler?

– Oh! que non, mâ, laissez-moé dire.

– Dites.

– Je vas vous dire. Y mettent le feu aux *brouisses*, et le feu s'étend vite, vite, dans les talles.

– Je pense bien.

– Et le feu, remarquez ben, poussé par le vent, ne va pas drette en ligne, mais y s'enfonce comme une pointe, et fa betôt un large qui a trois pointes. La pointe qui vous court dessus, ça c'est la tête du feu. Mais nos hommes y tapent dessus cette tête avec leur long balai, ben fort, ben vite. Le feu, comme si y avait peur, recule, et va faire une autre tête un peu plus loin et nos hommes y courent encôr, tapent dessus ben vite et forcent le feu à reculer toujours jusqu'à la fin.

– Quel travail, mon Dieu!

– Mais pendant que nos hommes tapent le feu pour lui barrer le chemin, les deux autres pointes, là-bas, s'étendent comme une ligne drette et s'avancent du côté de l'autre feu. Y finit par l'attraper et quand les deux feux flambes se rencontrent, y ont pu ren à brûler ni d'un côté ni d'un autre, y s'éteignent, et c'est fini, et c'est *toute*.

– Réussiront-ils?

– Oh! Que oui. Mais c'est ben de valeur (c'est-à-dire, bien terrible).

Quand-même, l'émotion est si vive, je me sens si mal que je gagne le lit. Quand je reprends connaissance, je me vois entourée, à mon grand étonnement de beaucoup de personnes qui me regardent avec effroi.

On m'apprend alors la terrible crise que m'a causée la frayeur de l'incendie.

Quelques semaines après, encore des feux de prairies. C'est à mourir de frayeur. On vit ici dans une perpétuelle épouvante. Les hommes ont passé la moitié de la nuit à combattre le feu et sont venus chez nous prendre un peu de repos. Comme nous n'avions pas de lits pour tous, quelques-uns roulèrent leur veste en guise d'oreiller et se mirent à terre. Leur sommeil fut court. Poussé par un vent violent, le feu gagnait au large et prenait la direction du village. Ils partirent tous pour aller le combattre. Joseph et Charles en sont revenus, les moustaches et les cheveux roussis, le visage noir et brûlé. Comme tous les autres, ils avaient lutté contre feu et flamme avec une rage désespérée, pour défendre les immenses meules de foin – nourriture du bétail pendant l'hiver – et pour protéger le village où s'étaient réfugiés femmes et enfants.

Un soir, du haut de l'étable, nous avons pu compter vingt-trois feux et deux jours après, soixante et onze. C'est terrifiant à voir. Nos yeux sont perpétuellement braqués sur l'horizon. Parfois, nous sommes cernés de feux de tous les côtés : les uns assez rapprochés, les autres fort lointains.

Les Métis en apprécient facilement la distance. En nous les montrant du doigt, ils nous disent : «Celui-ci sera dangereux dans tant de jours; celui-là, demain, cet autre cette nuit, ce soir même si le vent ne tombe pas...». Et il fait rage... Mon Dieu! ayez pitié de nous. On a vu, me dit-on, le feu envahir des espaces immenses et faire des dégâts incalculables.

Un jour, le feu menaçait la meule de foin d'un de nos voisins qui s'était absenté. Mon mari et mon frère y coururent. Je restais seule à la maison avec Marie, ma nouvelle domestique, toutes deux tremblantes de frayeur. Soudain, je distingue un homme à cheval qui arrive vers nous, bride abattue. Il fait cabrer sa monture et me crie :

– Votre mari? Votre mari?

– Au feu! répondis-je.

– Bon Dieu! Bon Dieu! Vot'voisin pour sauver sa maison vient de mettre le feu. Comme il est toute seul, le feu lui a échappé et y arrive sur vous. Avant deux heures, toute votre chez-vous sera en cendres.

– Oh! courez vite le chercher.

Et le brave homme qui s'était détourné de son chemin

pour venir nous avertir, éperonne son cheval et disparaît dans la direction indiquée.

Marie et moi, pressées l'une contre l'autre, plus mortes que vives, nous regardions ces feux menaçants qui s'avançaient vers nous. Nous entendions déjà les cris d'effroi des oiseaux, fuyant devant l'incendie.

Le brave Métis, n'ayant pas trouvé Joseph, revient avec d'autres hommes. Ils attaquent le feu et parviennent à l'arrêter au moment où il atteignait notre barrière.

C'était temps.

Qu'ils sont coupables ceux qui mettent ainsi le feu et causent de si grands dommages. Pourquoi le font-ils? Parce qu'ils y trouvent leurs intérêts.

Le foin est si abondant qu'on n'en fauche jamais qu'une très faible partie. Tout le reste, séchant sur place, ne peut que nuire à la prochaine récolte. Que fait-on alors? Un beau jour d'automne, sans rien dire à personne, un homme se rend à cheval au fond des prairies desséchées, y met le feu et revient chez lui, au grand galop. S'il avait été surpris il aurait été condamné à cinq ans de prison ou à cinq mille francs d'amende. Et ce ne serait pas payé trop cher.

Pourquoi ne pas attendre au printemps, où les feux sont permis, puisqu'il n'y a plus de danger à redouter? On a vu parfois des feux d'automne, allumés par de pareils fous, durer des journées entières, porter le ravage sur des étendues incommensurables et causer d'incalculables dégâts.

Le village est dans la désolation. Que mangeront les chevaux obligés d'hiverner dehors puisque les foins sont brûlés?

* * *

*Pour plus d'intelligence, j'ai groupé dans ce chapitre les divers incendies qui se sont produits jusqu'à la fin de l'automne. Je reprends l'ordre chronologique dans le récit suivant.*

*Chapitre 9*

C'était le 21 août. Les foins étaient finis et le temps superbe. Joseph décide de se rendre au *settlement* anglais, auprès de monsieur Ross, juge de paix du canton, pour traiter avec lui quelques affaires. Sa maison, à quatre milles de chez nous à vol d'oiseau, est sur le bord du lac Dauphin, mais pour y arriver, les *muskegs* nous obligent à faire d'immenses détours. Nous partons à midi. Deux magnifiques juments de race clyde, que mon mari a achetées depuis quatre jours, sont attelées au boghei. Ce sont des bêtes de quatre ans, alertes et fringantes. Maggy est d'un beau rouge luisant et Flammy a une robe noir de jais. Joseph conduit et je suis à ses côtés. Charles, sur la banquette du fond, tout enchanté de la vitesse avec laquelle nous traversons les prairies, nous amuse par ses plaisanteries.

– À ce train-là, dit Joseph, nous y serons dans une heure. L'essentiel est de ne pas se tromper de chemin. Heureusement que j'y suis déjà allé une fois.

– Comment fais-tu pour ne pas t'égarer à travers ces

prairies, ces talles, ces bois enchevêtrés, ces nombreux marais?

– J'espère bien ne pas m'égarer, répond-il gaiement.

Et les chevaux dévorent l'espace.

Depuis plus d'une heure nous étions en route : les prairies succédaient aux prairies, les marais aux marais et toujours devant nous le même paysage, sans trace d'habitation.

– C'est curieux, dit Joseph tout à coup, les traces de roues s'arrêtent ici, l'herbe est longue et épaisse, elle n'a jamais été foulée, me serais-je trompé? Il est déjà deux heures et nous devrions être arrivés. C'est curieux, je ne me reconnais plus.

– Tu as dû te tromper depuis une demi-heure, répond Charles. J'ai vu des traces de voiture allant dans deux directions différentes, tu n'as pas pris la bonne, retournons.

Nous faisons volte-face et après une course effrénée, tout surpris, nous nous retrouvons au point de départ, bien que nous ayons pris une autre direction.

C'est un fait avéré et qui peut paraître incroyable à celui qui ne s'est jamais égaré en pays inhabité. Toute personne perdue aura beau tourner et retourner, prendre des directions différentes et même opposées, elle reviendra toujours au même point de départ.

Perdus, oui, nous étions bien perdus.

Alors, il me revient à la mémoire l'histoire de deux bébés égarés dans un bois, *The Babes in the Woods*, un livre que j'avais lu dans mon enfance. Étant petite, ce récit m'avait tellement impressionnée que j'avais eu des cauchemars pendant plusieurs nuits. J'allais même me cacher pour pleurer sur leur triste sort. Qui m'eût dit alors qu'un jour, je me perdrais dans les bois, dans la profondeur des forêts vierges de l'Amérique du Nord, dans une de ces forêts qu'aucun pied humain n'a jamais foulée? Qui m'eût dit alors, que je verrais de mes yeux ces épaisses couches de feuilles sèches, amoncelées depuis des siècles et des siècles? ces grands amas de branches mortes? ces arbres que le temps, les vents et les orages ont renversés, déracinés, couchés à terre, les uns sur les autres dans un pêle-mêle indescriptible et le tout entrelacé de mille lianes qui vous opposent une barrière infranchissable de plusieurs pieds de hauteur? Oui, c'était bien vrai. Ce n'était pas un rêve, mais l'affreuse réalité.

Nous faisons plusieurs autres essais et fatalement, nous aboutissons encore et toujours au même point. Alors, Joseph prend un parti extrême. Il sait que Charles et moi avons du sang-froid. Pour sortir de ce cercle vicieux, il pique devant lui à fond de train. Mon frère me soutient pour m'adoucir les fortes secousses mais en vain, hélas! Nous franchissons des monceaux de bois, de racines, de troncs d'arbres qui soulèvent la voiture, la font sauter, bondir, craquer. Le marchepied est tordu, arraché. À chaque instant, nous risquons de briser la voiture contre quelque tronc d'arbre ou de verser. Nous sommes jetés à droite, à gauche; violemment, nous bondissons, pour retomber lourdement.

Joseph debout, les guides autour des mains, conduit avec une grande habileté. D'un coup d'oeil, il calcule le danger, voit les obstacles et les évite en dirigeant à côté.

Parfois les chevaux, n'en pouvant plus, s'arrêtent, refusent d'avancer. Ils piaffent, se cabrent, dansent sur place. Au contact du fouet auquel ils sont habitués, ils bondissent de nouveau et s'élancent en nous précipitant les uns sur les autres. Ils s'arrêtent encore, pour repartir avec plus de rage. Sous leurs sabots vigoureux le bois sec craque. On dirait des coups de pétards.

Ô Dieu! Le chemin devient de plus en plus mauvais, les arbres sont beaucoup plus resserrés, les amas de bois morts beaucoup plus énormes. Où sommes-nous? Où allons-nous?

Quelles atroces souffrances j'endure! Parfois je perds conscience. Parfois, je me mords les lèvres pour ne pas crier et effaroucher ces jeunes bêtes que Joseph a de la peine à maîtriser.

Bon! un trait se casse, mon mari le raccommode tant bien que mal avec des ficelles. Il se tourne vers moi et, comprenant à ma physionomie tout ce que j'endure, il reste pétrifié.

– Mon Dieu! s'écrie-t-il, qu'allons-nous faire, tout seuls dans ce bois?

– Couche-moi à terre, Joseph, je n'en peux plus, je vais mourir.

À ces mots, mon pauvre mari et mon cher frère deviennent si affreusement pâles que je regrette mes paroles.

Les larmes brillent dans leurs yeux. Ils se consultent. Mon frère escalade un arbre pour s'orienter. Un craquement se fait entendre et l'arbre tombe, entraînant Charles dans sa chute. Dieu! quelle peur! Heureusement, il ne s'est fait aucun mal. Un feu de prairie sans doute avait calciné le tronc. Plus prudent cette fois, il examine l'arbre attentivement avant de se risquer à nouveau. Puis, léger comme un écureuil, il grimpe de nouveau. Hélas! il ne distingue rien, rien que des arbres, toujours des arbres, aussi loin que sa vue peut porter. Ah! mais, voici un arbre plus élevé. Il l'escalade jusqu'à la cime et regarde de tous côtés.

– Devant moi, crie-t-il, toujours du bois... du bois... du bois... À ma droite aussi.

– Oh! mon Dieu! Ne me dis pas cela, Charles regarde bien. Ne vois-tu pas une toiture? une petite fumée? Rien? Rien? Je me sens mourir et... Bébé ne tardera peut-être pas à venir au monde.

– Non, non, hélas! me répond-il avec une voix angoissée qui me fend le coeur. Ah! attends, là-bas, à l'horizon, loin, bien loin, une ligne bleue. Serait-ce un autre bois? serait-ce la colline?

– Où? de quel côté? demande mon mari.

– Derrière nous. D'où nous venons.

– Il n'y a pas à hésiter. Mais Christine, Christine?

– Impossible. Ah! laissez-moi. Retournez, cherchez le chemin. Couchez-moi à terre. Moi, je vais mourir.

– Mourir! Mourir! Y penses-tu, ma chérie? C'est impossible, impossible.

– Oh! que je souffre! Je crains... Je crois... que...

– Mon Dieu! s'écrie mon frère, qu'allons-nous faire? Si nous trouvions au moins une âme... Mais si loin... perdus... perdus...

Et tous deux pleurent à chaudes larmes, ne sachant que devenir. Mes souffrances augmentent et je perds connaissance.

Quand je reprends mes sens, Joseph m'encourage de son mieux. Nous nous mettons tous les trois en prière, mais avec quelle ferveur!

Nous allons donc revenir sur nos pas. La voiture, engagée à travers des troncs d'arbres, ne peut tourner avec les chevaux. Joseph se place dessous, la soulève sur ses puissantes épaules, la dégage et la dépose dans la bonne direction.

Nous reprenons la même route que nous reconnaissons facilement aux traces que nous avons laissées. Je ne fais plus que gémir, mes souffrances sont intolérables. Joseph maintient difficilement les chevaux exaspérés. Charles, penché sur la banquette, me tient sur ses genoux pour amortir les secousses. Souvent, je perds connaissance, mais l'acuité de la douleur me rappelle bientôt à l'affreuse réalité.

– Ah! une éclaircie enfin, s'écrie Charles.

Hélas! C'était un marais que nous avions traversé une heure auparavant! Les pauvres chevaux enfoncent jusqu'au ventre. Il faut crier, huer, fouetter pour les encourager à lutter bravement. J'en suis horriblement effrayée. Je m'attends, à tout moment, à les voir disparaître dans cette boue liquide. Ils n'en peuvent plus et font des efforts désespérés.

Enfin, nous voici de l'autre côté. On lance les chevaux au grand trot. Cent mètres plus loin, les bois recommencent.

– Oh! Je t'en supplie, Joseph. Couche-moi là par terre, sur cette herbe.

On ne m'écoute pas. Il faut avancer à tout prix. Les arbres sont plus rapprochés, le sol est encore obstrué d'amas de feuilles, de lianes, de bois morts.

– Mon Dieu! clame Joseph avec désespoir, nous voici de nouveau au même endroit et nous croyions rebrousser chemin. Nous sommes bien perdus. Inutile de continuer.

– Oui, nous sommes perdus. Plus rien à faire. Adieu maman! je ne vous reverrai jamais plus!

– Passons la nuit ici; avec ton fusil, tu nous abattras quelque pièce de gibier et demain au lever du jour nous verrons, suggère Charles.

– Impossible. Nous n'avons pas de couvertures avec nous et ne sais-tu pas que même au plus fort de l'été les nuits sont très fraîches. Et puis, n'est-il pas à craindre en prenant une autre direction de nous éloigner des régions habitées? Si au moins, je pouvais voir la chaîne des collines. De ce côté-là, je pense, se trouvent Sainte-Rose et le *settlement* anglais. Peut-être qu'en prenant cette direction, nous arriverons à une maison quelconque. La nuit vient à grands pas, il ne faut pas perdre une minute si nous voulons nous retrouver ce soir.

Ces paroles ne trouvent aucun écho dans mon coeur car depuis longtemps, j'ai perdu tout espoir. Encore une fois, nous reprenons la route. Personne ne parlait et nous n'étions nullement étonnés de nous voir toujours après des courses folles, aboutir au même point de départ. La faim et le froid qui me tourmentent, viennent se joindre à mes autres tortures. Au milieu d'un *muskeg*, nous faisons la remarque que les herbes sont beaucoup plus hautes. Serions-nous dans un autre marais? Serions-nous enfin sortis du labyrinthe?

Charles, debout sur la banquette, observe.

– Non, dit-il, je ne me trompe pas, là devant nous, la

colline, oui, la colline, droit devant nous.

Que Dieu soit béni! Quelle prière fervente d'action de grâce nous adressons à Dieu du fond du coeur. On lance les chevaux. Les bois s'éclaircissent et sont coupés de prairies, nous traversons encore quelques *muskegs* et nous arrivons au lac. Enfin, voici le *settlement* anglais, une maison en *logs* d'où sort un homme d'une cinquantaine d'années. Joseph qui le connaît le salue. En quelques mots, je le mets au courant de notre aventure.

Je puis à peine parler tant je suis exténuée de fatigue. Je lui dis que nous n'en pouvons plus, que nous sommes transis de froid et que la faim nous torture.

C'était un Anglais au coeur impitoyable.

– Où alliez-vous? me demande-t-il d'un ton sec et bref.

– Chez le juge de paix.

– Voilà votre chemin, à droite, vous y serez dans une heure.

Et le cuistre nous tourne le dos.

Nous voici en pleine prairie. L'herbe est belle et nous fait comme un moelleux tapis. Nous arrivons enfin au but. Il est huit heures passées.

Monsieur Ross, le juge de paix vient à notre rencontre et nous salue. Il nous offre bon gîte et bon souper. Je veux descendre mais je suis clouée sur place, je ne puis pas faire le moindre mouvement. Joseph me prend dans ses bras comme un enfant. Madame Ross me prépare une chaise berceuse auprès du feu et me fait vite boire une tasse de thé bien chaud, tandis que son mari, Joseph et Charles détellent et pansent les chevaux harassés de fatigue.

Pendant le souper, nous racontons nos prouesses. Le juge de paix en est tout ému et nous apprend que nous nous dirigions vers le lac Winnipeg où abondent les loups noirs et où se trouvent peut-être quelques rares huttes de Sauvages. Il nous dit que jamais pied humain n'a foulé ces parages, que les bois morts proviennent des feux de prairies et que, sur leurs débris, s'élèvent bientôt de nouveaux rejetons qui croissent avec une rapidité extraordinaire. En effet, nous avons vu des arbres encore debout entièrement carbonisés. Quelle mine de charbon à exploiter!

Madame Ross veut me retenir auprès d'elle parce que mon état est loin d'être rassurant, et que j'aurai un médecin à ma disposition pour l'événement qui, d'après elle, ne devra pas tarder. Mais moi qui préfère un prêtre pour m'absoudre, dans le cas où les choses tourneraient au pire, plutôt qu'un médecin inexpérimenté et inutile, la remercie de tout coeur de sa bienveillante hospitalité et insiste pour rentrer chez moi, bien qu'on me trouve folle de me mettre en route dans un pareil état.

Après deux heures de repos, nous remontons en voiture. Les chevaux prennent une allure endiablée. La nuit n'est éclairée que par les lueurs phosphorescentes des aurores boréales. Les hautes herbes, les grands joncs qui ondulent sous la brise du vent et jusqu'à ce pont de poutrelles, revêtent à nos yeux un aspect fantastique. Enfin, enfin, à une heure du matin, nous rentrons dans notre home. À peine au lit, la fièvre me prend et je délire pendant huit jours. Mes souffrances s'apaisent peu à peu, et le calme revient avec la santé.

Joseph de La Salmonière à Sainte-Rose-du-Lac

*Chapitre 10*

C omme je l'ai déjà fait remarquer, j'ai dû renvoyer ma petite bonne. Elle ne savait absolument rien faire, sinon m'impatienter cinquante fois le jour par des tours pendables. Toutes les occupations de la maison m'incombent et c'est très fatigant pour moi. Il me tarde beaucoup de la remplacer.

Ce renvoi est tombé bien mal à propos. Dès le lendemain, j'accompagnais mon mari pour traire les vaches. Comme il s'approchait de l'une d'elles, le seau à la main, il en reçut un rude coup de pied. Il blêmit aussitôt, ne put continuer sa tâche et fut obligé de se mettre au lit. Depuis, il éprouve des souffrances atroces, il ne fait que gémir la journée entière et, pendant la nuit, il est en proie au délire. Si du moins, nous avions un médecin à proximité, mais personne, pas une âme à qui s'adresser. J'ai bien écrit en France, mais avant d'avoir la réponse, on a le temps de mourir cent fois. Mon Dieu! Que devenir!

La nouvelle de son accident a fait le tour du village. Beaucoup de Métis, de Français, de Sauvages cris et saulteux, sont venus le voir. Ils m'ont conseillé divers remèdes mais aucun n'a réussi.

Charles et moi sommes désespérés. Nous travaillons tous deux autant que nous le pouvons. Nous sommes allés seuls à la prairie les premiers jours, mais comme nous avons assez à faire à la ferme et au ménage, mon mari a engagé quelques hommes pour les gros travaux, foins, etc.

Un soir, vers les cinq heures, nous allâmes, mon frère et moi, à la recherche des vaches. Nous ne les trouvâmes que fort tard. Dans la demi-obscurité, j'en vis une qui donnait force coups de corne sur un drap étendu à sécher. Je saisis un bâton et courus vers elle. Malheureusement, je vais buter contre une branche d'arbre qui barrait le passage, et patatras par terre, de tout mon long. La chute m'avait coupé la respiration, et toute la nuit, je n'ai fait que délirer. Joseph faisait de même et nous divaguions tous les deux à qui mieux mieux. Comme c'est intéressant d'être deux à battre la chamade!

Mais qu'importent mes propres souffrances? Ce qui m'inquiète surtout, c'est l'état de mon mari qui s'aggrave. Ce n'était pas assez de sa meurtrissure, le voilà pris maintenant d'un rhumatisme articulaire.

Le père Morissot est venu le voir. C'est un Sauvage qui parle cris, saulteux, anglais et français. Il a tué des centaines de bisons et il chasse maintenant l'orignal et les *skunks*. Il joue aux cartes avec Joseph et nous raconte ses prouesses. J'aime à le voir aller et venir. Sa démarche légère, onduleuse, est plus perfectionnée que celle des gens de sa race car on dirait qu'il ne touche pas terre. C'est un coureur émérite qui n'a pas son égal. Vrai type sauvage, il porte les cheveux longs. Son fils, âgé de dix-sept ans, vient d'épouser une fillette de treize ans et demi. Ces mariages si jeunes ne sont pas rares ici.

* * *

Les jours et les semaines passent et Joseph ne va pas mieux. Ma belle-mère m'a enfin répondu. Elle conseille des bains de paille d'avoine, c'est un remède de bonne femme qui a, paraît-il, produit de bons effets. Que de difficultés pour trouver cette paille! Comme elle est inutile, on la brûle. Il a donc fallu attendre le premier battage pour pouvoir s'en procurer. Le résultat a été excellent. Après le premier bain, mon mari a dormi toute la nuit comme un plomb. Je ne pouvais en croire mes yeux, car depuis quinze jours, il ne faisait que gémir.

Mais comment peut-il se rétablir avec notre ordinaire, si ordinaire, de galettes, de beurre et de thé? Si nous avions, au moins, de la viande de boucherie, du gibier, voire même des pommes de terre? Mais non, on ne tue pas de bétail en été et, avec les hommes que nous occupons et qu'il faut nourrir, nous avons bien trop à faire pour songer à la chasse. Sans doute, quelques braves gens nous apportent des produits de leur chasse ou de leur pêche de temps en temps, mais combien cela dure-t-il? Un jour ou deux et après, nous sommes logés à la même enseigne.

Quelle douleur pour moi, de le voir ainsi souffrir et de n'avoir rien pour le soulager! Qu'il est pénible, dur, de se voir dans un pareil dénuement, en pays étranger! Jamais, non, jamais, je n'oublierai les angoisses, les tortures morales que j'ai endurées pendant de si longs jours.

Enfin, les bains de paille d'avoine ont produit un excellent effet. Mon cher mari peut maintenant se lever et se traîner. Mais que c'est triste de le voir plié en deux, si maigre, si décharné, et marcher avec deux béquilles! Sûrement ses parents ne le reconnaîtraient plus.

Une domestique de la Haute-Saône, dans le Canada depuis cinq ans, est enfin venue se présenter. Elle s'appelle Marie comme la première. Elle est dans sa vingtième année et paraît réunir toutes les conditions désirables. Elle travaille bien sans avoir l'air de se fatiguer. Elle panse chevaux et bêtes à cornes, fait les galettes et le beurre, sait traire les vaches, blanchir et repasser le linge et faire la boucane. Elle est très aimable; c'est une vraie bonne fille. Quel soulagement pour moi d'avoir quelqu'un sur qui je puisse compter. Est-ce la fin de mes épreuves? Non, mais ne nous plaignons pas.

*Juillet 1894*

Joseph va mieux, il est en pleine convalescence, et cependant Dieu sait si je me tracasse. J'ai comme un pressentiment qui m'étreint. C'est vrai, je n'ai aucune idée de la valeur de l'argent, ne m'étant jamais occupée de ménage. Jusqu'à maintenant, toutes mes dépenses se réduisaient à des bagatelles, musique, fleurs, rubans, colifichets, des riens, quoi! Mais quand j'ai pu me rendre compte des frais de voyage, d'hôtel, d'installation, j'en ai été toute ahurie. J'étais novice. Bien que je n'ai pas un goût prononcé pour la dépense, mon apprentissage s'est fait rapidement. Je comprends que le petit fonds apporté ne peut suffire et que nous en verrons bientôt la fin. Je n'ai donc pas été surprise d'apprendre que le moment était venu d'écrire en France à ce sujet.

– Il vaut mieux que nous écrivions de suite, m'a dit mon mari, pour ne pas nous trouver à court. Ma longue maladie, ton état de santé m'ont retenu à la maison; aussi la terre ne nous rapportera pas grand-chose cette année, il nous faut donc de quoi vivre, mais l'année prochaine, il en sera tout autrement.

Je ne sais pourquoi une impression vague et douloureuse m'a fortement étreint le coeur à cette ouverture. C'est ridicule, bête, si vous voulez, mais j'ai foi aux pressentiments. N'y pensons pas. Nous avons écrit et la lettre est partie. Elle parcourt maintenant le chemin que j'ai fait il y a quelques mois à peine. Eh! mon Dieu! que de choses se sont passées depuis! Que de souffrances, d'angoisses, de privations sont venues s'ajouter les unes aux autres! Mais, chut, il ne faut plus qu'on devine mes inquiétudes. Taisons tout, refoulons nos larmes. C'est pour lui que je veux tout supporter, sans sourciller. Sans moi, que serait sa vie? Qu'a-t-elle été? S'il savait ce que j'endure, toute sa tranquillité, tout son bonheur s'envoleraient.

Sa santé encore chancelante s'en ressentirait. Non, non, silence. Je savais tout ce qui m'attendait ici, j'y suis venue en connaissance de cause, donc je n'ai pas à reculer. J'ai triomphé de la première impression, ressentie à mon arrivée, la plus dure de toutes, l'impression de terreur dont j'ai été saisie devant ces solitudes immenses, devant cet avenir inconnu. Si j'ai dompté cela, je dompterai le reste et, *ce que femme veut, Dieu le veut.* Malgré le serrement de coeur qui m'étreint, je dis ce mot de toutes mes forces : *Je veux.* Oui, je veux et Dieu m'aidera, car je veux mon devoir et rien de plus. Je veux vivre de cette Vie que mon mari aime par-dessus tout. Bien plus, je veux vivre heureuse, et, pour cela, je compte sur mon bébé. Oh oui, un bébé. Avoir un fils! un enfant à moi à lui!

*Un enfant! ah! ce nom couvre l'oeil d'un nuage*
*Un être qui serait lui et moi, notre image,*
*Notre céleste amour, de terre se levant*
*Notre union visible en un amour vivant.*

*Nos figures, nos voix, nos âmes, nos pensées,*
*Dans un élan de vie, en un corps cadencées,*
*Nous disent à toute heure, en jouant devant nous :*
*Vous vous mêlez en moi, regardez, je suis en vous*

Jocelyn

Oh! que je voudrais le serrer dans mes bras, l'éteindre sur mon coeur, cet enfant qui sera mon consolateur!

Comme je l'aimerai! Je l'aimerai avec autant de force et d'amour que j'ai souffert davantage en l'attendant. Et quelle force je puiserai en cet amour! Quelle énergie sera la mienne! En ce petit être si faible, en ce souffle, ce rien, je puiserai l'héroïsme qui brave la mort. Je serai forte entre les forts. Que m'importeront alors les privations, pourvu que lui ne souffre pas? Que m'importera ce que mon coeur aura souffert, pourvu que son petit corps soit chaudement vêtu et à l'abri de tout mal. J'ai déjà commencé à travailler pour cet amour; déjà, dans ma corbeille, s'empilent les couvertures roses, les bonnets mignons, des amours de petits chaussons, des flanelles, des brassières... car il viendra au commencement de l'hiver, oui, de l'hiver du Canada. Vivra-t-il? survivra-t-il à ce froid?... À chaque jour suffit sa peine. Ne songeons pas à un avenir qui aura peut-être plus de roses que d'épines.

Sans aller si loin, il y a pourtant une chose qui m'inquiète. Comment habillerai-je ce poupon? Le sais-je, moi? Est-ce que je saurai seulement le tenir? Je taille dans les flanelles, je couds pour lui. Sera-ce bien proportionné? Ne sera-ce pas trop grand? trop petit? Mon Dieu! Mon Dieu! si au moins, maman était là!

Après tout, je ne veux pas me tourmenter pour cela. Mon instinct me guidera; je vais guetter tous les poupons, je m'informerai de leur âge, et je me tirerai d'affaire comme les autres.

*À brebis tondue, Dieu mesure le vent.*

\* \* \*

Grâce à Dieu! mon cher mari est complètement rétabli. Il a repris ses occupations ordinaires. Ces jours derniers, il a attelé les chevaux et est parti avec Charles pour aller chercher du bois dans la forêt car, pour l'hiver, il en faut une bonne provision. Je les vis jeter une hache dans la *wagon* et, une heure ne s'était pas écoulée, qu'ils revenaient avec un tout petit chargement. Ils déchargent le bois à la hâte, entrent précipitamment dans la maison et furètent partout. Ne trouvant pas ce qu'ils veulent, ils me demandent si j'ai vu la grosse hache.

– Oui... Non.

Et ils cherchent avec plus d'impatience.

– Mais, enfin, leur dis-je, vous en avez une, n'est-ce pas suffisant?

– Non, ils nous en faut deux, répondent-ils en hésitant.

– Et pourquoi? dis-je tout intriguée.

– Tu nous fais perdre notre temps, nous ne le trouverons plus.

– Qui?

– L'ours.

– Un ours ici! Dieu du Ciel! Que me dites-vous là?

– Oui, là en face. Joseph voulait le tuer, mais avec une seule hache, c'est trop périlleux. Si nous avions des cartouches à balle, ce serait vite fait. N'en n'ayant point, nous allons faire comme les Sauvages... à coups de hache.

– Rien de plus simple, Charles se présente devant l'ours, fait force mouvements pour attirer son attention, pendant ce temps je me glisse à l'improviste derrière lui et lui assène un coup de hache sur la tête, et c'est fait.

– Et si on le manque?

– Oh! alors f... ichu. Mais je ne crains rien, je suis sûr de mon coup.

Cela dit, ils gagnent la voiture pour retourner à l'ours. Mais moi, je les poursuis, en les suppliant, les conjurant de n'en rien faire. Ce fut en vain. Ils partirent et quand ils arrivèrent sur les lieux, l'ours avait disparu. Nous en parlâmes toute la soirée. «Il était rouge fauve, disent-ils, et mesurait bien deux mètres. En entendant nos coups de hache, sur les arbres, il s'était caché et nous regardait travailler».

Les ours sont très nombreux, ici, mais ils ne sont pas méchants. Ils n'attaquent jamais les premiers, mais si on les provoque, ils savent se défendre. Les loups y abondent aussi. Et les moustiques? Oh! là, là!

Bon! Voici que le lendemain, notre voisin me fait avertir qu'un ours s'est réfugié sur notre terre, après lui avoir dévoré un cochonnet, la moitié d'un autre, et avoir subi un coup de fusil.

– Allons donc, dit Joseph en riant, jamais ours n'a

dévoré un cochon. C'est sans doute un loup noir, un des grands loups des bois. À cette heure, s'il n'est pas tué, il doit être loin. Il n'y a plus de danger.

Entièrement rassurée par ces paroles, je n'ai pas voulu paraître poltronne.

– Allez, dis-je à mon mari et à mon frère, allez chercher notre courier, la malle-poste arrive aujourd'hui, je vous attendrai bravement.

Deux heures après leur départ, le jour étant à son déclin, je dis à Marie :

– Les messieurs ne rentrent pas, les bêtes sont affolées, allons faire de la boucane. Et toutes deux, nous nous mettons allègrement à la besogne.

Mais, quoi? Nous entendons tomber à l'eau une lourde masse. Aussitôt, les boeufs s'enfuient en beuglant, et les chevaux effrayés s'élancent dans la prairie.

– Qu'est-ce donc? demandais-je.

– Là-bas, là-bas, s'écrie Marie, en se précipitant sur moi, épouvantée... Là-bas... dans l'eau... voyez, ça nage... c'est... c'est lui.

– Eh! bien, quoi? Dans l'eau? Cela ne peut être que le remous produit par un rat musqué. Ne sois pas folle comme cela, allons donc.

– Non, non, l'ours, l'ours...

– En voilà une bonne. Si c'était un ours, est-ce qu'on ne le verrait pas? Allons, prends vite ton seau et va traire les vaches.

– Ah! non, par exemple, jamais de la vie.

– Sotte, il n'y a pas d'ours, te dis-je, où en vois-tu?

– Pardine! Il a traversé la rivière.

– Mais, grosse bête, je l'aurais bien vu, je suppose?

– Comme si les bêtes ne l'avaient pas vu! Elles ne se seraient pas sauvées comme ça.

– Tais-toi, assez, allume ton fanal et vas-y tout de suite, tu entends?

– Oh! Pas toute seule, dame!

– Eh! bien, je t'accompagne.

Marie était à traire la seconde vache, quand nous entendons contre la porte un rapide frôlement et un grognement sourd. Deux bras m'enlacent aussitôt vigoureusement. C'était Marie qui, folle de terreur, les yeux hors de la tête, me dit tout bas, d'une voix haletante :

– Il est là, le loup, la bête, l'ours; là, derrière la porte.

– Bêtasse, lui dis-je, quoique passablement effrayée moi aussi, c'est ton imagination.

Mais, plus de doute, les frôlements vigoureux, les

fortes poussées contre la porte, les sourds grognements se renouvellent fréquemment. Chaque fois, Marie sursaute de frayeur et pousse un cri terrifiant. Moi aussi, j'ai bien peur... mais je ne l'avoue pas.

– Allons, Marie, secoue-toi, il ne s'agit pas ici de tomber évanouie, que ferais-je de toi? Pourquoi t'effrayer? La porte est solide et bien verrouillée. Nous n'avons rien à craindre.

Je parvins à la calmer, et elle continua à traire les vaches qui, elles aussi, étaient passablement agitées et n'avaient pas l'air d'être à la fête.

L'opération terminée, Marie, debout au milieu de l'étable, tenait d'une main le seau de lait et de l'autre le fanal dont le lumignon menaçait de s'éteindre. Nous ne pouvions pas rester ici indéfiniment debout, j'avais les jambes brisées. Au-dehors, les grognements avaient cessé et il faisait nuit noire. Que faire?

– Madame, partons, me dit Marie, affreusement pâle, semblable à un fantôme.

– Tu ne vas pas au moins tomber en chemin?

– Oh! que non.

– Eh! bien, advienne que pourra, en route.

J'ouvre la porte, Marie sort la première et je la suis.

– Éclaire-moi, que je ferme bien, il ne s'agit pas de laisser la porte ouverte.

Au moment où elle soulève la lanterne, elle entend derrière elle des pas légers et un sourd grognement. Laisser tomber le seau, s'enfuir a toutes jambes avec la lanterne, me planter là toute seule, fut l'affaire d'un clin d'oeil. Je l'avoue franchement, dans cette obscurité profonde avec un tel voisinage, je n'étais pas fière. Que faire? Si je cours, je glisserai sur la terre argileuse et détrempée, et je tomberai, c'est inévitable; si je tombe, la bête qui me guette n'attend que ce moment pour me sauter dessus, et je suis perdue. Je vois distinctement à côté de moi une masse noire, grosse comme un veau d'un an. C'est la bête. Elle pousse des grognements plus saccadés, plus joyeux – le monstre – comme si déjà elle me croquait à belles dents. Mon Dieu! Mon Dieu! Une sueur froide, abondante, perle sur mes tempes; mon coeur bat à se fendre, j'ai peur, j'ai horriblement peur.

Je voudrais avoir des ailes, mais j'avance lentement, sans voir mon chemin. J'appelle Marie. Pas de réponse. La bête me suit pas à pas. Il me semble sentir sa chaude haleine sur mes talons. J'avance toujours à pas comptés. Ah! La fenêtre s'éclaire; sans doute Marie aura allumé la lampe. Il n'est que temps. La bête me frôle, ses groins-groins sont plus fripons, plus voraces.

– Marie, Marie, ouvre vite, je suis perdue…

Elle m'a entendue, je m'élance comme l'éclair et ferme la porte. Grâce a Dieu, me voilà sauvée. Décidément, on ne meurt pas de peur, sinon, c'en serait fait de moi.

Mais que vois-je? Marie, accroupie sur ses genoux, la

tête contre terre, secouée par un tremblement affreux. Elle m'épouvante. Je n'ai jamais rien vu de plus horrible. Je la secoue, je lui parle, enfin, elle revient à elle.

– Oh, Madame, je vous croyais perdue, dévorée.

– Et c'est pour cela que tu m'as abandonnée, poltronne? Ne savais-tu pas que je ne pouvais pas courir?

– Madame, Madame, écoutez... il mange les cochons.

– C'est vrai, quels cris! Mais alors ce n'est pas un ours, c'est un loup noir. Mets vite la lampe à la fenêtre pour éclairer la porcherie et allons voir.

Je saisis un revolver, j'ai déjà la main sur la porte, lorsque je me sens saisie, aux jambes. C'est encore Marie, accroupie, qui refuse absolument de me lâcher, non pas à cause du danger auquel je m'expose, mais de la peur de rester seule. J'eus beau me fâcher, il fallut céder. Les cris se calmèrent et tout rentra dans le silence.

Deux heures après, nos beaux promeneurs étaient de retour. Ont-ils ri, les moqueurs, de notre grande frayeur!

– Tout de l'imagination, disaient-ils.

Il ne fallut rien moins pour les persuader, que le témoignage d'un Sauvage, appelé le lendemain, qui reconnut parfaitement les traces d'un gros loup-cervier.

\* \* \*

À l'époque des foins, des colons français ont eu une singulière aventure. Ils campaient dehors pour terminer plus vite leurs travaux, quand un beau matin, ils s'aperçoivent que leur provision de pain et de lait a disparu. Ils se fâchent et crient au voleur. Mais ils relèvent, tout autour de la tente, les traces d'un ours. Sans doute, il a dû entrer et faire main basse sur les provisions. Ils les renouvellent, en ayant soin, cette fois, de bien fermer la tente. L'ours revient et ne s'inquiète pas pour si peu, d'un énorme coup de griffes, il déchire la toile de haut en bas, mange tout et le ventre bien garni, s'en retourne très satisfait. Peu familiarisés qu'ils étaient à recevoir de pareilles visites, nos braves travailleurs trouvent beaucoup plus prudent d'aller coucher à la maison. Ne nous en moquons pas trop, c'étaient de nouveaux venus.

*Chapitre 11*

P ar une belle soirée de dimanche, nous sommes
allés à l'extrême limite de la paroisse chez de braves
gens, s'il en fût, qui nous avaient invités à dîner. J'étais
heureuse de profiter de cette excursion pour étendre mes
connaissances encore bien restreintes sur ce nouveau pays.
J'étais arrivée, vous vous en souvenez, à la fonte des
neiges, et l'impression que j'en avais reçue n'était pas des
plus flatteuses. Maintenant, je ne puis pas dire qu'il est
laid, au contraire, ce pays, je le trouve joli, gai, frais, vert.

Notre petite maisonnette, alors si misérablement triste,
aujourd'hui que tous ses entours sont déblayés, a un air
tout à fait charmant. L'aubépine qui ne montrait alors
que ses dards acérés, s'est revêtue d'une riche robe blanche. Les arbres qui étendaient leurs longues branches nues
étalent maintenant leur verdoyant feuillage et les prairies, alors de véritables étangs, reposent aujourd'hui les
yeux par leur tendre verdure, parsemée de fleurs sauvages, qu'on appelle ici, ô dérision! des violettes, mais qui
n'ont absolument rien de commun avec notre humble

petite fleur au doux parfum qui fait les délices de nos belles fêtes niçoises.

Notre jolie coulée qui passe à quelques pas au-dessous de notre maison n'est pas du tout dépourvue de charmes. Elle me plaît beaucoup. En la voyant on se croirait sur les bords si accidentés de la Loire. Couverte de nénuphars et bordée de joncs, elle s'en va en zigzags capricieux serpenter à travers bois ou au milieu des prairies. Ses rives, tantôt abruptes et tantôt plates, sont peuplées de troupeaux de bêtes à cornes ou de bandes de chevaux, vivant en liberté. Panorama vraiment magique pour quiconque aime la belle nature.

Mais l'attelage est prêt, nous montons en voiture et nous nous éloignons des rives enchanteresses de notre belle rivière; au trot allongé nous nous élançons dans les vertes prairies. Les talles des saules, des trembles et des épinettes, dans les homesteads qui ne sont pas encore occupés, poussent avec une vigueur extraordinaire. Sur leurs frêles branches sont juchées des bandes innombrables d'étourneaux aux têtes multicolores. Ce sont de méchants batailleurs qui poursuivent les oiseaux, petits et grands, sans aucune relâche. Ils les criblent de coups de bec sur la tête jusqu'à ce que, assommés, ils tombent à terre. Aussi, vautours et chouettes fuient devant ce minuscule oisillon; en revanche, les premiers pourchassent nos chiens et les autres volent autour de nous. Mais voici de charmants petits oiseaux vêtus de blanc, au capuchon et au manteau noirs, je les baptise du nom de petits dominicains. Nos chiens font lever des poules de prairies à chaque instant. Peu habituées aux voisinages dangereux, elles vont se poser plus loin et appellent leurs poussins qui courent sous l'herbe comme de petites souris.

Nous voici à une descente, presque taillée à pic. C'est effrayant à voir. Comment s'y exposer? Comment la remonter? Cela paraît impossible à tout oeil français de France, mais le Français du Canada a bientôt fait d'acquérir ce quelque chose d'américain qui le fait triompher des difficultés les plus inextricables, et pour qui les impossibilités quand il le veut ne sont que jeux d'enfants.

Mais moi, toute nouvelle en ce pays, moi qui n'ai rien d'américain en mon caractère – et je ne le regrette pas, je suis effrayée, épouvantée, en voyant la voiture perdre une position horizontale, pencher en avant, pencher encore et pencher toujours, prête à me projeter par-dessus la tête des chevaux; je m'agrippe désespérément au dossier et au siège pour ne pas être lancée au fond de l'abîme que je vois béant sous mes yeux. Joseph retient d'une main de fer les chevaux qui s'arc-boutent vigoureusement pour retenir le poids de la voiture car, je crois l'avoir dit déjà, les voitures n'ont pas de frein mais seulement des *reculoirs*. La pente est courte, mais nous voici maintenant couchés en arrière sur les dossiers. Les chevaux grattent le chemin énergiquement et gravissent, sous la voix du maître et ses formidables jurons, la côte opposée. Nous descendons peu après une nouvelle pente qui nous fait aboutir à la rivière Tortue dont les eaux sont à l'étiage, en ce moment.

Nous entrons sous bois. Oh! Le beau paysage! La charmante vue! Nos chevaux, émoustillés par les maringouins, galopent à une allure vertigineuse. Nous montons et descendons pour monter et descendre encore, ce qui me rappelle – oh! heureux temps – les montagnes russes qui m'avaient tant amusée à Nice. Nous admirons ces immenses fouillis de hautes fougères enrubannées de lianes et d'autres plantes grimpantes; ces arbres majestueux qui, serrés, pressés, s'élancent avec vigueur à la recherche de l'espace et de l'air. Le cèdre blanc, le pin gris ou jaune, l'épinette blanche ou rouge qui atteint souvent cent pieds de haut et un diamètre de quatre pieds au col des racines. Ici, nous apercevons une longue couleuvre étendue paresseusement au soleil; là, un petit cochon noir, échappé sans doute de quelque ferme qui, effrayé par notre passage, fait une galipette insensée et va s'enfoncer dans les grandes fougères.

Oui, ce serait joli, ravissant, si nous n'étions détournés de notre contemplation par une formidable armée de maringouins qui nous accompagnent. Les mains ne suffisent plus pour me défendre; j'ai attaché un mouchoir autour de mon cou en feu; ils s'enfoncent dans mon nez, dans mes oreilles, dévorent mon visage; les gueux, ils sont parvenus malgré toutes mes précautions, à arriver à mes jambes qu'ils percent de leurs dards avec une rage infernale. Encore une rivière sans pont à traverser; nous reprenons la plaine, encore un bois à franchir, et nous voici à notre destination. Nous serrons rapidement la main de nos hôtes, et bien vite, nous nous précipitons dans la boucane, vous savez pourquoi...

Ce *log house* est admirablement bien situé. La cordiale réception de ceux qui l'habitent, ce charmant paysage et ces grands bois ont un peu dissipé ma tristesse. La vie prend un aspect plus riant, et ce radieux soleil sous ce beau ciel bleu m'apporte tout un monde d'espérance.

Au retour, nous sommes assaillis avec plus d'acharnement par nos sanguinaires ennemis. Ils nous entourent bientôt en très grand nombre et nous poursuivent à outrance. Nous luttons énergiquement, sans trêve ni merci. Nous n'avons pas le temps d'écraser les uns que les autres, plus furieux, viennent les remplacer. C'est un véritable carnage. Les chevaux, qui comprennent le danger, dévorent l'espace dans une course endiablée. Grâce à leur vitesse vertigineuse, ils finissent par nous arracher de ce terrible champ de bataille; mais non pas sans avoir le visage et les mains maculés de sang, et sans emporter de cuisantes blessures.

En allant, j'ai pu voir et goûter les fruits sauvages du pays : la poire sauvage d'un goût assez agréable, mais qui ne ressemble en rien à nos poires; c'est un petit fruit rouge foncé, pas plus gros qu'une noisette; la prunelle, assez rare; la framboise et la fraise des bois qui abondent; la groseille rouge, appelée ici gadelle tout court; et le cassis ou gadelle français, qui n'ont pas de goût; les *atocas* ou canneberges; les *saskatoons* ou cerises en grappes; l'alèze à la baie âpre; enfin, le pembina, joli petit fruit d'un rouge tranparent, d'une aigreur sans pareille, à faire allonger les dents d'un bon centimètre, mais dont on fait une confiture exquise. Je pourrais bien aller faire la cueillette de ces fruits, mais non, j'ai trop peur des maringouins, ils me dévoreraient toute vive. J'y renonce.

Quelques jours après cette gentille promenade, j'ai voulu toute seule me payer un petit tour de chasse. Je tire, en commençant, un canard plongeur et... je le manque; j'en vise un second, je le tire et... je le manque encore. Pas découragée du tout, je me rends au labour et j'avise toute une escouade de poules de prairie qui se livraient à un vrai régal, en picotant dans la terre retournée, des vers et des insectes. Je vise... je tire coup sur coup, et deux poules de prairie par terre, tandis que les autres s'envolent. Bon, dissimulons-nous dans l'épais taillis. Point du tout méfiants, ils reviennent bientôt; je tire mes quinze cartouches, et j'abats treize poules de prairie. Pleinement satisfaite, je ramasse, malgré les maringouins qui m'aveuglent et me dévorent, mon gibier et reviens au logis, en cachant mon butin derrière le dos. À mon entrée, mon frère me salue par un grand éclat de rire.

– Bravo, me dit-il d'un petit air moqueur, pour les coups de fusils; j'en ai compté près de quinze en moins d'une demi-heure... Et le résultat?

– Le voilà, dis-je, en jetant devant lui mes treize grosses poules de prairie.

– Ho! ho! ho! parfait, bravo, c'est magnifique. Il faut y aller souvent.

– Nenni, Monsieur le moqueur. Regarde mon visage, mes paupières, mon cou, mes mains, mes bras. Suis-je belle femme ainsi, avec les yeux pochés, les joues enflées? Oh! ces maringouins... Non, non, on ne m'y prendra plus. Quand donc en serais-je débarrassée? Qu'il me tarde d'être à l'automne.

– À l'automne? Et pourquoi donc? demande mon mari.

– Pour voir la fin de ces gueux-là.

– Il finiront en septembre, mais après, gare aux mouches.

– Les mouches? Je m'en moque.

– Tu ne sais donc pas qu'elles foisonnent et qu'elles piquent autrement fort que les maringouins?

– ? ? ? ? ?

– Et puis, comptes-tu pour rien les puces... les punaises?

– Pouah! mais pas dans les maisons propres? Je suppose?

– Partout, partout. La terre engendre les puces, et les punaises viennent des bois.

Le temps est toujours beau, magnifique, c'est la seule chose qui me réconcilie avec ce pays. Ce clair soleil dans son dôme d'azur, tout comme à Nice ou en Italie, me ravit. On me dit que pendant l'hiver, malgré le froid intense, la glace épaisse et plusieurs pieds de neige, le soleil est toujours brillant, le ciel aussi bleu. Si c'est vrai, je me consolerai du froid, en admirant les beaux rayons de mon cher soleil, et le ciel me paraîtra moins uniforme. Je hais un ciel gris et plombé, le froid est plus pénétrant et les coeurs sont plus oppressés.

J'aurais dû naître Italienne ou Espagnole, ou sous le soleil embrasé des Indes. Sans le ciel bleu et les doux rayons du soleil, sans les plantes et les fleurs, je suis dépaysée, je ne puis vivre. Ne suis-je pas habituée à la rive d'azur, toute parfumée de violettes, de roses et de fleurs d'orangers? Dans ma quinzième année – ô doux souvenir d'enfance –, j'étais en Franche-Comté, dans un pensionnat de Dames Dominicaines. Dans tout l'hiver, je ne vis qu'une seule fois un pâle rayon de soleil. Dès qu'il apparut, il fut accueilli comme un ami bien cher et depuis longtemps perdu. J'étudiais, dans une petite cellule, mon piano, quand ce pâle rayon vint me caresser la joue. J'en éprouvai un tel tressaillement de joie que, quittant mon piano et prenant ma montre, je me tourne toute souriante vers mon tendre ami. Peu à peu, il pâlit et disparaît derrière un gros nuage. Montre en main, il m'avait réjouie pendant quinze minutes et de tout l'hiver, je ne le revis plus.

Que j'aime le soleil! Et cependant, j'aspire à l'hiver tant les maringouins me font souffrir. L'autre soir, je ne sais ni pourquoi ni comment, j'avais oublié de porter à Joseph et à Charles le thé qu'ils attendent toujours avec impatience. Ils ne peuvent se rafraîchir à la rivière car l'eau a été infectée par un boeuf qui y est tombé au printemps dernier. Mon mari a bien essayé de retirer la charogne, mais il a dû y renoncer. Les loups viennent y rôder tout autour pendant la nuit et nous font un concert épouvantable. Il faut donc faire bouillir l'eau pour la boire. Je prends donc ma théière et je cours à travers champs. Les pauvres malheureux étaient suivis l'un et l'autre d'une nuée de maringouins, leurs mains et leur visage en étaient tout noirs. En me voyant arriver, ils me saluent par de joyeux hourras. Je leur passe la théière qu'ils vident d'un seul trait. Soudain, je sens sur ma main une forte brûlure. La douleur me fait sursauter. Je regarde et j'aperçois un tout petit moucheron, pas plus gros qu'un moucheron de cuve.

– Voilà ce qu'on appelle ici moustique, me dit Joseph; heureusement qu'ils ne pullulent pas, sinon on ne pourrait y tenir.

Tandis que nous parlons, le gros Jerry, le plus fort et le plus têtu de nos boeufs, agacé par les maringouins part au grand trot, entraînant son compagnon. La charrue, tantôt s'accroche à quelques racines qui cèdent bientôt à leurs efforts, et tantôt bondit après eux comme une flèche, prête à leur couper les jarrets. C'est en vain qu'on les hèle, leur course ne devient que plus furibonde. La charrue accroche heureusement une forte racine qui les arrête net. On va les reprendre et on les ramène à l'écurie.

Joseph paraît enchanté de ce genre de vie. Il s'amuse

fort des fureurs de Charles contre les piqûres. Il est heureux à la charrue et aime le travail des champs. Qui sait si je n'en ferai pas bientôt autant? Le poète Piron n'a-t-il pas dit : «Ah! Quand nous chérissons les chaînes qui nous lient / Nos coeurs et nos désirs bientôt se concilient».

J'avais acheté à Winnipeg une selle de cow-girl. Je m'en sers assez souvent et nous nous rendons chez nos voisins au grand galop, car les chevaux de travail, une fois débarrassés de l'attelage, ne connaissent plus le trot.

J'aime bien les Métis, ce sont de braves gens. Je commence à m'habituer à leur langage, je les comprends même très bien. Maintenant se dit, *à ct'heure*; ennuyeux, *tannant*; agaçant, *maganant*; assommant, *badrant*; méchant, *chéti*; pour dire quelle déveine, quelle malchance, ils diront *c'est-y de valeur*! Un alezan c'est un *bichon*, et mon trousseau, mon *butin*.

Tout récemment, j'ai été bien amusée par un Métis à qui j'avais demandé combien il avait d'enfants.

– Je sas pas ben, peut-être cinq, peut-être six.

– Comment les appelez-vous?

– Je sas pas ben. La première c'est Bichon, (à cause de ses cheveux blonds); la seconde, Corneille (à cause de sa peau très brune); l'autre Rougette (à cause de ses joues roses) et la dernière, Petite Fille (parce qu'elle est la plus jeune).

Tous ont des sobriquets, parfois bien curieux : c'est Champagne, Pique-Avoine, La Puce, Titou, Tchigouâou, etc.

Ma santé n'est pas des meilleures. Je m'évanouis jusqu'à sept fois par jour, et mes nuits sont sans sommeil. Je suis bien découragée. Je comptais être un soutien et une aide et je ne suis qu'une pauvre malade. Notre genre de nourriture y est bien pour quelque chose sans doute; mais ce n'est pas là la cause principale, vous savez déjà, cher lecteur, ce que j'attends.

Nous avons pu, à notre grand bonheur, nous confesser et communier tous ensemble. Nous sommes partis de chez nous à huit heures du matin. Le nouveau Père nous attendait. Nous avons déjeuné chez nos amis les Naud qui nous ont, comme toujours, parfaitement bien reçus. Nous avons longuement parlé de l'avenir de ce pays et de ce que sera un jour Sainte-Rose. Plusieurs familles sont venues s'y établir depuis notre arrivée, les paroissiens augmentent à vue d'oeil.

Dans toutes les maisons, on songe à faire les préparatifs d'hiver. Comme je m'en étonne, on m'apprend qu'il n'existe presque pas d'automne, pour ne pas dire point du tout, et que nous allons nous trouver à l'hiver sans nous en apercevoir. Les jours s'écoulent, les vents sont tombés, les feux sont éteints. Que le paysage est triste, mon Dieu! Les magnifiques roseaux qui bordaient si gracieusement notre coulée ne sont plus, les verdoyantes prairies ont disparu, les frais bosquets sont anéantis.

On ne voit plus dans le lointain qu'une vaste étendue de cendres noires... un désert.

La température se refroidit, les jours raccourcissent, voici l'automne.

*Chapitre 12*

A vant de continuer ce récit, je crois utile de faire une petite halte pour donner au lecteur qui ne connaîtrait pas le pays, où il a bien voulu me suivre, quelques renseignements sur son organisation, ses habitants, ses us et coutumes.

*Notions géographiques*

Le Canada est une colonie française qui nous fut ravie par l'Angleterre, en 1763. Il est situé au nord des États-Unis, enclavé à l'est et à l'ouest par l'Atlantique et le Pacifique, et s'étend jusqu'au Pôle Nord. Sa superficie, qui est plus de 900 millions d'hectares, est quarante fois plus grande que celle de l'Angleterre et de l'Écosse réunies, et égale presque celle de l'Europe entière. La locomotive sur un chemin de fer, qui lance à droite et gauche de nombreux et immenses réseaux, met huit jours pour traverser cet état d'un océan à l'autre.

Cet état est divisé en sept provinces, sans parler de huit autres territoires ou districts, formées en confédération, sous le nom de Dominion du Canada, avec Ottawa pour capitale. Il possède un Parlement composé d'un Sénat et d'une Chambre de députés, et chaque province a son gouvernement particulier. Le français et l'anglais sont les deux langues officielles.

Au point de vue religieux, le Dominion du Canada est divisée en diocèses, paroisses et missions. Au point de vue civil, en districts, comtés, *townships* et paroisses, correspondant à nos départements, arrondissements, cantons et communes.

Il n'y a aucune Église d'état. Chacun est libre de professer la religion de son choix. Les catholiques soutiennent eux-mêmes leur clergé, et chaque paroisse doit bâtir et entretenir à ses frais son église.

Le total de la population dépasse aujourd'hui cinq millions, dont un million et demi de Français, trois cent mille Allemands, cent trente mille Sauvages et le reste, Irlandais, Écossais ou Anglais.

Sainte-Rose-du-Lac, que nous connaissons déjà, se trouve dans la province du Manitoba. Cette petite paroisse en formation et de grand avenir est située sous la même latitude que Bruxelles (Belgique), et à plus de 180 milles environ de Winnipeg, la capitale du Manitoba.

La province de Manitoba, située au nord du 49e parallèle, a une longueur de l'est à l'ouest de 300 milles, et du sud au nord, les mêmes latitudes qu'entre Nice et Londres. Sa superficie, de 73 956 milles carrés, est aussi étendue que celles de l'Angleterre et de l'Écosse réunies.

Avant 1870, elle était habitée par les Indiens et les Métis, formant une population totale de 10 000 âmes, dont un millier à peine de race blanche. Aujourd'hui, elle compte près de 300 000 habitants. Winnipeg n'avait en 1871 que 241 habitants; aujourd'hui, sa population dépasse 40 000.

## Le climat

Vu l'immense étendue du Canada, son climat n'est pas le même partout. La température de Toronto, qui est sous la même latitude que Nice, ne peut certainement pas être comparée à celles des régions qui avoisinent le Pôle. Il faut donc désigner la province qu'on habite pour pouvoir dire que nous avons dans le Canada tel climat, tel froid, telle chaleur. Je n'entends donc parler ici que du climat des provinces méridionales.

Le climat est très salubre, assez agréable et nullement soumis aux variations que l'on constate dans d'autres régions; aussi, la longévité est-elle remarquable.

Le printemps commence vers la fin d'avril et est de très courte durée. Il est annoncé par des nuées de corneilles, de hérons, de cigognes, et des bandes innombrables d'étourneaux. La terre se découvre peu à peu de son blanc linceul de neige et les glaces qui s'effondrent par intervalle, sur les lacs et les rivières, lancent à tous les échos de bruyants craquements.

L'été est chaud, un peu plus chaud qu'en France; aussi transpire-t-on assis, à ne rien faire. Pendant cette saison, la végétation est tellement phénoménale qu'on ne peut s'en faire une idée en Europe; l'érable croît de cinq pieds pendant ces quelques mois, et les blés semés en mai sont toujours moissonnés en août.

L'automne, malheureusement très court, est généralement beau, délicieux. Les neiges n'arrivent parfois qu'en décembre, pour ne disparaître qu'aux premiers jours d'avril.

L'hiver est rude, non seulement pour les Français, mais aussi pour les Canadiens; cependant, on préfère bientôt son air vif et sec, à la brume, à la pluie et à la boue, de certains beaux pays de France. Une température de 40 degrés Fahrenheit, au-dessous de zéro, est beaucoup plus supportable qu'une de dix au-dessus de zéro, dans une atmosphère chargée d'humidité, comme à Lyon.

Les épaisses couches de neige ont de très précieux avantages. Elles protègent le sol, lui procurent un repos complet, le fécondent et lui valent, à l'époque du dégel, les mêmes avantages qu'une inondation du Nil. Elles nous fournissent, en même temps, d'excellentes routes pour le halage du bois et les courses de traîneau.

L'hiver, n'est-il pas au Canada la saison de l'animation et de la vie? En effet, c'est l'époque des visites en traîneaux; on parcourt l'immense tapis de neige, enlevés par des chevaux fringants, qui font retentir les échos du son argentin de leurs clochettes et du bruit de leurs grelots. C'est alors aussi que le colon, un peu en retard, s'attaque avec vigueur aux arbres gigantesques qui tombent avec grand fracas, qu'il coupe à coups de hache la glace de la rivière qui a parfois cinq pieds d'épaisseur, pour abreuver ses bestiaux. Et s'il doit rester à la ferme, il réparera ses outils, ses instruments, ou s'en fabriquera de nouveaux. La femme, ne pouvant plus aller aux champs, filera la laine, tissera les étoffes, tricotera des bas, des *tuques*, des écharpes, tandis que les enfants prendront soin du bétail, iront à la pêche et tendront des pièges aux rats musqués, aux martres, aux renards ou aux visons.

## *La police*

La police n'existe guère que dans les villes et les gros bourgs. On se passe de gendarmes et de gardes à la campagne. Les populations ne sont jamais victimes d'un vol; et si par extraordinaire, quelqu'un se permettait de dérober un cheval ou une bête à cornes, grâce à la grande habileté des cultivateurs à reconnaître, non seulement leurs animaux, mais encore ceux de leurs voisins, il serait bientôt découvert et ne resterait pas impuni.

Les procès se mènent ici beaucoup plus rapidement qu'en France. Avez-vous un procès? Vous mettez le juge de paix au courant de l'affaire; il y en a un dans chaque township ou canton. Celui-ci lance peu après une citation aux deux parties, indiquant le lieu et l'heure de la comparution. Si l'un d'eux ne se présente pas, il est condamné par défaut. Si les deux parties sont en présence, le juge les entend avec leurs témoins. Le jugement est prononcé et on paie, séance tenante, tant pour cent de l'affaire au juge de paix pour ses frais de déplacement, et les frais et l'amende à la partie gagnante. Cela fait, chacun se retire chez soi.

## L'égalité

Je l'ai déjà fait remarquer ailleurs, ici, les distinctions de classes n'existent presque pas. C'est à peine s'il y a une différence apparente entre les diverses professions. C'est la conséquence naturelle de la condition de chaque individu et plus spécialement de la classe agricole. N'allez donc pas vous imaginer d'établir une distance respectueuse entre vous, Madame, qui arrivez de France, et votre petite servante, elle vous aurait bien vite rivé vos clous : Je vous sers, vous me payez, nous sommes quittes; nous nous rendons service l'une à l'autre, nous sommes égales. Il n'y a rien à répondre et il faut passer par là.

Cet état de choses, un peu trop sans gêne, est surtout le propre des Sauvages. Un vieux Sauvage, parlant français, m'accoste un jour en ces termes galants : «Hé, ben? la vieille, bonjour, comment ce qui va ton vieux?». Je fus tout ahurie de cette jolie expression. J'ai su depuis que les Sauvages tutoient tout le monde et que les termes vieux, vieille, remplacent très honorablement ceux de Monsieur, Madame.

## La distribution des terres

Afin d'attirer le monde des cultivateurs et de peupler cette immense contrée, le gouvernement fédéral octroie à tout homme de dix-huit ans accomplis et à toute femme veuve ayant des enfants, une superficie de 160 acres (64 hectares) de terre gratuite, moyennant un droit d'enregistrement de 10 piastres ou 50 francs. Après trois ans, les conditions requises étant accomplies, il reçoit des lettres patentes et devient propriétaire absolu de sa terre. Cette concession, qui porte le nom de *homestead* forme un carré d'un mille et demi de côté, soit environ 2 400 mètres.

Pour accomplir ces conditions, le colon devra prendre possession de la terre dans les six mois qui suivent la concession, commencer à la cultiver, y construire une maison habitable et demeurer dans un rayon de 3 kilomètres de son *homestead*, au moins six mois par an.

La première année, il devra défricher 10 acres; la deuxième, semer ces 10 acres et en défricher 15 autres; la troisième, semer 25 acres et en défricher 15 autres. Avant la fin de la seconde année, il aura dû construire une maison habitable et y demeurer, depuis plus de trois mois, avant l'échéance de la troisième année, s'il veut recevoir du gouvernement le titre définitif de propriétaire.

Ces terres ne sont pas grevées d'impôt; le colon n'a à payer que les taxes communales.

Le titre de propriété étant acquis, il ne peut vendre

son *homestead* avant trois ans au moins; mais il a toute liberté pour acheter autant de terre que ses moyens le lui permettent.

## Le défrichement

À peine le colon a-t-il pris possession de son *homestead* qu'il s'occupe de le défricher. Ce n'est pas là une petite besogne. Dans les pays de bois francs, le colon coupe d'abord les halliers, broussailles et repousses qu'il met en tas. Il abat ensuite les gros arbres qu'il débite en billes de 10 à 12 pieds de longueur, les entasse les unes sur les autres et les fait brûler immédiatement. Dans les terres à bois résineux, il rase tout arbre qui n'a pas six pouces de diamètre, coupe ensuite les troncs, les dépouille de branches et de leur cime, les laisse sécher sur le sol, et au moment voulu, met le feu à l'abattis. Le feu ayant ainsi couru sur la terre, le colon met en tas, les bois, les racines qui restent et y met de nouveau le feu pour tout consumer.

La terre, ainsi préparée, est ensemencée et passée à la herse. En même temps que le premier grain, le colon sème généralement le mil et le trèfle qui lui donneront l'année suivante une bonne récolte de foin. Quand les racines seront pourries, il arrachera les souches, les fera brûler et commencera le labour.

Dans les parties où il n'y a pas d'arbres à abattre, on promène la charrue dans la prairie et on procède aussitôt à l'ensemencement. Deux chevaux, ou une paire de boeufs, passent partout, le gazon se coupe facilement et la terre est bientôt meuble. Un colon peut ainsi, avec un seul attelage labourer et ensemencer de 20 à 30 acres (8 à 10 hectares) par an.

*Les constructions*

Tout en s'occupant du défrichement, le colon a soin de se construire une demeure sur sa terre. Rien de plus rudimentaire. Il va chercher dans la forêt des troncs d'arbres, les coupe de la même dimension, taille les deux bouts en queue d'aronde, et non équarris, sans fondation aucune, les superpose de manière à faire tomber les entailles les unes dans les autres, jusqu'à la hauteur nécessaire. Ordinairement, on double les quatre ou cinq premiers rangs pour assurer la solidité et mieux conserver la chaleur. Il perce les billots avec un vilebrequin, et la scie fait le reste pour les ouvertures de la porte et des fenêtres. Ces maisonnettes ne sont pas très élevées. De la main on peut atteindre la toiture, qui est faite de chevrons recouverts de planches et de mottes de tourbes, coupées en carré. Elle est assez solide et résiste suffisamment aux pluies ordinaires. Un trou percé dans le toit, laisse passer le tuyau de tôle qui fait fonction de cheminée.

Il bouche ensuite tous les interstices qui existent entre les billots, appelés *logs*, avec un mortier fait de terre glaise mélangée avec du foin ou de la paille hachés : c'est le *bousillage*. Les plus riches passent par-dessus une couche de chaux, ce qui donne à l'appartement un petit air de cabanon provençal.

Dès lors, la maison est habitable. Avant toute autre chose, le colon y installe son poêle. Ne lui parlez pas de lit, au début ce serait du luxe; une peau de bête, étendue sur la terre battue et une couverture pour se couvrir, c'est suffisant pour lui.

Quand le colon est un peu plus riche, il se paie le luxe de faire équarrir les billots qui font office de murailles, les recouvre de douves et fait construire le toit en bardeaux. Alors, la maison a un aspect riant que n'ont point les habitations en maçonnerie.

## Chapitre 13

Le Manitoba, appelé aussi province des Prairies, est un vaste champ de céréales, dont la fécondité est sans égale. On y récolte le blé, le foin, l'avoine, l'orge, les pois; en certaines régions, le maïs, les pommes de terre et le tabac dont la culture est libre. La saison des foins commence en juillet, et la récolte des grains se fait en août. À l'approche de l'hiver, on met les légumes dans des caveaux, creusés en terre pour les protéger contre la gelée. On laboure en automne mais on sème au printemps. On y trouve aussi la plupart des fruits d'Europe, mais à l'état sauvage : poires, cerises, prunes, groseilles, etc.

Notre province n'est pas précisément, comme plusieurs autres, une contrée forestière; cependant, elle n'est pas dépourvue de tout bois. On y trouve en abondance le cèdre blanc, l'épinette rouge et blanche; le pin, gris, jaune, et de Norvège. L'épinette blanche, l'essence la plus commune, atteint souvent cent pieds de hauteur, avec un diamètre de quatre pieds au-dessus des racines. De nombreuses scieries fonctionnent un peu partout dans cette partie du pays.

Parmi les autres essences répandues un peu partout dans le Canada, nous pouvons citer le bouleau rouge, noir ou à canot; le baumier, le chêne blanc, jaune et rouge; le cèdre rouge, blanc et jaune; le cormier, l'épinette, petite, jaune, blanche, rouge; l'érable blanc et l'érable à sucre; le frêne noir, rouge et blanc; le *hemlock* ou sapin du Canada; le hêtre, le liard; le *menziezie*; le merisier rouge; le noyer, l'orme, le peuplier, le pin résineux, gris ou jaune; le platane de Virginie; les différentes variétés de sapins; le saule blanc ou jaune; enfin, le tremble. Parmi les vrais géants, nommons le cèdre d'occident qui atteint environ cent cinquante pieds de hauteur; la pruche, deux cent trente pieds; le cèdre rouge, deux cents pieds aussi de hauteur et vingt pieds de diamètre; et l'épinette Douglas ou pin d'Orégon, deux cent soixante pieds de hauteur.

Les vastes et fertiles plaines du Manitoba ont nourri pendant des siècles d'innombrables troupeaux de bisons. Aujourd'hui, ils sont disparus. Partout, dans les prairies, on rencontre des quantités incroyables d'ossements, ayant appartenu à ces animaux. J'ai vu souvent des chevaux, en se roulant dans la prairie, se blesser grièvement sur ces débris, ces esquilles qui pénètrent parfois assez profondément dans leurs chairs. Les *Nemrods* qui désirent se livrer à la chasse aux bisons devront aller les chercher dans les prairies encore inexplorées du Nord-Ouest, où ils se sont réfugiés, car ils deviennent de plus en plus rares et ne tarderont probablement pas à disparaître bientôt. C'est une chasse très difficile et très fatigante, et pour avoir quelque succès, faut-il choisir des guides sûrs et expérimentés, des Métis, préférablement à des Sauvages, et ne prendre que des chevaux dressés à ce genre d'exercice. Mais on peut chasser, avec moins de fatigue et de danger, l'ours, l'orignal qui abonde dans certaines prairies, le renard, le loup, le lièvre, le chat sauvage, la loutre, le vison, la martre, la belette, le chien des prairies, le putois, etc.

Le cynomus ou chien des prairies est légion dans les endroits sablonneux. On distingue très facilement l'orifice de leurs tanières. On prétend que ces charmantes petites bêtes renouvellent leur litière chaque jour. Tous les soirs, elles emportent des feuilles et de la mousse et le lendemain matin, elles rejettent tout dehors. Leur chair est fine; aussi je regrette qu'on persécute ces petits animaux si intelligents, si gentils.

Le lièvre est petit. Il a le poil du lapin et la conformation de ses congénères des autres pays. Son poil blanchit pendant l'hiver et il est, dès lors, très difficile de distinguer l'animal sur la neige. Bien qu'il y ait des lapins dans d'autres provinces, nous n'en avons pas ici. Joseph a tué un petit suisse, c'est-à-dire un charmant petit écureuil, que les naturalistes appellent, je crois, le tamias.

La belette ordinaire blanchit également en hiver, sauf le bout de la queue qui reste noir; elle prend alors le nom d'hermine.

La *chicock* ou putois est une bête en apparence inoffensive, mais qui possède comme moyen de défense un liquide puant avec lequel elle arrose ses ennemis. L'odeur infecte qu'elle répand cause des évanouissements aux personnes qui la respirent. Quand les chiens sont atteints par ce liquide, ils vont se rouler dans la boue, le fumier, pour s'en débarrasser, sans pouvoir y parvenir. Les Sauvages eux-mêmes brûlent leurs vêtements ainsi empuantis. J'ai eu l'occasion de rencontrer plusieurs fois ces animaux infects; ils cheminent doucement et arrosent impudemment, de leur fétide liquide, l'imprudent qui l'approcherait de trop près. Aussi n'aime-t-on guère les chasser, quoique leur fourrure noire et blanche ait de la valeur. Mais que de précaution et de peine pour la désinfecter et la mettre en état!

Par contre, la chair de l'orignal est excellente. Je lui trouve beaucoup de ressemblance avec celle du chamois. Je n'ai jamais mangé la chair de l'ours; on me dit qu'elle n'est pas fameuse, mais avec son cuir, on se fait de jolis mocassins pour l'été.

Parmi les oiseaux qui se trouvent dans ces parages et que je n'ai pas encore nommés, je dois une mention particulière à l'oiseau-mouche qui se vend cinquante francs à Winnipeg; au canari, d'un jaune beaucoup plus vif que ceux qui sont en cage chez nous, à la *flambe*, ainsi appelée par les Métis à cause de son plumage rouge orange, au vif coloris qui ressemble à la flamme; à l'étourneau ou petit batailleur qui ne craint pas de s'attaquer aux oiseaux cinquante fois plus gros que lui. Plus rapide qu'eux dans son vol, il les a bientôt atteints, se perche sur leur tête et frappe dessus à coups de bec redoublés jusqu'à ce qu'il les ait assommés; et les gros volatiles tombant de très grandes hauteurs, viennent s'écraser sur le sol.

Les étourneaux se voient en très grand nombre; quelques-uns ont un gai coloris, la tête violette, bleue ou rouge avec les oreillettes jaunes, tandis que les femelles ont toujours un plumage uniforme, noir gris ou marron. Donnons une mention au crapaud volant, qui se montre au crépuscule et à l'aurore. Le mâle produit dans son vol le son de la trompette et la femelle dit sans cesse avec la même modulation : «boi pou ou ri, boi pou ou ri»; aussi les Métis l'ont-elle baptisée bois-pourri.

Comme oiseaux de proie, citons seulement les plus terribles ennemis de la basse-cour, le vautour et la chouette. On les voit souvent rôder autour des écuries puis plonger soudain sur un poussin ou une poule, les enlever et les éventrer aussitôt pour leur dévorer le foie. Parfois, Joseph les abat d'un coup de fusil, mais ma poule est toujours perdue. Sur cent poussins que j'ai élevés l'année dernière, ces voraces carnassiers ne m'en ont laissé que trois; et cette année, sur soixante-quinze, pas un seul. J'ai donc renoncé à cet élevage et je ne garde qu'une dizaine de poules pour avoir quelques oeufs.

Au printemps, les oiseaux aquatiques, canards, outardes, mouettes, poules d'eau et même pélicans, déposent leurs oeufs dans les roseaux au milieu des marais. Le père Lecoq, Jacob et Joseph partent souvent en barque pour aller les dénicher. Ils se servent des rames en guise de gaffe. Que de difficultés pour avancer à travers tous ces roseaux entrelacés, qui soulèvent parfois la barque au-dessus de l'eau! Bientôt, ils trouvent un peu partout des nids pleins d'oeufs, et les mères qui couvent, effarouchées, s'envolent en poussant des cris désespérés. À chaque nid, ils cassent un oeuf, et s'il est frais ils les prennent tous.

– Nous faisons, dit le père Lecoq, tout le contraire des Sauvages qui ne mangent que les oeufs couvés, sous prétexte qu'ils sont plus nourrissants.

Dans une de ces parties, les chiens fatigués, ne pouvant plus lutter contre les roseaux, prêts à se noyer, se mettent à aboyer lamentablement. À grand-peine, on arrive à sauver le colley de Jacob qui commençait à boire; on le saisit et on le tire dans la barque. Les nôtres sont allés de l'avant et on les a perdus de vue. On les appelle, ils répondent par des aboiements longs, faibles et plaintifs, et puis, plus rien. Il faut en prendre son parti, les pauvres! Ils se seront noyés sans doute. Et nos pêcheurs d'oeufs rentrent le soir chargés d'un riche butin.

Quinze jours après, un long jappement me fait courir sur la porte de ma maisonnette. De l'autre côté de la coulée, j'aperçois un misérable chien, vrai squelette, qui jappe de joie en me voyant; puis un autre arrive traînant la jambe. Tous deux se jettent à l'eau, traversent la rivière, montent la berge et viennent se coucher à mes pieds. Ce sont nos chiens. Pauvre bêtes! Dans quel état je les vois! Qui sait leurs privations pendant ces quinze jours? leurs courses effrénées à travers les vastes prairies, les marais qu'ils ont traversés pour se retrouver, les chasses fatigantes qu'ils ont faites pour ne pas mourir de faim? Je les caresse, ces fidèles et courageuses bêtes, et elles me lèchent la main. Vite, je leur prépare un bon repas et une bonne couche sur le foin; et on s'imagine sans peine avec quelle avidité ils ont profité de l'un et de l'autre. Ils avaient enduré tant de souffrances et de privations!

Vivant dans les profondeurs des terres, je ne dirai rien des grandes pêches qui se font sur le littoral des deux océans. J'indiquerai seulement que les lacs et les rivières sont très poissonneux et qu'on y pêche la truite, le saumon, la dorade, la truite saumonée, le brochet, la barbotte, etc.

Tous ces poissons, contrairement à ceux de nos rivières de France, n'ont pas le goût de la vase; ils n'ont que quelques grosses arêtes qui s'enlèvent facilement et offrent au gourmet une chair délicate et exquise.

La pêche dans nos rivières est très intéressante. On ne peut se faire une idée de la multitude de poissons qui s'y trouvent. Au moment de la ponte, ils remontent les cours d'eau et s'avancent jusqu'à leurs sources pour y déposer leurs oeufs. Ils redescendent ensuite, et c'est le moment propice pour faire des pêches miraculeuses.

J'ai voulu un jour me payer ce plaisir, et je n'ai pas eu à regretter mes fatigues. Nos pêcheurs avaient choisi un endroit de la rivière peu profond et l'avaient barré avec des pierres et des fagots, sauf un tout petit passage du côté de la rive droite. On a allumé sur la berge un grand feu que plusieurs se sont chargés d'entretenir. Le bois craque, le feu pétille et la flamme s'élève haute et claire dans la nuit noire. Elle inonde la rivière de ses reflets rougeâtres qui nous donnent à tous, dans notre tenue de circonstance, l'aspect d'apaches autour d'un gros foyer. Hommes et femmes, pantalons retroussés ou jupes soulevées, entrent dans l'eau, armés simplement de longues fourches d'écurie. Autour de nos jambes, c'est un frétillement continu, rapide avec de petits coups secs qui amusent.

– Ça y est, crie-t-on, gare aux coups! Ne vous approchez pas trop les uns des autres. Et en avant.

Un premier coup de fourche est donné vigoureusement dans l'eau, on la retire avec un magnifique brochet, qu'on jette palpitant sur la berge; un autre coup, et en voilà deux enfilés qui vont rejoindre le premier. Bientôt, on n'entend plus que le clapotis de l'eau sous les coups des lourdes fourches et le bruit mat des poissons qui tombent sur la berge. De temps en temps, des hourrahs, quand une superbe pièce est enlevée et lancée sur le sol. Et moi aussi, je m'en mêle. Juchée sur une bûche, une longue fourche à la main, je plonge mon arme et je ne puis plus la retirer; c'est elle qui me tire, je ne veux pas lâcher prise, j'appelle au secours et avant qu'il n'arrive, patatras, me voilà dans l'eau de tout mon long. Qu'importe, je tiens toujours mon arme. Joseph m'amène à bord, soulève ma fourche, et au bout, se montre un poisson énorme. Mais, il s'arrache des dents meurtrières, et replonge, à notre grand désespoir. Point du tout découragée, je me remets à la pêche, jusqu'à ce que, fatiguée et essoufflée, je rende les armes, comme les autres.

Un Métis prend un joli poisson encore vivant, le jette sur la braise, lui fait faire quelques tours, et encore tout frétillant, le mord en plein ventre et le mange tel quel. Chacun retourne chez soi avec cinq ou six tonneaux pleins; le lendemain matin, on revient faire un nouveau chargement, et comme on ne peut tout emporter, les poissons pourrissent sur place et l'air en est empesté. Quand les Anglais se livrent à la pêche, ce n'est pour eux qu'un genre de sport, aussi abandonnent-ils tous les poissons au fil de l'eau qu'ils empoisonnent.

À Sainte-Rose, on donne ces poissons aux pourceaux, bien qu'ils n'en soient pas très friands. Cela n'offre aucun inconvénient, car avant de les tuer, on les met au grain pendant quelque temps, pour enlever à la chair le goût poissonneux qu'elle aurait pu contracter.

Si l'on n'a pas encore trouvé le moyen de faire des conserves avec les poissons ainsi capturés, il n'en est pas de même de la viande de boucherie. Après l'avoir laissée enfouie dans la terre pendant quelque temps, on la fait sécher et on la pulvérise. On obtient ainsi une poudre sucrée qui fait d'assez bons potages et qui porte le nom de *taureau*. On obtient aussi ce qu'on appelle viande sèche en coupant les quartiers en minces lanières, qu'on boucane légèrement et qu'on fait sécher ensuite au soleil. Après ces préparations, la viande ressemble à du cuir. Pour s'en servir, on la fait un peu tremper dans l'eau et on la cuit longuement à petit feu. Ce mode de cuisson corrige son état coriace et donne un jus concentré avec un goût excellent. Cette viande rend en voyage de précieux services.

Disons ici, en passant, qu'on élève dans le Canada des vaches sans cornes. Cette race fort laide ne me plaît pas du tout. Si ces vaches vivent de peu et donnent beaucoup plus de viande que les autres, par contre, elles sont de médiocres laitières.

Depuis mon arrivée, ici, je n'ai jamais vu d'autres serpents que la couleuvre. On en rencontre dans les champs en quantité et elle pénètre dans les habitations. Un jour, nous en avons tué à l'écurie soixante-quinze roulées en peloton. J'en ai tué une à coup de hache dans la maison. Une autre fois, je cousais sous la tente, en simple cotillon court – les robes de ville ne sont pas du tout commodes à la campagne –, quand je me sens serrer assez fortement la jambe; je regarde et je vois une grande couleuvre qui s'enroule et se déroule. Je ne bronche pas et elle s'en va tout doucement sans me faire de mal.

Je termine ce chapitre par un épouvantable drame, arrivé il y a deux ans à peine. J'ai déjà parlé du loup noir ou loup des bois, haut sur pieds, d'une forte taille et terriblement vorace. Qu'il soit seul ou en bande, il attaque toujours.

Un Anglais, étant venu faire quelques commissions, retournait en traîneau avec son enfant âgé de cinq ans, vers sa demeure éloignée d'une demi-journée. Le froid était intense et le chemin solitaire. Le traîneau glissait comme une ombre sur la neige gelée. Soudain, il entend dans le lointain un glapissement rauque, suivi de plusieurs autres. Notre voyageur frissonne, mais il fait encore jour, le danger n'est pas imminent. Néanmoins, il cingle ses chevaux qui, comprenant le danger, donnent toute leur vitesse. Après une heure, l'oeil hagard, l'oreille tendue, il écoute. Les glapissements sont plus rapprochés, les chevaux donnent des signes de vive frayeur. Il se retourne. Oh! terreur! il voit une énorme bande de loups noirs, les yeux rouges, flamboyants, les langues pendantes, qui s'avancent, se rapprochent de plus en plus, serrés, pressés, dans une charge folle. Il décharge sur eux ses deux coups de fusil; deux corps tombent, mais le vide est aussitôt rempli par deux autres. Il fouette, excite ses chevaux qui bondissent et brûlent l'espace. Mais les fauves sont là, ils touchent le véhicule.

Le père épouvanté, se voyant perdu, saisit son cher ange qui, convulsionné de frayeur, s'agrippe désespérément à lui, et le jette, le bourreau, derrière lui, au milieu de cette meute enragée. Une confusion horrible se produit aussitôt parmi ces voraces carnassiers et tandis qu'ils font un horrible carnage, le père misérable gagne du terrain et arrive chez lui. Sa femme, la douce mère impatiente, se précipite vers lui, le visage souriant, les bras tendus, les lèvres pleines de baisers pour le chéri, son trésor…

On raconte dans les fermes que le père, maudit par sa femme et chassé de la maison, erre d'un lieu à un autre pour gagner un morceau de pain, et que la mère inconsolable n'a consenti à vivre que pour ses autres petits.

## Chapitre 14

Les Français furent les premiers conquérants du Canada. C'est le 16 juillet 1534, qu'un vieux loup de mer de Saint-Malo, Jacques Cartier, prit possession au nom du roi de France, François 1er, de ces immenses territoires qui, dès lors, portèrent le nom de Nouvelle-France. En 1604, Pierre de Garts de Monts fit une nouvelle expédition et reçut d'Henri IV, le titre de gouverneur de la Nouvelle-France. Il passa ses pouvoirs à son lieutenant de Champlain. Celui-ci jeta, quatre ans après, les fondements de la ville de Québec et, pour annoncer la bonne nouvelle aux Sauvages, fit venir quatre missionnaires franciscains. En 1627, le Cardinal Richelieu y fit transporter quatre mille colons français. Ce sont les ancêtres de nos Canadiens. Ils firent souche avec les filles indiennes et donnèrent ainsi naissance à la puissante race des Métis.

Les Canadiens qui formaient en 1763, au moment du fatal traité de Paris, une population de 70 000 âmes, dépassent aujourd'hui plus d'un million et demi.

Par leur habileté et leur ténacité, ils sont parvenus à

imposer l'usage de la langue française non seulement au parlement fédéral mais même aux gouvernements provinciaux où dominent les groupes anglophones.

Les Canadiens français – je passe sous silence les Canadiens anglais – sont naturellement grands et bien proportionnés, d'une grande agilité et d'un tempérament vigoureux. Ils jouissent d'une robuste santé et résistent à toutes sortes de fatigues. De plus, ils sont très industrieux. Chacun possède des données suffisantes pour exercer tous les métiers. Ils sont charrons, menuisiers, maçons, tisseurs, cordonniers, forgerons, etc., tout à la fois.

Les femmes canadiennes ne le cèdent en rien aux hommes. Elles brillent par la souplesse de leur esprit et leur ingéniosité. Aussi, leur sont-elles supérieures en bien des cas. Rien d'étonnant à ce que les habitants de la campagne en particulier ne concluent jamais rien de tant soit peu important sans prendre leur avis et avoir leur approbation.

Les Canadiens ont conservé avec un soin très jaloux la langue, les moeurs, les usages et la religion de leur ancienne mère-patrie. Il y a chez eux une vitalité et une énergie morale, une droiture et une franchise qui témoignent à quel point ils sont d'essence française. Ils n'ont donc point dégénéré de leurs ancêtres.

Voulez-vous connaître l'éducation que l'on donnait jadis en France aux enfants? Peut-être les Canadiens français qui ont conservé tous les usages de leurs pères nous l'apprendront-ils.

L'enfant canadien ou métis à peine sorti des langes, dirait-on, commence à se rendre utile à la maison. Dès l'âge de cinq ans, il met la main à diverses occupations domestiques : il sait balayer, laver la vaisselle, étendre le linge, aller chercher de l'eau, faire des copeaux, hacher le menu bois. À sept ans, il est initié aux travaux des champs et de la ferme : foin, moisson, pansage du bétail. Il ne se livre pas aux jeux, comme nos petits gamins des rues. Il a un très grand respect pour les auteurs de ses jours et un goût prononcé pour le grand air; il va et vient à travers champs, et toujours avec profit, comme un petit bonhomme qui a conscience de ses aptitudes. À quinze ou seize ans, il est homme fait. S'il a moins de gaieté expansive que nos freluquets de France, il a plus d'énergie et de générosité. C'est déjà un travailleur. J'entends parler ici du fils du colon, et non pas des citadins canadiens que je ne connais pas. À dix-sept ans, on les marie, quand on ne le fait pas auparavant.

Monsieur de la T. m'a assuré avoir vu un jeune couple tout à fait charmant. Le mari avait quinze ans et son épouse, treize. Les Métis trouvent cela tout naturel. L'un d'eux m'a dit qu'à sa naissance, sa mère n'avait pas encore atteint ses seize ans. Mon frère, entrant un jour dans une maison, trouve une fillette, aux cheveux tressés, assise sur une chaise, tenant dans ses bras, et non sans peine, un gros poupon. Il crut tout naturellement que cette petite berçait son jeune frère. Charles, tout ahuri, n'en croyait pas ses yeux. Cette jeune mère avait un peu plus de quatorze ans!

Mais assez des Canadiens, faisons connaissance avec les Sauvages.

Les plus anciens habitants du Canada sont les Indiens ou Sauvages. Ils se partagent en quatre grandes familles : les Esquimaux, les Tinneks, ou Déne-Dinjiès, les Algonquins et les Hurons-Iroquois.

Les Algonquins, qui sont dispersés dans la partie méridionale du Canada, forment les tribus des Saulteux, des Cris de Prairies et des Cris des Bois, des Pieds-Noirs, des Saug et des Piegaus. On y rencontre aussi de la famille des Hurons-Iroquois, de nombreux membres des tribus des Sioux et des Assiniboines. À ces tribus, ajoutons encore celle des Abénakis, des Micmacs, des Montagnais, des Nipissingues, des Malécites, des Narkapis, des Têtes-de-Boule et des Warmontashings. Ils forment en tout une population d'environ 130 000 Sauvages, dont 80 000 sont chrétiens, et les 50 000 autres, païens.

Parmi ceux qui ont embrassé le christianisme, plusieurs ont fondé des villages et ont leurs missionnaires et leurs églises. Ils cultivent la terre, sèment le blé, l'avoine, des légumes et du maïs. Ils sont très paisibles et consacrent à la chasse et à la pêche le temps qu'ils n'emploient pas à la culture des champs.

La plupart préfèrent encore la vie aventureuse de la prairie et des bois et ne vivent que de chasse et de pêche; ils sont par caractère doux et pacifiques, mais susceptibles et vindicatifs à l'occasion. Ils sont inoffensifs et sympathisent facilement avec quiconque leur témoigne un peu d'intérêt. Ils ne sont redoutables que quand les Blancs ou les Métis les poussent à la colère; alors, ils se défendent, ne connaissent plus de bornes et se portent jusqu'aux derniers excès de la cruauté.

Bien que taciturnes et imprévoyants, ils sont pleins de bravoure et méprisent tout danger. Aussi stoïques devant la mort par inanition quand la chasse ou la pêche font défaut, que devant le supplice à feu lent ou les tortures du poteau de guerre, ils demeurent impassibles; ils préfèrent mourir plutôt que d'accepter les bienfaits de la civilisation et de se plier à ses exigences.

Quelle que soit leur race ou leur famille, ils naissent tous avec un immense amour de la liberté et un grand penchant pour la superstition. Faut-il ici entrer dans quelques détails? Faut-il parler de cette classe privilégiée qui possède parmi eux une connaissance très approfondie des secrets de la nature et qui préside aux affreuses et répugnantes cérémonies de leur culte diabolique? Faut-il en un mot vous parler des sorciers? Pourquoi pas? Haussez les épaules, dites comme le gamin de Paris : «Eh! va donc! quelle blague!». Ne vous en déplaise, je vais raconter ce que j'ai appris. Si l'on n'y croit pas, lisez-moi et vous serez peut-être convaincu.

Les Sauvages connaissent presque tous la vertu des plantes et savent s'en servir pour reconnaître un bienfait ou, plus souvent, pour assouvir leur vengeance. Très irritables et très susceptibles, ils se vengent toujours terriblement contre quiconque se sera moqué d'eux ou les aura couverts de ridicule. Ils sont alors sans pitié. Bien vite et à votre insu, ils répandront sur vos prairies des drogues empoisonnées qui demain sèmeront le marasme et la mort dans vos troupeaux; ou bien encore, ils pénétreront dans vos maisons et jetteront sur votre pain et dans vos aliments une poudre vénéneuse, qui vous fera languir de consomption, ou si cela leur plaît, vous enlèvera sur l'heure.

Très mauvais voisinage, direz-vous? Oui, sans doute. Mais soyez convenables à leur égard et ils ne vous feront jamais aucun mal. Pendant mon séjour parmi eux, je n'ai jamais eu à m'en plaindre. Jamais, il est vrai, je n'ai mis le pied dans leurs demeures et pour cause, j'avais trop peur de me charger de leur vilaine vermine; mais je les ai reçus chez moi, et même à ma table, préférant les voir prendre mon beurre avec leurs mains noires de crasse et l'étendre sur leur pain avec leurs doigts huilés de vilenies, plutôt que de m'exposer à leur impitoyable vengeance; car ne l'oubliez pas, ils ne pardonnent jamais.

Ils croient à un dieu bon et à un dieu mauvais, qu'ils appellent le bon ou le mauvais Manitou. Ils négligent le premier parce qu'ils n'ont rien à craindre de lui et réservent tous leurs hommages au second, appelé grand Manitou, pour se préserver de ses terribles châtiments et se le rendre favorable, soit dans leurs perfides desseins, soit dans leurs entreprises.

C'est au printemps qu'ils se réunissent, hommes et

femmes, dans un lieu éloigné de toute habitation civilisée, pour demander à leur grand Manitou de favoriser leurs chasses. Le grand sorcier préside aux supplications et fait les conjurations et les sacrifices. Les femmes et les filles, privées même de la feuille de vigne traditionnelle, se mettent en cercle et entonnent un chant doux et plaintif et commencent leur ronde. Le grand sorcier invite alors un jeune homme plein de courage et fort contre la souffrance. L'un d'eux se présente aussitôt. Il est immédiatement couché, ligoté, et sur sa poitrine haletante, on dépose des braises ardentes. Il ne doit pas gémir. Dans tous les cas, ses plaintes douloureuses seraient couvertes par les chants et les cris des furies qui dansent autour de lui.

Les femmes en ronde chantent et dansent d'un mouvement lent et monotone, mais le mouvement s'accélère avec une rapidité à effrayer les derviches tourneurs. Les cris s'ajoutent au chant et la danse devient effrénée. Quand la brûlure est profonde et que l'épreuve est jugée suffisante, on emporte, bien souvent expirante, la malheureuse victime.

– À un autre! crie le terrible sorcier.

Et un autre se présente. On le conduit auprès d'un mât flexible, dont la cime, courbée à terre, porte une corde à l'extrémité de laquelle se trouve attaché un grand croc de fer. On enfile ce hameçon dans les reins du jeune athlète comme dans un vulgaire ballot. Au signal donné, on lâche le mât qui bondit en l'air en emportant comme une plume son vivant fardeau. Avec une telle secousse, et sous le poids du corps, le crochet se donne du jeu et déchire une longue et large lanière de chair qui soutient pendant assez longtemps le malheureux entre ciel et terre. Parfois, elle se coupe en deux horribles morceaux pantelants, et la victime tombe évanouie.

N'allez pas croire que les convulsions et les hurlements du malheureux torturé émeuvent les assistants. C'est tout le contraire. Plus les souffrances sont grandes et les contorsions affreuses, plus la danse et les chants deviennent bruyants, furibonds, endiablés. Je tiens ce récit d'un témoin oculaire qui, à la vue du supplicié et du déhanchement dégoûtant et hideux de ces femmes à peau rouge, fut obligé de se sauver, malade, écoeuré jusqu'au profond de l'âme. Combien de fois, n'ai-je pas entendu de ma maison, ce chant étrange, car le chant et les contorsions des femmes ainsi que le bruit du tam-tam et les incantations du grand sorcier doivent suivre les phases de torture du patient. Aussi le chant et la danse sont-ils d'abord lents, doux et monotones, plaintifs, suppliants, vifs, passionnés, saccadés, fous et délirants jusqu'à l'épuisement.

Mais voici où la diablerie commence. Qu'on explique les faits suivants comme on voudra, qu'il me suffise de dire qu'ils ont pour eux l'exactitude de la vérité, comme tout ce qui se trouve dans cet ouvrage.

Une jeune fille se mourait dans une famille sauvage. Depuis quelque temps, elle désirait ardemment embrasser notre sainte religion. Elle envoie donc un jeune garçon auprès des robes noires pour les supplier de venir la baptiser avant sa mort. Les pères Lecoq et Magnan se rendent aussitôt à son appel, n'emportant rien d'autre avec eux que le crucifix sur leur poitrine et le chapelet dans leur poche. À peine sont-ils arrivés que la jeune malade demande le baptême avec de vives instances. Son père hésite et dit aux religieux :

– Si votre Dieu est aussi fort que notre Manitou, je croirai et vous aurez ma fille.

On fait venir le sorcier. On lui lie très fortement et très solidement les bras, les jambes, le cou, tout le corps à deux gros poteaux enfoncés en terre; on jette sur lui la très lourde tente du Sauvage qu'on a soin de fixer à terre par six solides piquets. Il est si bien attaché et enveloppé qu'il ne peut faire le moindre mouvement. L'opération terminée, le sorcier commence ses incantations, tandis que chacun s'éloigne de quelques mètres et, après quelques minutes, on le voit sortir, comme un diable de sa boîte, libre de tout lien, pour planer au-dessus des poteaux à deux mètres de hauteur.

Le Sauvage veut recommencer. Mais cette fois, il a pour témoins les deux Oblats. Dès qu'il entonne ses invocations, les religieux, la main dans la poche, se mettent à réciter leur chapelet. Et le phénomène ne peut se reproduire malgré tous les cris du sorcier au Manitou.

– Qu'on éloigne les robes noires, dit-il, la couronne de perles qu'ils ont dans leur poche est plus forte que mon Manitou. Oui, ton Manitou est plus fort que le mien. Qu'on les éloigne et je recommencerai.

Et la jeune moribonde de s'écrier, les yeux pleins de larmes :

– Père, je crois, Père donne-moi l'eau.

Mais la mauvaise foi du Sauvage est proverbiale. La pauvre enfant mourut peu après, mais non pas sans le baptême de désir.

Une jeune femme métisse, très charmante, dit-on, était assise devant une table et écrivait quand, à l'improviste, entre un Sauvage. Celle-ci, sans se déranger, l'accueille avec un sourire moqueur. Double outrage que le froid et irascible Sauvage n'oubliera pas. Il cause assez long-temps avec le mari et, l'entretien terminé, fait mine de sortir, tandis que la jeune femme continue à écrire et esquisse sur ses lèvres le même sourire. Le Cris, arrivé à la porte, se retourne et dit :

– Femme, la position que tu occupes a donc bien des charmes pour toi? Occupe-la toujours. Et il disparaît.

Le mari voit aussitôt le sourire se figer sur le visage de sa femme. Il s'approche d'elle, lui parle, la touche, veut la soulever, impossible. Hélas! il n'avait plus devant lui qu'une femme paralysée. L'âme conservait ses facultés, mais la vie du corps avait disparu. Pendant les trente-cinq années qu'elle vécut, elle a conservé le même rictus et la même position. Elle ne pouvait se servir d'aucun de ses membres et il fallait la faire manger comme un poupon. Elle est morte l'année de notre arrivée ici. Son mari fit appel à la science des plus fameux sorciers; chacun avoua qu'il ne pouvait enlever le sort jeté par un autre.

On rechercha partout l'auteur de ce malheur, il resta introuvable. Faut-il dire en passant que nos sorciers sauvages savent employer des philtres magiques, charmeurs, pour exciter les plus mauvaises passions, et que leurs effets sont parfois irrésistibles? Qu'un jeune homme soit rebuté, il n'a qu'à demander au sorcier une certaine plante, à la glisser dans les vêtements de la personne qu'il convoite, et celle-ci aurait-elle déjà les plus fortes et les plus légitimes attaches, sera tout aussitôt à sa merci. Combien de fois n'emploient-ils pas les enchantements en leur faveur? L'un d'eux n'a-t-il pas récemment ensorcelé une riche Anglaise fort belle et très intelligente? Bientôt après, il fait pleuvoir des coups drus sur son dos, il la traîne par les cheveux et la force à coucher à la belle étoile. Elle voudrait bien le quitter, s'éloigner de lui mais c'est impossible.

– Je le hais, je le déteste, dit-elle, mais une force irrésistible me ramène toujours à lui, m'y attache et je suis contrainte de le suivre.

Que de révélations pourraient nous faire à ce sujet nos missionnaires. Mais terminons par ce dernier trait qui m'a été raconté par notre curé. Un vieux sorcier était au plus mal. Il fait appeler le père et lui dit:

– Depuis longtemps, je résiste mais je veux me faire baptiser. Instruis-moi des vérités de ta religion et si je guéris, je te promets de me convertir.

Il ne mourut pas de cette maladie et revint à la santé. Le père lui rappela sa promesse, mais lui, de répondre avec un air malin :

– Maintenant je suis guéri; il n'est pas si fin que ça ton Manitou. Je l'ai *retapé*, voulant dire, selon l'expression du terroir, attrapé.

Quelques jours plus tard, il retomba gravement malade et fait appeler le père qui arriva en toute hâte et le trouva mort. Cette fois le bon Dieu, dit le père, a été le plus fin, et le vieux Sauvage, suivant son expression, a été *retapé* à son tour.

## Chapitre 15

Nous voici à l'automne. C'est surtout l'époque des constructions. Les uns élèvent de nouvelles maisons, d'autres rebousillent les murs et réparent les toitures, car la tourbe et l'enduit de terre glaise n'ont que peu résisté aux gros orages et aux pluies diluviennes du printemps. Ceux-ci creusent des glacières, au-dessus desquelles ils élèveront une laiterie, une beurrerie. Ceux-là construisent des étables, des abris, des hangars, etc.

Mais nous, hélas! nous ne pouvons que *casser la terre*! Mais oublions, n'y pensons pas.

Je ne me suis pas trompée. L'automne est vraiment un temps exquis. Je m'étais fait un costume de bain avec un drap bleu imperméable, et nous devions prendre des bains de rivière tout l'été. Mais comme Charles est sorti un jour de l'eau avec des sangsues collées à ses mollets et à ses bras, j'ai perdu l'envie de recommencer.

Tous les soirs, nous avons un concert assourdissant de grenouilles; c'est par milliers qu'elles pullulent sur les bords de la coulée. Dans les herbes, quand nous sommes à demi-submergés, nous voyons à chaque pas leurs oeufs coagulés en longs chapelets.

Joseph et Charles, dissimulés dans la cuisine, s'amusent parfois à tirer sur les rats musqués qui traversent la rivière. Ces détonations dans la chambre sont assourdissantes, mais qu'y faire? Ils sont si contents. Au mois d'octobre, qui nous a ramené le gibier, ils sont allés chasser dans le bois que nous avons en-delà de la coulée; ils m'ont rapporté un «faisan» et vingt-six perdrix.

Quelle bonne aubaine! *Oui, c'était bien nécessaire car...*

J'ai pu faire de la photographie, mais les épreuves ne sont pas merveilleuses et les effets de lumière laissent à désirer. J'ai pu cependant obtenir quelques jolies vues; entre autres, celle de mon mari et de mon frère à la charrue, et une autre de notre maisonnette. Mais la plus ravissante, sans contredit, est celle qui nous a croqués, mon mari et moi, au milieu de la rivière, sur un frêle esquif qui n'était autre que la boîte étanche de la *wagon*. Mon Dieu! comment exprimer les sentiments divers qui agitaient mon coeur, quand je vis l'objectif braqué sur nous. Je songeais à tous ceux qui me sont chers et qui verraient la reproduction des pauvres exilés. J'ai pris mon mouchoir et je l'agitais, le sourire aux lèvres et le coeur tout gonflé de larmes, car je voyais, avec mon coeur, tous les chers absents.

Ô maman! Maman! Je cherche à cacher mes angoisses... mais, *si vous connaissiez notre misère!*

* * *

L'hiver avance à grands pas et nous ne recevons aucune nouvelle! Personne ne nous donne signe de vie! Et, il faut bien l'avouer enfin, nous sommes sans argent, plus rien, non, plus rien. Mon cher frère attend aussi des secours pour pouvoir retourner en France. Il est désespéré de ne rien recevoir. Si, du moins, nous pouvions lui venir en aide! mais c'est impossible! Nous n'avons plus rien. Ses vêtements d'été sont usés jusqu'à la corde; ne pensant pas passer l'hiver ici, il ne s'est pas muni d'habits chauds, nécessaires à la rigueur de la saison et il se plaint du froid. Mon notaire ne me donne aucun signe de vie. Que va-t-il faire? Mon Dieu! qu'allons-nous devenir?

Sainte-Rose n'a pas de magasins d'habillement. Les villes les plus rapprochées sont Winnipeg, c'est-à-dire, à une distance de *trois journées de charrettes et de huit heures de chemin de fer*, soit plus de 180 milles. Et puis, on n'achète pas sans argent. Dire que je prévoyais tout cela, et que jamais je n'ai pu m'en persuader. On a beau aimer de tout son coeur, *on ne vit pas que d'amour et d'eau fraîche*, comme me disait maman. Bon gré, mal gré, les nécessités de la vie se font sentir, et on courbe le front en gémissant...

Si j'étais seule à souffrir! Mais les voir souffrir tous deux et ne pouvoir rien, rien. Je donnerais tout un monde pour voir Charles naviguer vers la France; je saurais au moins qu'il est heureux et à l'abri du besoin. Pauvre ami, il a été trop généreux. Il s'est sacrifié de grand coeur pour sa soeur et a voulu rester auprès d'elle pour la soutenir au commencement de sa nouvelle existence. Comprenant nos épreuves, il a voulu les partager en retardant son départ. Maintenant, épris tant et plus du désir de revoir la France et notre mère, il n'a plus de courage. *Oui, tu partiras, bien cher frère; toi, tu auras le bonheur de la revoir, de l'embrasser; tu auras la joie immense d'être serré sur son coeur! Maman!...*

Et moi? Moi, j'ai pris un autre chemin. Je l'ai voulu. *Sursum corda!*

Ah! Pourquoi faut-il que ces deux affections se disputent mon coeur et le torturent?

\* \* \*

L'autre jour, j'accompagnais mon mari à l'étable, s'arrêtant tout à coup, il prête l'oreille et me dit :

– Entends-tu ce bruit étrange? Jamais, en France, tu n'as rien entendu de semblable, c'est le vent.

Le vent? Je regarde mon mari pour m'assurer qu'il ne se moquait pas de moi. Le vent! Mais pas un souffle dans l'air, pas une feuille d'arbre agitée. Mais au loin, des rugissements sourds qui deviennent de plus en plus puissants. C'est le vent qui parcourt les vastes plaines et approche de plus en plus.

Surprise, j'écoutais immobile depuis un long moment, quand j'entends comme le doux bruissement des feuilles sous la fraîche brise du soir et ressens presque aussitôt une froide bouffée au visage. C'est le vent qui arrive, qui se change bientôt en rafale, en tempête, en ouragan. Alors les arbres sont violemment secoués, les branches pliées, tordues, arrachées, emportées au loin. La petite coulée, tout à l'heure si calme, si paisible, bouillonne, se gonfle, se soulève, clapote furieusement. Dans le ciel bleu, courent à toute vitesse d'immenses nuages blancs, pourchassés, dirait-on, par d'énormes nuages noirs. Le vent fait rage. Nous ne pouvons le braver plus longtemps sans danger et Joseph enfonçant son chapeau jusqu'au cou, et moi pressant mes robes, nous gagnons notre gîte plus vite que nous ne voudrions.

Dans la *log house*, tout geint, tout gémit, tout frissonne, tremble et craque. C'est à donner la chair de poule, tant le vacarme est effrayant. On me dit, pour me rassurer sans doute, qu'assez souvent des femmes et des enfants, réfugiés dans les caves pour se soustraire à la tourmente, ont vu, en remontant, leur maison enlevée et emportée au loin.

L'ouragan a passé. Le vent poursuit son chemin; il est là-bas, franchissant maintenant les collines et gagnant Winnipeg.

\* \* \*

Et les autres continuent à bâtir, à construire et nous, privés de toutes ressources, nous ne pouvons rien entreprendre. C'est tout autant de perdu pour l'année prochaine... Point de nouvelles de France, c'est à désespérer.

Plusieurs fois déjà, on est venu nous inviter à ouvrir un magasin d'épicerie et de mercerie, ce qui aurait été pour nous d'un excellent profit. Mais, comment faire sans argent? Nous voilà donc mains et pieds liés, au commencement de notre entreprise. Rien à faire, sinon *casser* le plus de terre possible... Et, il ne nous reste plus de pommes de terre, plus de beurre, plus rien, sinon la galette et le thé, et de loin en loin, une pièce de gibier.

Mon frère s'inquiète sérieusement de ne rien recevoir de France. Sa douleur concentrée me perce le coeur. Il lui tarde beaucoup de partir. Le froid se fait sentir davantage. Mouches et maringouins ont disparu mais, en revanche, nous sommes envahis par les punaises qui viennent du bois. Un bon bousillage leur fermera toute issue, et sous ce rapport, nous serons enfin tranquilles.

Ennui après ennui: les parents de notre filleule nous ont intenté coup sur coup deux procès mais, heureusement, nous les avons gagnés haut la main. Nous avons tous les trois d'affreuses rages de dents. J'ai passé des nuits entières sans pouvoir fermer l'oeil. Rien ne me calme. Mon mari avait eu la précaution d'acheter en France une trousse de dentiste. Il voulait que je lui arrache une grosse molaire. Je n'en ai jamais eu le courage, malgré toutes ses supplications. Il s'est alors armé d'une pince et a pu se l'extraire. Il aurait bien voulu me débarrasser aussi de celle qui me fait souffrir, mais craignant les conséquences, il n'a pas osé.

* * *

Dieu! Quel pays différent du nôtre! Nous sommes arrivés ici en avril, et il y avait encore de la neige. En mai, le pays n'était qu'un lac. Juin était chaud. En juillet de terribles orages, pas deux jours sans tempête. Il est tombé des grêlons gros comme des noisettes et nous avons eu beaucoup de vitres cassées. Depuis le commencement d'août jusqu'à mi-septembre, on suffoquait. Fin septembre, temps superbe. La première quinzaine d'octobre nous a amené des gros froids et des gelées. Un jour, mon mari trouva sa charrue fixée en terre par la gelée et ne put la retirer. Force à nous, par conséquent, d'interrompre les uniques travaux auxquels nous puissions nous livrer, faute d'argent.

Le froid a augmenté. Novembre nous a gratifiés de ses premières neiges. Nos chiens de garde, deux beaux colleys noirs, se sont creusé un abri sous la meule de foin. Cela leur fait le meilleur des chenils. Ils n'auront rien à craindre des rigueurs de l'hiver.

Un Français, tout récemment arrivé, s'est gelé les pieds. S'étant trop attardé le soir, il n'a pu retrouver son chemin. Toute la nuit, il a tourné et retourné dans la neige. Il voulait faire du feu mais ses allumettes suaient l'humidité. Pour ne pas être saisi par le froid, il marchait toujours dans la plus profonde obscurité. Plusieurs fois, il est tombé de fatigue, d'épuisement. Le voilà très gravement malade, ses pieds sont complètement gelés et il souffre horriblement. On redoute la gangrène.

*Et rien de France!* Rien, aucune nouvelle... Le notaire à qui j'ai écrit ne donne pas signe de vie...

Le froid a permis aux indigènes de faire boucherie. Avec une telle température, ils peuvent conserver la viande indéfiniment. Une Métisse, la femme Ritchot, m'a envoyé une langue de boeuf; une autre, un gros morceau de porc; une autre, une belle pièce de biche. Par contre, les vaches sont taries, le lait manque. Et qui sait si je n'en aurai pas besoin pour le bébé? Grâce à ces provisions, j'ai pu faire quelques invitations et ajouter au dîner, du caramel, des tartes et des berlingots que j'ai faits moi-même.

J'ai remarqué, depuis New York jusqu'ici, combien on est friand de sucreries. Hommes et femmes les préfèrent à la viande. Aussi, vend-on des quantités de bonbons, ou *candy* comme on dit, de *chewing-gum* ou gomme à chiquer. C'est une gomme très dure et très sucrée qui fond très rapidement. C'est la chique des femmes. Elles en ont sans cesse un morceau dans un coin de la bouche. J'étais persuadée que les femmes chiquaient du tabac, lorsque j'entendis un Nègre, tenant un panier à la main, crier : *chewing-tobacco, chewing-gum*; et je vis une jeune femme acheter du *chewing-gum* et des hommes, du *chewing-tobacco*. Le tabac à chiquer est en plaque de sale couleur. Ses feuilles mâchurées ont collé les unes contre les autres avec une composition sucrée, du miel, me dit-on. J'ai voulu y goûter. C'est doux, en effet, mais d'un piquant à fendre la langue en deux. Le tabac à fumer, beaucoup plus jaune, est aussi pressé en plaque. Pour s'en servir, il faut l'émietter; il est si dur qu'il ébrèche tous les couteaux. Il est doux, il est vrai, mais il me déplaît, et je lui préfère le tabac français. Les Métis le trouvent encore trop fort, le mélangent avec de la *hart* rouge, c'est-à-dire avec de l'écorce de saule rouge desséchée. Femmes et hommes fument le calumet.

Plus je vais, plus je constate combien ici tout est cher. La plus petite monnaie c'est le cinq cents ou vingt-cinq centimes. Et que peut-on avoir avec cela? Absolument rien. Quand je songe à tous les menus objets qu'on peut se procurer en France avec cinq centimes! Ce qui vaut un franc en France, on vous le fait payer cinq francs ici.

* * *

Ce n'est pas tout, nous avons perdu une belle pouliche qui avait été atteinte de la maladie des chiques. Dès qu'une bête était malade ou venait à crever, j'entendais toujours dire : «Ce sont les chiques, ce sont les chiques». J'ai voulu savoir ce qu'était cette maladie et j'ai accompagné mon mari à l'écurie qui a bien voulu – pour m'instruire – faire l'autopsie de la bête sous mes yeux. Il étend la bête morte sur le dos, les quatre fers en l'air, et lui donne un grand coup de hache en pleine poitrine et le couteau fait le reste. Les boyaux, mis à découverts, étaient dans un mouvement perpétuel, tel un nid de serpents qu'on a agacés.

Mon mari prend alors un de ces horribles boyaux, l'ouvre dans toute sa longueur, et horreur! il s'en échappe des centaines, que dis-je? des milliers de bêtes semblables à des écorces de châtaignes animées, revêtues de leurs épines et grosses comme des fèves, qui se répandent de tous côtés. Tous les boyaux sont transparents et percés çà et là comme par des piqûres d'aiguille. Ils sont complètement vides de toute nourriture, comme aussi l'estomac, l'oesophage et les gros intestins. Ces affreuses bêtes dévoraient tout. La pauvre pouliche était d'une maigreur effrayante et l'on peut dire vraiment qu'elle n'avait pas une goutte de sang dans les veines.

Je n'ai jamais ouï parler en France de cette maladie, je ne crois pas qu'elle y existe; mais ici elle fait dans le bétail, surtout dans la race chevaline, des ravages épouvantables. Quelle en est la cause? D'aucuns prétendent que certains papillons déposent leurs oeufs sur les foins; d'autres, sur les jambes des chevaux, et que ceux-ci, se léchant pour calmer la démangeaison, avalent cette vermine qui va bientôt les dévorer tout vivants.

Pour guérir cette horrible maladie, on emploie à Sainte-Rose le remède des Sauvages. Il est souverain. C'est une décoction composée d'écorce de saule et de tremble, de tabac, de poudre de chasse et de gingembre qu'on fait bouillir pendant plusieurs heures. Elle dégage une odeur insupportable. On la fait boire au cheval et une heure après, il tremble de tout son corps, tient la tête basse, les oreilles pendantes et ruisselle de sueur. On voit alors dans ses déjections des chiques empoisonnées, en nombre incalculable. Huit jours après le cheval est guéri; mais si on s'y est pris trop tard, il faudra renouveler le traitement une seconde et une troisième fois.

\* \* \*

Le Français qui s'était gelé les pieds est mort de la gangrène.

## Chapitre 16

Enfin, *enfin, enfin!* ce n'est pas trop tôt! La malle-poste nous a apporté deux bonnes nouvelles. La première nous avertit que les *fonds* si impatiemment attendus sont, depuis plus d'un mois, à Winnipeg, à la banque Hochelaga, et la seconde nous annonce l'arrivée à Arden de mon piano. Nous avons envoyé aussitôt un homme pour nous l'apporter au plus vite.

Quelle joie pour Charles! Le voilà enfin libre! Il va, le pauvre exilé volontaire, prendre son essor et retourner au beau pays de France. Il va partir mon bon et cher frère, lui qui formait un trait-d'union entre les nôtres et nous. Il va partir, et moi je vais rester seule ici; pas tout à fait seule, puisque j'ai mon mari qui, il est vrai, s'absente presque toute la journée, mais je serai bien seule à la maison tout de même... Avec Charles j'avais plus de courage; une fois toute seule!!! tout le long du jour! Non, non pas toute seule, ai-je donc oublié l'ange consolateur que j'attends de jour en jour?

Charles a reçu son argent. Il est tout heureux, tout

gai, tout content, il ne se possède plus de joie. Mais comme il n'y a pas de roses sans épines, il ne peut dissimuler une petite pointe de tristesse à la pensée de nous laisser seuls. Maintenant qu'il a tout ce qu'il lui faut pour partir, il ne peut plus se décider à nous quitter et il remet sans cesse son départ. C'est qu'on ne part pas de Sainte-Rose et on n'y arrive pas comme on voudrait. Il faut attendre une circonstance. Ce n'est pas une petite affaire de parcourir à travers bois, prairies et marais, les vingt-deux milles qui nous séparent des deux stations les plus rapprochées, Arden ou Nepawa.

Une fois par mois, et quelquefois deux, un habitant de la paroisse, pressé par le besoin, se rend avec sa *wagon* dans une de ces deux villes et pousse même jusqu'à Winnipeg pour renouveler ses provisions. Les paroissiens sont toujours avertis et chacun lui donne ses commissions qui seront rétribuées selon leur poids. Tout cela se fait bénévolement comme le service des postes.

Toutes les lettres adressées à Sainte-Rose demeurent en gare d'Arden ou de Nepawa jusqu'au jour où un habitant de cette localité va les réclamer. On lui remet alors toute la correspondance qu'il distribuera à son retour. Il en est de même pour le départ. C'est le commissionnaire qui emporte d'ici toutes les lettres et les remet au facteur à son arrivée à la station. «Mais, direz-vous, on s'expose à de gros risques?». Sans doute, et cependant on ne peut faire autrement.

Mais que sera l'hiver? Voilà qui m'inquiète beaucoup.

Heureusement, les Métis sont des gens fort aimables, nous recevons des visites continuelles. Charles a été invité à plusieurs bals. Il a appris très facilement les danses du pays et s'est bien amusé. On donne toujours en pareille occasion un grand dîner.

Joseph a eu un retour de rhumatisme. Il éprouve par intervalles de violentes souffrances et passe des nuits entières avec la fièvre. Il se sert encore d'une canne pour se soutenir et ne pourrait travailler. Moi-même, depuis ma dernière aventure dans les bois, je ne vaux pas grand-chose. Je souffre beaucoup et plusieurs fois par jour, je suis forcée de gagner le lit; ajoutez à cela une fièvre presque sans répit. Une de ces dernières nuits, nous battions tous les deux la chamade. Mon frère, qui nous entendait, en était effrayé. C'est lui-même qui me l'a appris, en riant, le lendemain matin.

\* \* \*

Un beau jour de novembre, c'était le onze, nous étions à deviser avec Vital Naud et sa femme, qui étaient venus nous faire une visite, quand soudain, mon mari, regardant par la fenêtre, s'écrie :

– Christine, Christine, ton piano! Voici Sanderland qui s'amène.

D'un bond je me précipite au devant, suivie de tout le monde, avec une joie bien difficile à décrire. C'était pour moi un ami, oui, un ami de coeur impatiemment attendu qui m'arrivait enfin.

– Vrai, dit Sanderland, si y est pas cassé, ça sera ben étonnant. À la gare, les hommes l'ont jeté du char sur le quai et ya résonné longtemps.

On dévisse aussitôt la caisse. Quelle émotion est la mienne! Je vais, je viens, je tourne tout autour, je regarde, je touche sans pouvoir dire une parole... J'avais fini par le croire perdu, depuis tant de mois que je n'en avais pas eu de nouvelles. Et il est là, maintenant, à portée de ma main. Est-ce bien possible?

Vital et sa femme Tchiquaou (surnom d'Élisa) qui sont pour nous de vrais amis, et que nous voyons fréquemment, sont tout aussi émus que moi. Ils ouvrent des yeux curieux, ne sachant trop ce qui va sortir de cette caisse. Quel est cet instrument dont si souvent nous nous sommes entretenus?

Tandis que Joseph dévisse la caisse et que Charles, un genou à terre, regarde à travers les fissures, une pensée affreuse me traverse l'esprit. Mon Dieu! s'il était cassé, abîmé! Il n'était pas encore entièrement sorti de sa caisse, les couvertures qui le protégeaient n'avaient pas encore été complètement arrachées que, perdant patience, je l'ouvre précipitamment avec angoisse et parcours rapidement mon piano avec une série d'arpèges folles, d'accords sans suite, de gammes chromatiques. Oh! quel soupir de soulagement s'échappe de ma poitrine oppressée! J'étais folle de joie! Mon piano sain et sauf, mon piano juste, oui, parfaitement juste après un tel voyage...

Je me retourne vers nos amis et je vois... eh! bien, quoi donc? Je vois des gens ahuris, les yeux écarquillés, la bouche ouverte. Après un moment d'attente, l'un d'eux peut parler et dit:

– Non, non, ça c'est point possible. Mais... mais, jamais de la vie j'ai vu queque chose de même.

– Pardon, mais donnez-moi un peu votre main, faites voir?... Oh! Dieu! avec de petits bouts de doigts comme ça?... ben vrai?...

– Ah! non!... c'est pas possible!... Oui!!!... Non!!!... Ben voilà, je trouve pas de parole pour dire... Voyons, faites encore, pour voir.

– Attendez, attendez donc un moment, dit Joseph en riant. Laisse-moi faire, Christine.

Malgré les instances et les transports de joie, il fallut bien attendre. On sort le piano entièrement de sa caisse, on le place d'aplomb, et Charles s'empresse de m'apporter une chaise. Je joue, et l'état de mon esprit me fait exécuter des airs vifs, gais, fous, des valses et des galops. Parfois l'ahurissement des braves gens me force à m'étouffer pour ne pas rire.

Je suis tout à la joie, je suis radieuse, je joue encore, je joue toujours; on rit, on cause.

Jusque-là, je n'avais vu que mon instrument. Il me semblait qu'il possédait une âme, et c'est à cette âme que je m'adressais, dans l'explosion de ma joie en le revoyant. Puis, je pense tout à coup que je l'ai quitté depuis huit mois et demi. Il avait été embarqué vers la fin de septembre. Je songe à toutes les souffrances endurées depuis lors. Je me mets à lui dire mes peines, mes chagrins, après lui avoir témoigné, à ce très cher ami, mon bonheur et ma joie de le revoir enfin. Un grand silence se fait, puis :

– Ha! non, ma soeur, je t'en prie, pas d'air triste et lugubre…

– Tu as raison, soyons à la joie. Tiens, et si je vous chantais quelque chose?

Après les romances, la joie est au comble. Les braves Métis disent n'avoir jamais rien entendu de si beau.

J'aperçois Joseph, accoudé sur le piano. Il ne voit que moi. Je lève mes yeux vers les siens, et dans ce regard, j'y mets toute mon âme, tout mon amour, toute ma joie. Quelques instants après, nous trouvant tout seuls, je me jette dans ses bras, il m'étreint sur son coeur, puis m'embrasse tendrement tandis que je murmure :

– Joseph, Joseph, je suis contente, quel plaisir!

– Pauvre chère petite femme, c'est plus que du plaisir pour moi, c'est un bonheur de te voir enfin heureuse.

\* \* \*

Quel mal je me donnais les jours suivants pour tout organiser dans la maison, en vue de l'événement qui se produirait d'un jour à l'autre! Je souffrais déjà à cette époque. Je m'évanouissais sept et huit fois par jour, et je m'en inquiétais. Quelques gens officieux et bien imprudents me firent comprendre que, dans la petite paroisse, on n'était nullement rassuré sur mon compte, et qu'on avait bien peu d'espérance. J'en fus très impressionnée et après une fervente prière, je retrouvai la consolation, la foi et l'espérance. Je me décidai donc à tout sortir des malles.

Avec quel amour! quelle religieuse émotion! quel doux attendrissement! je retirais l'un après l'autre tous ces objets venus de ma France bien-aimée, touchés si souvent par des êtres si chers.

Je plaçai les rideaux blancs au lit, les rideaux de dentelle aux fenêtres. Dans une encoignure je fis une jolie petite chapelle. Sur mon piano, je déposai un ravissant petit tableau à l'huile des jardins de Monte-Carlo. Il reposait sur un chevalet en peluche rouge. De chaque côté, des photographies dans de jolis cadres, séparées par des vases mignons et d'autres petits objets d'étagère.

Quel luxe pour Sainte-Rose! Les rideaux sont relevés par des rubans coquettement noués. En guise de portière, je drapai de l'andrinople. Sur les murs, je suspendis de longues vues de la Côte d'Azur, des photographies, des étagères. Sur le plancher un grand tapis, et... dans un coin de la chambre, sur une chaise, une corbeille contenant quantité de linges, bien petits, bien fins, langes et brassières, flanelles et tricots, bonnets et chaussons, et tout à côté, un amour de berceau-moïse, vide encore, hélas!

Ce berceau, je l'ai fait avec mes robes de bal, mon voile de mariée. Le bouillonné de tulle-illusion, sur fond de soie rose pâle, est très frais, très coquet. La coque du berceau se compose d'un large volant blanc, terminé en dentelle. Au sommet du volant, devant, derrière et sur les deux côtés, sont piqués gracieusement de larges noeuds de ruban en satin rose.

Les draps que j'ai faits moi-même sont ourlés à jour. Les couvertures ont été achetées à Paris. Tout ce qui attend le bébé est très propret, très doux, très fin. Chaque point a été fait avec une pensée d'amour.

Ô mon ange, mon aimé, mon premier-né, viens... J'ai soif et faim de ta présence.

L'heure avance.

Ma mère, que n'êtes-vous là pour me soutenir, me consoler, dans ces longues heures de torture!

Ma mère... Oh! maman! maman!

\* \* \*

*le 25 novembre*

Mes voeux les plus chers sont exaucés... Là, dans ce petit berceau rose, voyez mon ange endormi. Il repose, le sourire aux lèvres. Approchez doucement. Ne troublez pas son sommeil si doux. Il voit encore les beaux anges, et leur sourit...

# Chapitre 17

## *Bébé*

*Ne faites pas de bruit près de leurs berceaux frêles,*
*Ils entendent encor,*
*Des concerts inconnus et des battements d'ailes,*
*Autour de harpes d'or.*

*Quand vous les approcherez, faites doux vos visages*
*Car ils ont souvenir*
*D'angéliques regards et de chastes images*
*Qu'il ne faut pas bannir.*

*Car l'âme de l'enfant c'est une page blanche,*
*Un rêve virginal,*
*Un lac pur sur lequel aucune ombre ne penche,*
*Un vase de cristal.*

*Devant leurs yeux ravis, ne mettez d'autre livre*
*Que celui du bon Dieu;*
*C'est pour eux un écho, puisqu'ils viennent de vivre*
*Là haut, dans son ciel bleu.*

Mme Fondi de Niort

Enfin, je l'ai, je le possède ce trésor pour lequel je tremblais tant. Il est né le 24 novembre. Tous mes désirs sont accomplis. Il est bien portant, très vigoureux, et... c'est un garçon! Je lui ai donné le nom de son grand-père. Mon petit Henri est beau comme un coeur. Il a la plus jolie bouche qu'on puisse voir, bien petite et d'un rouge très vif. Ses beaux yeux noirs ont supporté la lumière dès les premiers jours, ce qui a été admiré de tous. Ses cheveux, des masses de cheveux sont également noirs. Son corps est long, très long et très fluet. Il pèse neuf livres anglaises. *Parlons français pour notre petit Français*, quatre kilos. On croyait que cette épreuve serait pour moi la dernière. On connaissait mes nombreuses aventures, et on n'aurait pas parié un sou sur ma tête, ni sur celle de mon enfant. Et pourtant, nous sommes tous deux forts et bien portants. Et avec tout cela, ni médecin, ni pharmacien, ni sage-femme.

Avec quelle joie, mon Dieu, j'ai entendu son premier cri! Mon coeur a fait un bond et j'ai crié :

– Garçon ou fille?

– Garçon! fut la réponse.

Ah! j'en avais toujours eu le pressentiment, et je le désirais si vivement! Un garçon...

Quand le petit être minuscule me fut apporté, et que j'eus posé mes lèvres sur son front, ma joie fut si grande qu'il me semblait que j'allais en mourir. L'émotion était si forte qu'on me l'enleva presque aussitôt, et je me trouvais seule avec mon mari. Quelle joie était la sienne! Nous ne pouvions parler ni l'un ni l'autre. Certains silences sont plus éloquents que bien des discours. J'avais été si près de la mort! Et, non seulement j'avais été rendue à la vie mais, chose inespérée, l'enfant vivait et paraissait même très vigoureux.

Dès le lendemain, le monde affluait chez nous. On voulait voir ce petit qui avait résisté à tant de maux, et la mère dont l'âme était chevillée au corps. Toutes les familles Naud étaient là. La plupart des fils avaient amené leur femme. C'était leur vaillante et bonne mère qui m'avait assistée. Elle n'était pas sage-femme (*chasse-femme* comme on dit ici), mais l'habitude lui avait donné en pareil cas une expérience consommée. Sa charité est si grande que, pour rendre service, elle quitte tout et se rend aussitôt, à n'importe quelle heure du jour ou de la nuit, partout où on l'appelle, et elle ne veut jamais rien accepter sinon un simple merci.

Comme je l'ai déjà dit, cette brave femme avait été une mère pour Joseph pendant les années qu'il resta seul au Canada. Elle le fut aussi pour moi en cette épreuve.

Le matin, les fils étant allés auprès d'elle selon leur habitude pour lui dire bonjour, et ne l'ayant pas trouvée, avaient deviné la cause de son absence et étaient accourus en toute hâte et assez inquiets, pour avoir des nouvelles, car dans toute la paroisse on m'avait condamnée d'avance, tant j'avais été malade les cinq derniers mois. En voyant l'heureux père, ils poussèrent un immense cri de triomphe. Tous ces jeunes hommes se saisirent de lui et le portèrent en triomphe avec des hourras et des applaudissements. Et moi, dans la chambre à côté, j'entendais tout ce bruit. Mais à Sainte-Rose-du-Lac, on ne s'inquiète pas pour si peu.

Le whisky fut tiré de la cave, et on but à la santé de la mère et de l'enfant. Charles ne se possédait plus de joie. Le bébé fut porté dans son ber, comme on dit ici, et on le regarda, et on l'admira, et on voulait lui trouver des ressemblances.

Le bruit de mon heureuse délivrance et du départ de Charles commença à courir comme une traînée de poudre et la maison ne désemplissait pas. Charles! partir! Charles qu'on estime tant, qu'on aime tant! Et on le suppliait de rester. Il a été très sensible à ces touchants témoignages, mais il avait trop soif de prendre son essor.

Mais moi, jeune maman chrétienne, je pense avant tout au baptême de mon enfant. Comme faire? Le père curé refuse de venir chez moi pour l'ondoyer. Il fait un froid excessif. Le thermomètre indique 52° Fahrenheit, ou si vous aimez mieux 42° centigrades sous zéro. D'aucuns me disent que c'est folie de faire porter Bébé par un pareil froid dans une église glaciale. Non, je n'hésite pas. Je ne veux pas risquer de perdre mon enfant sans baptême. Je veux qu'il soit chrétien et le plus tôt possible. Je l'ai recommandé au bon Dieu et confiante en sa paternelle protection, j'ai fait porter mon trésor aux fonts baptismaux, le lendemain de sa naissance. Charles lui sert de parrain et madame Vital Naud remplace la marraine. Celle-ci a eu soin d'envelopper l'enfant de châles et de fourrures.

Bébé s'est très bien comporté pendant cette course de huit milles. Mon bel ange m'a été rapporté sain et sauf.

En ce pays d'exil, nous sommes un peu comme les marins entre ciel et eau. Loin des siens, on est plus près de Dieu. On éprouve davantage le besoin de croire et le bonheur de savoir que, s'il n'y a pas de secours à attendre de la terre, il y a toujours un Dieu qui veille sur nous, un Dieu qui veut qu'on le prie et qu'on ait confiance en Lui.

Quelques heures après le retour de l'église, mon tout petit chéri pleurait dans son berceau. Il réclamait sa maman de ses cris redoublés. La bonne étant sortie, je demande à Joseph de me le passer. Il le soulève, comme on ferait d'un enfant déjà fort, et voyant la tête retombée, les bras pendants et les jambes flexibles, il s'exclame :

— Mais, je ne sais pas, dit-il, comment cela se prend, ça tombe de tous les côtés, j'ai peur de le briser... Non, non, je n'ose pas, je vais te le casser.

Bébé, trouvant sans doute que son petit estomac était trop vide, poussait des cris de rage. Nous en étions effrayés. Charles s'avance alors et essaie à son tour. Il glisse un main sous la tête, l'autre sous les genoux et veut le soulever.

— Oh! là là! dit-il, ça plie comme un chiffon, ça ne

tient pas du tout ensemble, j'ai peur moi aussi de le casser.

Et mon petit gourmand devient de plus en plus furieux. Charles reprend courage et, avec d'infinies précautions, glisse sous le bébé ses deux mains en les élargissant le plus possible. Courbé sur le tout petit amour, il marche doucement, retient son haleine et le dépose sain et sauf dans les bras de sa maman en me disant :

– Tous les petits enfants m'ont toujours fait l'effet de vilains petits singes. Je ne sais pourquoi, mais je trouve ton bébé fort joli. Ce n'est pourtant pas parce qu'il est mon neveu.

* * *

Pauvre cher frère! Trois jours après la naissance de mon bébé, il nous a quittés, le coeur bien gros. Avec quelle effusion il a embrassé son petit neveu sous ses rideaux de tulle! Son départ a été pour moi un vrai crève-coeur, l'émotion m'a rendue malade, bien malade. J'ai failli avoir une congestion cérébrale, à tel point que Joseph en était fort inquiet. Le cher Charles, s'apercevant du mal que j'en ressentais, a brusqué les adieux. De mon lit, j'ai entendu les grelots des chevaux qui l'éloignaient de nous.

Comme il s'est montré bon, affectueux pendant son séjour avec nous! Comme il était charmant avec son caractère de feu et son coeur d'or. Il a su se faire estimer de tous parce qu'il était un travailleur, toujours aimable et si gai. Aussi, nous ne sommes pas les seuls à déplorer son départ. Il a eu cependant de bien tristes moments, le pauvre ami, mais nous avons eu aussi de bien bonnes heures de franche gaîté.

Dieu du ciel! Il me semble entendre encore ses grands éclats de rire joyeux, quand il vit notre voisin, camarade de collège de Joseph, patinant devant nos fenêtres sur la rivière, passer sur une crevasse et prendre un si magnifique billet de parterre. Il riait de si bon coeur qu'il n'en pouvait plus mais...

Tous ces petits incidents me reviennent à la mémoire, maintenant qu'il n'est plus là pour nous égayer. L'été dernier, il avait pris un jour, par mégarde, les deux boeufs du sillon. Ces bêtes sont, de leur nature, aussi têtues et bien plus encore que des mulets. Charles voulait bien labourer, mais impossible à lui d'obtenir quoi que ce soit de ces deux boeufs qui se bousculaient pour s'emparer du sillon. Après mille essais infructueux, fou d'impatience, il s'élance sur Jerry, le plus enragé, et lui donne un coup de pied. Jerry le lui rend. Mon frère irrité recommence, et Jerry aussi.

– Voyons qui sera le plus entêté de nous deux. Sale bête! crie-t-il. Tiens! animal! L'animal riposte. Tiens, encore!

Jerry paie toujours. La scène était des plus comiques et j'en riais aux éclats. Enfin, perdant toute patience,

Charles saisit la bête par la corne et il s'apprêtait à lui asséner un grand coup de poing sur le museau quand la bonne bête, d'un vigoureux coup de tête, envoie mon Charles pirouetter en l'air et s'asseoir, à plusieurs mètres, dans une flaque d'eau. Du coup, sa colère fondit. Il se relève tout crotté et assez penaud, vint me dire en riant :

– Il a été plus fort que moi.

Pauvre cher frère, il nous a laissés...

Comment vais-je supporter cette solitude? Oh! Bébé! l'ai-je donc oublié? Ne va-t-il pas réclamer mes soins à chaque instant?

Petit être chéri, quelle puissance as-tu donc? En te regardant, en te serrant dans mes bras, ô petite créature si faible, je puise en toi la force et le courage du lion. Pour toi, je briserai tous les obstacles, pour toi et par toi je serai heureuse malgré tout.

À peine étais-je relevée et pouvais-je me traîner un peu dans la chambre que ma bonne m'a demandé quelques jours de congé. C'est une excellente fille, bien travailleuse, mais elle est souffrante et a besoin de repos.

Pendant son absence, mon mari l'a remplacée. Voyez-vous Monsieur, bonne d'enfant? Monsieur, cuisinier? Monsieur, faisant le pain? Monsieur, lavant et repassant? Monsieur, garde-malade? Monsieur, femme de chambre? emmaillotant bébé, le dorlotant? Ça c'est un comble. Pauvre cher Joseph! Quel air empêtré est le sien quand il s'agit d'emmailloter ces petits membres si frêles. Rendons-lui justice, il y apporte toute sa bonne volonté avec une patience admirable. Et il s'en tire fort bien, ma foi.

Hier, il a fait le pain et il a très bien réussi. Il a pour moi les soins les plus tendres. Jamais il ne paraît las de me rendre les mille petits services de chaque jour. Un après-midi, il a repassé le linge de bébé et, comme peu après, Petit Monsieur faisait des cris de paon, il le prend dans ses bras, le pouponne en le promenant et lui siffle des airs de cor de chasse; une fois calmé, il le dépose tout doucement dans son berceau. Bon et cher Joseph! Il est si doux, si aimant! Pour lui, les fatigues ne comptent pas. Il paraît toujours satisfait quand on lui demande un service et il l'est davantage quand il peut le rendre. Il est très affligé du départ de Charles. Je crains bien qu'il ne le sente plus vivement quand, pouvant me laisser sans crainte, il se rendra tout seul au travail.

* * *

Il faut savoir se conformer aux usages du pays. Quand de nouveaux mariés prennent possession de leur maison neuve, ils doivent donner une soirée. La jeunesse le leur rappelle, en arborant au sommet du toit deux drapeaux rouges qui ne seront enlevés que quand la soirée aura été donnée. Il est d'usage aussi, qu'à la naissance du premier-né on donne un grand bal. Malgré l'état de notre bourse, fortement en baisse, nous sommes décidés à nous payer cette satisfaction. Nous avons lancé cinquante invitations et quarante-deux y ont répondu. Madame Vital Naud a préparé le dîner, car je ne suis ni assez habile cuisinière, ni assez connaisseuse des usages du pays. Les invités ont commencé à arriver à cinq heures du soir; à huit heures, nous étions au complet.

À chaque groupe d'arrivants, c'était un hourra pour le piano, et je m'exécutais toujours avec un nouvel entrain. La chanson du *Pendu*, que je chante au milieu des éclats de rire, me mérite de joyeux applaudissements. La joie est sans borne. On rit, on cause, on plaisante. Ayant tenu à faire selon la mode du pays, je présidais la première table, avec à ma droite le plus âgé de tous, le bon monsieur Benjamin Naud, et tous les autres à la suite; et à ma gauche, toutes les femmes par rang d'âge.

Au dîner, peu d'entrain; c'est l'usage.

Après plusieurs bons plats, on servit, d'après la mode, des tartes de toutes espèces et des friandises qui furent très appréciées. La politesse exige que l'on goûte à tout. Un Métis, pour me faire honneur, avait pris l'engagement de piquer deux fois à chaque plat. Il a tenu parole et ne s'en porte pas plus mal.

Après le dîner, je fis le petit nain. J'étais fort bien déguisée et méconnaissable. À la vue de ce petit Tom-Pouce, plusieurs ne devinant pas le truc sont épouvantés et se sauvent à toutes jambes. Le bal dura toute la nuit pour ne cesser qu'à six heures du matin. C'était le

28 décembre, un mois après la naissance du bébé. Au milieu du bal, une gigantesque grue fait son entrée et me poursuit tout autour de la chambre au milieu des éclats de rire. La danse, souvent interrompue par des chants, reprend toujours de plus belle. Ma robe a fait sensation, j'ai été la reine de la soirée. Que d'admiration et d'envie ont suscitées mes bijoux!

Dois-je avouer que j'ai pris part à toutes les danses avec l'imprudence de mes vingt ans? et que je fus toute surprise à huit heures et demie du matin de revenir d'un long évanouissement? On m'a dit que cela pouvait nuire à Bébé; aussi lui ai-je donné le biberon, ce qui ne lui a pas plus du tout. Pauvre chéri!

Il est d'usage de passer le whisky pendant le bal, en guise de rafraîchissement, quand on peut s'offrir ce luxe. En somme, on a longtemps parlé de notre petite fête où a régné une folle gaîté. Ce festin nous a coûté la modique somme de trente francs.

Bébé a dormi toute la nuit au son des violons et du piano pour ne s'éveiller qu'à sept heures. Il est vigoureux et profite à vue d'oeil. Il est très admiré. Sa bouche ravissante, son teint vermeil, ses beaux cheveux noirs en font un amour de bébé, malgré son nez un peu fort et légèrement busqué. Ses yeux très noirs et très éveillés annoncent qu'il sera intelligent. Il a un amour de petit menton, avec la fossette de son papa.

Joseph et Christine de La Salmonière

## Chapitre 18

Nous voici en plein hiver. Dès que j'ai pu marcher, je me suis rendue à la fenêtre, au châssis, comme on dit ici, espérant naïvement pouvoir jouir d'un magnifique paysage de neige. Quelle n'a pas été ma stupéfaction, en voyant sur les vitres une couche de quatre à cinq centimètres de givre! Le froid a désagrégé le bousillage et fait, à travers, de nombreuses fissures qui ont été bientôt fermées par la glace. Toute la nuit, il faut entretenir un bon feu dans la chambre. C'est Joseph qui se dévoue à cet office en se levant plusieurs fois pour attiser le feu. Le bois est d'excellente qualité, de longue durée, et développe beaucoup de calories. Mais, malheur à celui qui se laisserait surprendre par le froid dans son lit, en pareille saison; il risquerait fort de ne pas s'éveiller en ce monde.

Comme il fait froid! Dès que quelqu'un venant du dehors entre dans une chambre chauffée, l'atmosphère éprouve soudain une très forte dépression, la porte entrouverte mettant en contact l'air glacé du dehors et l'air surchauffé de la chambre produit un épais nuage de vapeur qui environne, de toutes parts, le nouveau venu. Quand Joseph rentre, il me fait l'effet du vieux Père Noël. À ses moustaches et à sa barbe sont soudés d'épais glaçons qui, en s'entrechoquant, donne le son de petites clochettes argentines. Ses cils, ses sourcils, ses cheveux sont tout blancs. Son bonnet de fourrure brille de l'éclat des diamants et son manteau en peau d'ours ou de chien est tout parsemé de perles de glace reliées entre elles par des fils de givre argenté. C'est féerique, vu sous les rayons éclatants du radieux soleil d'hiver.

Pour se préserver du froid, les hommes mettent sous le pantalon trois ou quatre paires de bas de laine noire, qui remontent au-dessus du genou, et ils se chaussent avec des mocassins ou souliers mous des Sauvages. Les femmes se couvrent le visage d'écharpes ou de châles, ne laissant que les yeux à découvert. Le givre qui se forme aussitôt sur les cils et les sourcils donne au visage une expression… singulière. Le thé est toujours sur le feu à la disposition des arrivants, comme aussi les infusions de gingembre, remède souverain pour activer la circulation.

Joseph descend à la rivière tous les après-midi, les mains capitonnées de plusieurs paires de gants. Il attaque la glace à coups de pique et creuse un trou à travers. La dernière couche étant brisée, une eau brune et puante monte aussitôt et remplit cet abreuvoir improvisé. Les animaux la boivent. Dès qu'ils sont rentrés à l'étable, Joseph retourne à la rivière et, cette fois, à coups de hache, prépare un glaçon à la dimension voulue, le charge sur ses épaules et l'apporte à la cuisine. Là, nous le brisons en menus morceaux, nous en remplissons des seaux et la grande bassine; peu à peu, la glace fond et nous donne l'eau que nous buvons et qui nous sert pour tous les besoins du ménage.

Ne pouvant donner de l'eau à mes poules, je leur porte un morceau de glace qu'elles viennent picorer. Presque toutes ont la crête et les éperons gelés. Je les tiens à l'étable pour les préserver du froid et, les coquines, pour avoir plus chaud, vont se jucher sur le dos des bêtes à cornes. Si elles se contentaient de cela... De leurs ongles, elles leur égratignent la peau jusqu'à les écorcher et dévorent voracement le sang qui en sort. Ce n'est pas tout, elles leur communiquent leur vermine qui les fait maigrir à vue d'oeil. Il serait donc bien urgent de leur faire, comme tant d'autres, un poulailler chauffé sous terre où elles hiverneraient.

L'eau de glace est pure et transparente. Elle nettoie parfaitement le linge et lui donne une belle blancheur. Nous savons cependant que l'eau est sale et de très mauvaise qualité en toute saison. Un Métis m'en a donné l'explication. «La température, en se refroidissant, m'a-t-il dit, fait descendre toutes les impuretés au fond de l'eau qui s'éclaircit ainsi à sa surface.» Je comprends maintenant pourquoi les couches supérieures de glace sont transparentes comme le cristal et les couches inférieures d'autant plus jaunâtres et chargées de saleté qu'elles se rapprochent du fond.

Je me suis laissée attraper par les effets de la glace, tout comme les autres. Quel ne fut pas mon étonnement, en prenant un morceau de glace, de le trouver sec comme un caillou! Quand j'ai voulu le jeter, cela m'a été impossible; il était soudé à ma main et j'éprouvais bientôt toutes les tortures de l'onglée. Heureusement, j'avais tout à côté un seau d'eau froide; j'y plonge ma main, la glace se détache, mais non sans me laisser une marque de brûlure.

Une autre fois, j'ai été prise plus cruellement. J'eus l'imprudence de vouloir ouvrir la porte sans gant et ma main colla au loquet. Il fallut bien l'arracher, mais l'épiderme y resta.

J'ai sous les yeux un spectacle vraiment superbe. J'en suis tout à la fois surprise et ravie. Malgré l'âpreté du froid, le ciel est d'un bleu aussi pur que mon beau ciel de Nice; le soleil aux rayons radieux fait étinceler la neige comme une mer constellée de diamants.

Notre neige ici n'est pas humide comme en France, elle est sèche comme de la blanche farine, on dirait de la poussière de cristal. Le plus petit souffle la balaie et la soulève en légers tourbillons. Mais quand le vent est violent, gare à la bourrasque et à la tourmente. Il ne fait pas bon s'y laisser prendre. Quand il fait vent pendant l'été on dit ici: *il vente,* mais pendant l'hiver, on dit: *il poudre.* On ne peut mieux dire pour exprimer la ténuité de notre belle neige. Sous les blancs rayons du soleil elle brille d'un éclat sans pareil et revêt mille nuances diverses qui éblouissent les yeux. Aussi, ne peut-on soutenir trop longtemps le vif scintillement de ce spectacle enchanteur, sans s'exposer à prendre le mal de neige, si redouté et si douloureux.

Un jeune Français, ami de mon mari, obligé par son travail de passer une bonne partie du jour en plein air, avait pris le mal de neige. Quoi de plus simple! me dis-je. Ce qui adoucit la réverbération du soleil, pendant l'été, peut bien l'adoucir aussi pendant l'hiver. Et je lui offre mes lorgnons fumés, montés sur acier. Il en est ravi, les plante fièrement sur sa proéminence nasale et part. Il n'avait pas fait trois pas qu'il sent son nez serré, pressé, mordu, brûlé comme par de fortes tenailles chauffées à blanc. Il rentre en criant comme un perdu, veut arracher l'instrument de son supplice, mais en vain, les lorgnons sont collés, soudés. Vite un bain de nez dans l'eau et le voilà délivré. Le pauvre garçon n'avait pas songé aux effets du froid… et moi non plus, d'ailleurs. Le métal gelé lui avait fait une brûlure dont il porta longtemps, le malheureux, les marques douloureuses.

Connaissant maintenant la rigueur du climat, je me demande souvent comment ce jeune homme français avait pu vivre seul, ici. Sans doute, aujourd'hui, la situation s'est améliorée. Ce n'est plus un désert inhabité, c'est un commencement de village qui veut s'élancer dans la voie du progrès. Une belle église va s'élever, des maisons confortables se construisent, des pétitions circulent déjà pour obtenir la construction d'une école et l'érection d'un presbytère. Hier, on offrait à la chapelle un bel harmonium, aujourd'hui, c'est monsieur le Vicomte d'Aubigny qui fait cadeau d'une cloche pesant 225 kilos pour carillonner les baptêmes, les mariages et parfois sonner le funèbre glas.

\* \* \*

Le progrès se manifeste aussi dans l'accroissement de la population. Nous le constatons le dimanche à la messe où nous sommes tous réunis. Mais quand mon cher Joseph est arrivé ici, il y a quatre ans, qu'était-ce donc? Pendant ces longues soirées d'hiver, où il faut allumer la lampe à trois heures et beaucoup plus tôt quand il fait mauvais temps car à cette saison il ne fait jamais jour avant neuf heures. Il me raconte, le très cher, toutes les terribles luttes qu'il eut à soutenir, toutes les souffrances inouïes qu'il dut endurer.

Tout semblait être contre lui. À son premier voyage, la mer était tellement déchaînée que les passagers s'attendaient à voir sombrer le bateau et à devenir la pâture des requins. À peine arrivé à Winnipeg, il constata que le chef de l'entreprise dont il devait faire partie n'était qu'un vulgaire filou. Il avait promis des emplois très lucratifs aux nombreux jeunes gens de France qui, désireux de voyager, de connaître l'étranger ou de refaire leur fortune, avaient consenti à le suivre. Mais quelle ne fut pas leur stupéfaction, en arrivant à Winnipeg, de voir ce sage mentor oublier ses engagements et fouler aux pieds sa responsabilité en cherchant – et pour cause! – à les éterniser dans l'inaction. Les immigrants réclament, ils protestent. L'homme consent enfin à les conduire dans un endroit inhabité devenu aujourd'hui Sainte-Rose-du-Lac, où il les abandonne lâchement.

Leurs maigres ressources furent bien vite épuisées. La plupart retournèrent à Winnipeg pour trouver un emploi ou informer leurs parents de leur détresse, deux seulement restèrent, Joseph, qui avait alors dix-huit ans, et monsieur de la T.

Ces deux malheureux n'eurent d'autre abri, pendant tout l'hiver, qu'une cabane abandonnée par les Sauvages, où ils trouvèrent un poêle et un sac de pommes de terre, sans doute oubliés. Cette cabane pouvait avoir trois mètres carrés de superficie et deux de hauteur. Le sol en terre battue, les cloisons en petites *logs*, et la toiture de tourbe ne leur offraient qu'un bien maigre abri contre la rigueur du froid. C'est dans ce misérable réduit que mon pauvre cher Joseph passa son premier hiver.

Dès l'automne, leur situation était déjà des plus critiques. La colonie de Sainte-Rose-du-Lac n'était pas encore ce qu'elle est maintenant. Ce n'était qu'une simple station, récemment choisie par la famille Naud, pour s'y établir. Les effets apportés de France furent bientôt usés au travail. L'hiver devenait rigoureux, les deux exilés grelottaient dans leur cahute, avec la perspective effrayante de mourir de faim et de froid. Comment instruire leur famille? Encore fallait-il du papier, de l'encre, etc... et puis comment expédier la lettre quand on est à plus de *cent milles* de distance du bureau de poste? Pauvre ami! il croyait bien avoir dit adieu à jamais, à son père, à sa mère, à sa fiancée.

Quelquefois, pressé par la faim, il allait frapper à la porte des maisons. La plus rapprochée était à dix milles. Bien que l'hospitalité soit largement pratiquée et qu'on ait l'habitude de donner à manger à tout étranger qui se présente, mon cher Joseph n'osait jamais, par timidité, avouer sa faim et il revenait l'estomac vide et la tête en feu.

– Oui, m'a-t-il dit, j'ai passé jusqu'à deux jours sans manger. Combien de fois ai-je cherché à tromper ma faim en grignotant un morceau de glace?

Avec le peu de revenus de leur travail, ils avaient pu acheter un sac de farine. Ils la délayaient dans l'eau de glace et s'en faisaient du pain. Hé Dieu! quel pain! La provision fut bientôt épuisée. Ne pouvant se résigner à demander du secours, les pauvres malheureux se clôturèrent dans leur cabane, plus désespérés que jamais. Mais la faim fait sortir le loup du bois.

Joseph, foulant aux pieds toute fausse honte, se décide à se rendre chez Vital Naud chercher du travail. La distance est grande, le froid intense, et la faim le torture. Plus d'une fois, épuisé, ses yeux se voilent, ses genoux fléchissent et il tombe dans la neige. Il se relève toujours, mais une fois, ne reconnaissant plus son chemin, il se voit perdu. Encore quelques minutes, quelques secondes, et il va tomber une dernière fois pour ne plus se relever. Dans un suprême effort, il veut se rendre compte du lieu où il est et, bonheur inespéré, il voit la maison devant lui. Elle est là, tout près...

Je me souviens que, peu de jours après mon arrivé, madame Vital Naud m'avait raconté comment elle avait recueilli Joseph sur le seuil de sa porte et lui avait prodigué des soins maternels.

– Je pleurais, me disait cette excellente femme au si bon coeur, je pleurais à chaudes larmes.

En voyant ce pauvre jeune homme à demi-gelé et mourant de faim, en pensant à sa mère, son coeur se brisa. Elle comprit alors les privations et les souffrances qu'enduraient les Français, elle comprit aussi que la fausse honte, la timidité seules les éloignaient d'eux.

À partir de ce jour, les Naud devinrent pour Joseph plus que des amis, mais des frères. Ils l'invitèrent aussi souvent que possible et lui procurèrent du travail chez eux.

À la belle saison, les deux camarades d'infortune se plaçaient tantôt chez les uns, tantôt chez les autres pour *casser* les terres et faucher les foins. Joseph put enfin s'acheter boeufs et chevaux. Dès lors, il dut travailler doublement pour nourrir ses bêtes et satisfaire à ses obligations auprès des colons qui l'occupaient.

Une nuit d'hiver, les deux miséreux se perdirent et frappèrent à la porte d'un Anglais inhospitalier qui leur refusa un gîte. Il leur fallut battre la semelle dans la neige, la nuit entière, pour ne pas être gelés. Une autre fois, ils s'étaient égarés dans les environs du lac Winnipeg et se trouvèrent en face d'une bande de loups qui, dévorant des poissons laissés par les Sauvages, ne s'aperçurent pas de leur présence. N'étaient-ce pas ces mêmes carnassiers qui, peu de jours auparavant, avaient dévoré sur le bord de ce lac toute une famille de Sauvages, depuis l'octogénaire jusqu'au plus jeune, un bébé de cinq mois?

Un jour, à l'approche de l'hiver, Joseph dut traverser la rivière à la nage. Comme il était habillé et chaussé de lourdes bottes, il ne tarda pas à couler. Il remonta bientôt, saisi par le froid, exténué, à bout de force et allait disparaître à jamais, quand il put prendre pied sur un banc de sable. Il reprit haleine, se ressaisit et se jetant de nouveau à l'eau pour atteindre l'autre rive, faillit se noyer tout de bon. Ce ne fut qu'après des efforts désespérés qu'il put arriver à l'autre bord.

Une nuit d'hiver, s'étant égaré, il dut abattre deux arbres secs. Après les avoir disposés à une certaine distance l'un de l'autre et avoir mis le feu, il s'enveloppe dans sa couverture et se couche sur la neige. Il put ainsi se reposer sans courir l'effroyable danger d'une mort certaine.

Le récit de tant de privations et de tortures, et j'en passe sous silence, me navrait. Aussi, j'accepte aujourd'hui avec bonheur le sacrifice que je lui ai fait. Il mérite un peu de bien-être, le pauvre cher mari, et il l'aura aussi longtemps qu'il sera en mon pouvoir de le lui procurer. Il peut compter sur moi.

*Chapitre 19*

E't monsieur Bébé? Non, les histoires émouvantes de
son papa ne me le font pas oublier. Voyez comme
il est charmant dans son joli petit dodo. Entre temps, nous
lui avons fabriqué un ber, c'est-à-dire un berceau, à la
mode du pays. De facture très ingénieuse et parfaitement
bien comprise, le ber est frais en été et chaud en hiver.
Ce n'est ni plus ni moins qu'un hamac suspendu à deux
solides pitons. On attache aux pitons une bonne corde
doublée qu'on sépare avec deux liteaux fourchus. Entre
ces deux liteaux, on étend par-dessous un châle dont on
rejette les bords par-dessus les cordes en les faisant croi-
ser l'un sur l'autre. Le poids seul de l'enfant retient le
châle et l'empêche de glisser. Pendant l'hiver, on le garnit de chaudes couvertures de laine, et pendant l'été d'un
simple filet de coton ou de toile. On peut le faire profond en hiver et relevé en été. Une légère poussée suffit
pour lui imprimer un doux mouvement continu qui fait
les délices du poupon et permet à la mère de vaquer à
ses travaux. En faisant remonter d'un côté les baguettes,
on élève le ber et on peut asseoir l'enfant dans son lit;

dès lors, il voit tout ce qui se passe autour de lui. Rien ne peut l'atteindre ainsi suspendu entre ciel et terre. Nous avons relégué le berceau-moïse au grenier et adopté le ber canadien, comme infiniment plus commode.

J'ai adopté aussi le maillot métis également très commode. C'est une enveloppe en fourrure pendant l'hiver, en linge de couleur pendant l'été, qui se lace sur le corps de l'enfant. Quand il est garni de dentelle et de broderie, il produit un très joli effet.

Ma bonne m'a quittée pour se marier. J'en ai une nouvelle qui s'appelle encore Marie, elle n'a que seize ans. Joseph a embauché un petit garçon de neuf ans pour les menus travaux. Il panse les bêtes matin et soir. C'est le fils d'une veuve bretonne, arrivée ici récemment avec son gendre et sa fille mariés depuis peu et ses cinq garçons. Elle est dans une telle misère que chacun a pris un de ses enfants. Celui que nous avons est si petit qu'on lui donnerait à peine six ans. Il s'appelle Tardif et tardif il est, mais les gens du pays l'ont surnommé – Dieu sait pourquoi – Chambarly, et Chambarly il reste.

Une famille bretonne, nouvellement installée à Sainte-Rose, a fort diverti la gent moqueuse de la mission. C'était un dimanche à la sortie de la messe. «Voyez-vous, disait-on, cette vieille au bonnet si drôle? Et son vieux qui porte, le malheureux, sa chemise sur son pantalon! Ils sont ici depuis trois jours.» Et chacun de rire aux éclats en les examinant. On me demande pourquoi l'homme porte ainsi sa chemise et ne la met pas, comme tout bon chrétien, dans son pantalon. Je leur explique que ce n'est point là du tout une chemise, mais une blouse, le vêtement ordinaire des paysans de chez nous. Impossible de les convaincre. «Comment, me disent-ils, en France, les habitants – au Canada, habitant signifie fermier, paysan – portent leur chemise par-dessus leur pantalon?»

Un jour, assistant à un procès, j'entendis le juge de paix interpeller de la sorte un Breton qui était témoin:

– Hé! là-bas, l'homme à la chemise, avancez donc! Quelles sales moeurs! Quel sauvage ajoute-t-il tout bas!

* * *

Triste Noël, ô mon Dieu! Chez nous, en France, c'est la fête de famille par excellence, tout est à la joie. Ici, ce n'est que festin. Mais moi, je reste à la maison toute seule. Je ne veux pas compromettre ma santé. Et puis, mon coeur est si plein du souvenir de ma chère petite mère!!! Comme j'envie le bonheur de mes frères et soeurs qui l'entourent en ce beau jour!!! Non, je n'ai aucune envie de sortir. N'est-ce pas aujourd'hui le vingt et unième anniversaire de ma naissance? J'ai donc atteint ma majorité. Je puis donc aujourd'hui même écrire à mon notaire car nous avons un grand besoin d'argent. Il nous faut acheter des semailles et renouveler nos provisions. Le notaire, j'espère, n'aura pas à alléguer des raisons dilatoires, puisque je suis majeure. Me voici donc plus rassurée.

Pour le nouvel An, la famille Hamelin nous avait invités. Nous avons hésité à nous mettre en route, car il faisait un froid de loup et je craignais qu'il ne m'arrive du mal. Nous nous y sommes rendus quand même, avec un vent qui soulevait des tourbillons de neige, un vent glacial à décorner les boeufs. Non, nous n'avions pas envie d'y aller mais nous savions d'autre part, qu'un tonneau, un fameux tonneau, dans lequel maman avait empilé de sa main ingénieuse tout ce qu'elle croyait pouvoir nous être utile ou nécessaire, était en souffrance, et il fallait le retrouver. Depuis huit mois, le tonneau était parti de France et n'était pas encore arrivé à destination. Nous allons donc aux renseignements. L'un nous dit qu'il est chez X, un autre que X l'a déposé chez Y. Ailleurs, qu'il a été saisi chez Y sous prétexte qu'il contenait du whisky. J'ai dit et redit partout que j'allais poursuivre l'affaire jusqu'au bout, et que coûte que coûte, j'étais résolue à avoir mon tonneau.

Bébé a été bien sage tout le temps de la messe. Cher trésor! il ne pleure jamais. On l'appelle ici le petit Français. Tout le monde en raffole. Dès que j'arrive dans une maison, on me l'arrache littéralement. C'est vraiment touchant de voir l'affection des hommes pour les petits enfants; ils sont d'une patience admirable à leur égard. Aussi, sont-ils fort scandalisés de la froideur ou de l'indifférence que semblent témoigner les Français à leur égard. Dès qu'un bébé entre dans une maison, il occupe l'attention de tous, même des enfants de cinq ans. Chacun veut le prendre, le promener, le bercer, lui chanter, l'amuser. Le père est tout aussi habile à pouponner son enfant que la mère.

* * *

Quelle désolation à Sainte-Rose! La diphtérie fait des ravages épouvantables, dans les environs où elle atteint indistinctement grands et petits. La mortalité est effrayante depuis Neepawa jusqu'ici. Nous ne sommes pas encore atteints, mais comme les chemins durcis par la gelée sont très fréquentés, fatalement le fléau nous arrivera un jour ou l'autre. Quelles cruelles angoisses pour nous! Nous demandons à tout venant où en est l'épidémie, si elle n'est pas encore à Sainte-Rose...

J'ai été bouleversée en voyant les enfants métis, ne porter pour tout vêtement, par ces froids de -50° à -56° Fahrenheit, qu'une chemise et une robe. J'en ai fait la remarque aux parents. Savez-vous ce qu'on m'a répondu? «Si votre bébé doit mourir, il mourra malgré toutes vos précautions; et s'il doit vivre, il ne prendra aucun mal, même en jouant avec des enfants contaminés.» Et moi de leur dire: «Si votre étable doit brûler, elle brûlera malgré tous vos coups de balai pour arrêter le feu; et si elle ne doit pas brûler, elle n'aura aucun mal, quand même elle serait entourée par les flammes». Mais il n'y a pas à raisonner.

Voici Bébé avec un gros rhume et la tête brûlante. Mon Dieu! que vais-je devenir! Si j'allais le perdre! Cette pensée m'affole! Le perdre, ce bel ange au sourire céleste. Parfois, j'ai peur. Il me semble le voir déjà marqué pour le ciel. Je vois en lui quelque chose de particulièrement doux et bon; jamais il ne pleure, il est toujours gai et tranquille.

\* \* \*

Bébé est bien malade, il maigrit à vue d'oeil. Je ne vis plus. Mon Dieu! que faire? Pas de médecin, pas de pharmacien... Il ne dort plus. Joseph et moi, nous le promenons toute la nuit.

\* \* \*

Nous avons un voisin «extraordinaire». Nous avions parlé de monter un magasin. Il a trouvé la pensée excellente et nous a damé le pion. De plus, n'a-t-il pas engagé un de nos voisins à interdire sur sa terre le passage qui nous met en communication directe avec le village? Nous n'avons pas essayé de lutter, il a de l'argent, et nous, nous en attendons toujours.

L'autre nuit, il a tiré un coup de fusil dans sa chambre, en criant au voleur, à l'assassin. Ses domestiques éveillés se précipitent terrifiés dans sa chambre, pour trouver l'ostrogoth dans son lit, se tordant de rire de la bonne farce qu'il venait de leur jouer. Il me menace de tuer mes chiens de garde, et fait faire chez moi des

commissions extravagantes. C'est un fameux original.
Joseph lui a arraché une dent, il criait et pleurait, avant
et après l'opération, comme un enfant de quatre ans.

Un grave accident est arrivé chez lui. Un des jeunes
gens qu'il emploie à l'abattage des arbres s'étant placé
du côté où l'arbre penchait l'a reçu sur les reins. Il a alors
été porté dans son lit; en ce moment il est encore gravement malade.

* * *

Pourquoi ce silence de mon notaire? Je lui écris lettre
sur lettre, et quand il daigne répondre, c'est toujours des
faux-fuyants, comme ceux-ci : ma lettre n'est pas rédigée
selon les formes légales... ma signature doit être accompagnée de celle de mon mari... mon nom de jeune fille
doit être joint à mon nom de femme... je dois adresser
ma demande sur papier timbré... Pas de doute, c'est un
homme de mauvaise foi et de mauvais vouloir. Que
signifient toutes ces comédies? Nous avons supplié mon
beau-père d'aller questionner cet homme, qui m'a tout
l'air d'un misérable.

* * *

Oh! merci, mon Dieu! Bébé va bien. Bébé est guéri.
Cher trésor! son indisposition n'a pas été longue. Par une

233

belle journée de février je l'ai photographié dans les bras de son père. Nous voici maintenant à la fin de mars, Bébé a quatre mois accomplis. Il est si avancé pour son âge que j'en suis tout inquiète. Je l'assieds entre des coussins et lui de jouer avec son pied tout en roucoulant.

Le temps s'adoucit, la neige commence à fondre. Je ne veux pas dire pour cela qu'il fasse chaud. Je sors cependant Bébé une heure à deux par jour.

\* \* \*

Nous voici enfin au bout du rouleau. Notre dernière pièce de monnaie a été employée à faire une lettre à mes beaux-parents. Nous leur avons dit notre misère... misère noire bientôt. Que faire, mon Dieu?

\* \* \*

Les rudes mois de l'hiver ont passé les uns après les autres. La neige qui couvrait les vastes prairies a disparu. La débâcle des glaces s'est produite sur la rivière avec un fracas de tonnerre. On croyait entendre la décharge de nombreux coups de canon suivie du crépitement des feux de peloton; le sourd grondement se répercutait dans l'espace, venait rompre brusquement notre sommeil et nous donnait le frisson.

Maintenant, c'est l'eau sale, noire, si longtemps

prisonnière qui traîne paresseusement d'immenses blocs de glace, aux formes remarquables. Le spectacle est fantastique : ici c'est un bateau, là une cathédrale. Ces blocs se rencontrent, se heurtent, se brisent, s'émiettent et finissent par se fondre sous la tiède haleine du soleil printanier.

Après l'empire des neiges, voici maintenant le règne de la boue, oui, de la boue noire. La rivière, dégagée de son lourd manteau de glace, laisse couler maintenant à pleins bords, des eaux boueuses et noirâtres qui répandent dans l'air des exhalaisons putrides, puantes, méphitiques. Et, n'ayant plus de neige ni de glace pour nous faire de l'eau pure et limpide, c'est ce liquide infect que nous buvons. Oh! charmante lectrice, ne froncez point votre joli nez de dégoût, comme devant une potion d'huile de ricin; quelque répugnante, nauséabonde, que soit cette eau, il faut bien s'y habituer car il n'y en a point d'autre. Sans doute, quelques rares colons ont des puits, mais ils sont si éloignés qu'il ne faut nullement songer à aller s'approvisionner chez eux. Et... c'est avec cette eau inqualifiable que je fais mon thé. Je le charge très fort pour lui enlever son goût répugnant de feuilles pourries mais je ne réussis pas toujours. Aussi, j'en bois très peu, à peine pour m'humecter la bouche, et... pouah! bien souvent. Qu'y faire?

Notre nourriture se réduit à ceci, quatre fois par jour : pain, beurre et thé; et tous les jours, c'est à recommencer. Je ne puis presque plus manger. Tout me soulève le coeur, me donne des nausées. Et mon cher bébé devient de plus en plus vorace. Je m'évanouis plusieurs fois le jour, et mon mari craint que je ne tombe avec mon bébé dans les bras. Mais il est si sage, si gentil! Il reste des heures entières assis par terre, soutenu par des oreillers, en roucoulant et me faisant douce risette, le cher trésor.

Je lui faisais des soupes de biscuits pétris au lait; il s'en trouvait très bien et profitait à merveille. Mais, plus de biscuits... Nous avions consacré nos dernières pièces de monnaie à en acheter... hélas! la provision est finie. Nous n'avons plus rien, non, plus rien. Que c'est dur de prononcer un pareil mot! Il m'effraie, m'épouvante. Je n'ai plus guère de santé. Allaiter un enfant robuste quand on ne vit que de pain et de beurre!... Les vaches nous donneront du lait dans un mois. Je pourrai songer alors à sevrer mon bébé.

\* \* \*

Mon Dieu! que d'inquiétudes, que d'angoisses! Joseph a écrit à son père, pour lui dire qu'il ne patienterait pas davantage, qu'il ne voulait pas faire mourir de faim sa femme et son enfant et qu'il vendrait sa terre aussitôt que le gouvernement consentira à lui donner sa patente... et, cela fait, nous retournerons en France. Ah! notaire de malheur!

## Chapitre 20

La douce chaleur du soleil a fait évaporer les eaux de neiges fondues qui inondaient nos campagnes; la terre sort de son long sommeil et se pare de verdure, c'est l'annonce de l'été.

La rapidité de la végétation, en ce pays, où les extrêmes se touchent, le froid et la chaleur, a quelque chose de vraiment extraordinaire. Bien que les quinze premiers jours d'avril nous aient favorisés d'un temps presque printanier, un froid rigoureux s'est encore fait sentir jusqu'au milieu du mois suivant; enfin, dans la dernière quinzaine de mai, la température s'est graduellement adoucie et, vers la fin du mois, nous avons assisté au rapide réveil de la nature et à sa merveilleuse éclosion.

Il y a deux jours à peine, les bourgeons des arbres, presque imperceptibles, prenaient une douce teinte de vie. Hier, tout gonflés de sève, ils paraient les branches d'un vert si tendre que les yeux en étaient charmé et aujourd'hui, ils offrent leurs premières feuilles.

Trois jours seulement ont donc suffi à la nature pour

sortir de son long sommeil et revenir à la vie luxuriante qui fait sa richesse et sa beauté. Cette splendide résurrection donne la joie au coeur, ranime l'espérance et excite notre confiance et notre amour envers le divin Créateur. Aussi, allons-nous avec une nouvelle ardeur nous remettre au travail, bien que nous soyons toujours, hélas! dans les mêmes difficultés.

Mais pour travailler, il faut le nécessaire, car on ne fait rien avec rien. Joseph s'est donc décidé à vendre – à donner quoi! – 125 à 140 francs pièce, ses quatre magnifiques boeufs, les plus beaux de la paroisse. Vite, nous avons payé nos dettes, donné les gages à nos domestiques et réglé nos hommes de peine, à raison de cinq francs par jour. Plus vite encore nous avons acheté des boîtes de biscuits pour Bébé, des pommes de terre, du beurre, des planches pour des réparations urgentes et des grains de semence. Il ne nous reste pas grand-chose, mais à la grâce de Dieu! Sans doute nos parents doivent nous blâmer des dépenses que nous faisons pour l'entretien d'une ferme montée sur un tel pied, mais impossible de faire autrement. Il est bon de rappeler qu'on n'a guère qu'un ou deux mois pour préparer le terrain, qu'on trouve très difficilement des journaliers à cette époque et qu'il faut absolument accomplir les conditions exigées par le gouvernement, si l'on veut obtenir sa patente de propriétaire.

Joseph ne boude pas au travail. Du matin au soir, il dirige la charrue ou la herse, la machine à faucher ou toute autre. Ici, point de maître ni de contremaître allant se promener au champ, les mains derrière le dos, pour surveiller les travaux. Tout le monde travaille, aussi bien les nobles que les roturiers. Point de distinction entre eux. Il serait très mal venu celui qui voudrait faire ici preuve de ses quartiers de noblesse. Il s'exposerait à la risée de tout le monde.

\* \* \*

Nous voici en juin. Les gros travaux sont terminés et le père curé veut en profiter pour organiser une petite fête de charité, en faveur de son église. Le 4 juin 1895, tous les paroissiens de Sainte-Rose sont en liesse. Les Anglais accourent de Dolfus Labre. Le matin, déjeuner dans des salles de branchages. Toute la soirée, tir à la carabine au prix de 25 francs. Puis, grand dîner, concert et danse.

On me fit l'honneur d'organiser le concert. Je cherche mes artistes et je trouve des jeunes gens métis très bien doués pour la musique, mais ne sachant pas distinguer le ré du si, ils jouent d'oreille le violon.

Comme ma santé et aussi notre situation pécuniaire ne me permettaient aucune extravagance, nous ne nous rendîmes à la fête qu'à huit heures du soir pour le concert. Joseph avait transporté mon piano à la chapelle qu'on avait arrangée pour la circonstance. On y avait dressé une estrade et deux grands rideaux cachaient l'autel.

Après avoir débuté toute seule par une marche brillante aux applaudissements frénétiques des Métis français et anglais, au grand ahurissement des Sauvages venus très nombreux, un morceau de violon avec accompagnement de piano fut exécuté. Un jeune Métis chante ensuite une chanson pastorale que j'accompagne. À mon tour, sans quitter le piano, je chante un duo avec monsieur Hamelin. C'est un jeune Métis qui m'aide beaucoup pour les chants d'église; il a une belle voix et beaucoup d'oreille. Je cède ma place à mademoiselle Shannon, jeune Irlandaise, pour accompagner le chant d'un Anglais. Je reprends mon piano pour soutenir trois violons et je chante enfin quelques chansonnettes comiques. Bébé est au premier rang et semble très amusé par la musique. La soirée se termine gaiement pour tous, sauf pour moi. La fatigue avait été trop grande. Le concert fini, je me suis évanouie.

Un Sauvage demande à Joseph la permission de me soigner, promettant de me guérir immédiatement. Dès que je revins à mes sens, il coupa une petite tranche d'une racine qu'il portait sur lui et me dit de la mâcher longuement, avant de l'avaler. Il renouvela la dose une seconde fois, et je sentis alors un engourdissement dans tout le corps et jusqu'au bout des doigts. Cette sensation s'évanouit bientôt et tout malaise disparut. Cet aimable Sauvage eut la délicate attention d'offrir à Joseph une de ces précieuses racines en cas de besoin.

Le père curé a paru satisfait du résultat de cette

charmante fête qui lui aurait procuré, m'a-t-on dit, la somme rondelette de trois cents francs.

Quelques jours après, accablée par la chaleur, je me décide à aller prendre un bain à la rivière. Pour ne pas être piquée par les sangsues, j'ajoute à mon costume, de long bas, et si j'avais osé j'aurais même pris des gants. Je me jette à la nage pour traverser la rivière, lorsqu'après quelques brassées, je sens quelque chose qui s'entortille à ma jambe, puis à l'autre, et qui paralyse tous mes mouvements. Seraient-ce des serpents qui m'enlacent? On le dirait, ô horreur! Non, je suis au milieu des nénuphars, leurs tiges visqueuses s'enroulent bientôt autour de mon corps et de mes bras, je commence à enfoncer et à boire plus que de raison, je me vois perdue, je vais me noyer. Une secousse de tous mes membres, violente et désespérée, m'arrache à tous ces liens; je gagne le bord et la maison, assez mal à l'aise, et bien guérie, je vous l'assure, des bains de rivière.

* * *

Sainte-Rose-du-Lac
le 5 juin 1895

Chère Mère,

Je profite du sommeil de Bébé pour vous écrire quelques mots, car il ne faut pas croire qu'il me laisse tranquille quand il est éveillé. Depuis qu'il met ses dents, il ne veut que moi.

Nous avons eu grande fête ces jours derniers. Le père V., n'ayant plus de ressources pour son église, en était l'instigateur et il m'avait chargée d'organiser le concert. Nous n'avons pu assister aux diverses réjouissances, pas même au souper, car nous étions plate bourse, bourse plate. Et cependant, voilà un an, le mois prochain, que j'ai adressé au notaire ma première demande d'argent.

Savez-vous bien quelle est notre situation? Depuis longtemps, notre nourriture ne se compose plus que de pain et de beurre; et le beurre touche à sa fin. Le thé va nous manquer aussi bientôt. Que boirons-nous alors? Croyez-vous sérieusement qu'il soit possible de continuer à nourrir Bébé dans de semblables conditions? Il ne nous reste plus qu'un peu de farine pour faire notre pain, à peine un demi-sac. Comme nous ne pouvons mourir de faim, nous mangerons nos bêtes et nous nous déferons aussi petit à petit de tout ce que mon mari a amassé si péniblement. La semaine prochaine, on tuera le gros porc. Nous vivrons de lard, du moins ceux qui le peuvent, car pour moi, je ne le puis; il me donne des brûlures à l'estomac et des vomissements. Il y a bien les poules mais à quoi bon, cela ne ferait jamais qu'un seul repas, et nous en avons si peu.

*le 13 juin*

Je reprends ma lettre, interrompue par l'arrivée d'un Sauvage. J'étais seule à la maison avec Bébé qui dormait lorsque, dans le silence de la campagne, une voix éraillée crie :

– *Boat! Boat! Boat!*

Je me lève et, de la porte, je distingue deux Sauvages de l'autre côté de la rivière. Je crus reconnaître le fameux Saxetins qui, tenant un taureau d'une main et un cheval de l'autre, vociférait à tue-tête :

– *Boat! Your man?*

– *Away!* répondis-je.

– *Come! boat!*

J'hésite un instant, car Saxetins est bien le plus affreux bonhomme et le plus sale Sauvage qu'on puisse voir à dix lieues à la ronde, de plus il est aveugle et je m'étonne de le voir là. Ce n'était pas lui mais un autre qui avait besoin d'aide. Tous les deux me sont inconnus. Les Sauvages sont généralement bons et reconnaissants, mais ils ne pardonnent jamais un service refusé, une raillerie, un mépris. Ils se vengent alors d'une façon terrible, aussi les craint-on beaucoup. Je reconnais qu'il n'y a pas à hésiter, tout inquiète, je saute dans la barque et la mène à l'autre bord, non sans efforts. Un Sauvage saute lestement dans la barque et m'enlève les avirons.

– Pas bon pour toi ça, dit-il en montrant les avirons, tu manques de bras, femme, place-toi au gouvernail.

Son camarade assujettit alors une longue corde aux cornes menaçantes d'un taureau irascible. Une longue lanière de cuir est ensuite attachée au cou d'un petit cheval d'humeur folâtre.

Je regardais ces préparatifs me demandant ce qu'on attendait de moi. Je ne tardai pas à m'en apercevoir. Mon Sauvage rentre dans l'eau jusqu'à mi-jambes et me remet les deux longes.

– *Hold on!* me dit-il, me faisant signe de rouler solidement les cordes autour de mon poignet et s'arc-boutant en même temps sur ses jarrets comme un homme qui veut résister à une forte impulsion.

Il retourne sur ses pas et cueille deux bonnes baguettes au buisson voisin. Une fois revenu, il excite de la voix les bêtes à se jeter à la nage mais celles-ci tirent au renard et... le renard... c'est moi. Je comprends le geste significatif du Sauvage. Je m'arc-boute me mettant presque à genoux, frappe à tour de bras sur les animaux : ceux-ci avancent et reculent par bonds, je sens mes bras craqués, je me crois écartelée, enfin, ils se jettent à la nage mais ils s'effraient des avirons et tirent l'un à droite, l'autre à gauche. Un commandement sec sort du gosier éraillé du Sauvage. Le cheval revient vers la barque et en nageant y donne des coups de pieds; enfin il y repose sa tête intelligente sur le bord, ce qui est loin de me rassurer. Il va nous faire verser, pensais-je, mais non, grâce à Dieu, nous accostons; un long soupir de soulagement s'échappe de ma poitrine oppressée.

* * *

Joseph a fait, aujourd'hui, le boucher. Il a exécuté le

malheureux porc. Notre provision de thé étant finie, nous avons fait griller de l'orge et nous l'échaudons. L'imagination aidant, on croit boire du café. Mais que c'est fade! Qu'y faire? *À la guerre comme à la guerre!* Plus de beurre non plus. Le lard et le saindoux le remplacent. Vous vous étonnez, dites-vous, que notre terre ne nous fasse pas vivre. Mais avez-vous oublié, chère maman, qu'il nous a été impossible l'année dernière d'ensemencer, pour la raison bien simple que nous n'avions pas de terrain défriché? Il fallait donc vivre, c'est-à-dire, dépenser. Joseph a semé cette année vingt-trois arpents en orge, blé, et avoine mais la récolte n'est pas encore faite. Nous avons vendu quatre gros boeufs, dont le prix nous a aidés à payer beaucoup de petites notes et à vivre pendant quelque temps. Et puis, les boeufs ne devant être livrés qu'à la fin du mois, nous n'avons touché que la moitié de la somme.

Bébé, qui a six mois, se tient assis tout seul et s'attrape aux chaises pour essayer de se relever. Il est extraordinairement fort et avancé. Il dit: papa, maman, et mati pour merci. Quand je le prends dans son berceau et que je lui dis: «Fais une caresse à maman», il jette ses deux petits bras autour de mon cou, le trésor aimé. Si vous saviez combien il est beau, admirablement bien bâti, et gros, et dodu, ses joues sont des nids à fossettes, cher petit ange!

*le 18 juin*

Je viens de coucher Bébé, après lui avoir donné son

bain. Je suis en train de le sevrer; il ne tète plus que la nuit. Pauvre mignon! il est couvert de boutons de chaleur et de piqûres de maringouins, dont je ne parviens pas à le défendre, malgré ma vigilance. Le coeur me saigne de le voir ainsi.

Le beau temps n'a pas persisté. Les orages se succèdent sans interruption. On est sérieusement inquiet au sujet des récoltes. Nous apprenons que la question du chemin de fer a été votée. Les travaux ont commencé. On avait cru découvrir ici une mine d'or, on a envoyé des spécimens à Paris et, d'après la réponse reçue, ce n'est que du mica!

*le 6 juillet*

Ma lettre est toujours là. Je ne puis la faire partir... faute de timbre. Ô mon Dieu! en être réduit à ce point et ne rien oser dire.

On m'avertit, de Portage-la-Prairie, que le tonneau est en gare, moyennant redevance de 61,50 $. Pour le retirer, nous sommes forcés d'attendre une lettre de France...

Nous avons eu un orage épouvantable. Des grêlons gros comme des oeufs de poule nous ont cassé presque toutes nos vitres et broyé nos récoltes. Voilà notre chance. Les foins sont aussi hachés et jonchent le sol partout. La pluie ne discontinue pas. C'est misère sur misère. N'y a-t-il pas de quoi s'inquiéter et s'épouvanter?

Mais non, confions l'avenir à Dieu, il sait mieux que nous ce qu'il nous faut.

*À brebis tondue, Dieu mesure le vent!*

La foi est un grand bienfait, elle fortifie dans les épreuves qui semblent devoir nous écraser.

Les colons arrivent en masse. Il y a un va-et-vient continuel, entre Arden et Sainte-Rose, de Français et de Canadiens français. Les Anglais poussent plus loin, ils vont s'établir au lac Dauphin, parmi des *English squatters*.

Sur la route d'Arden à Sainte-Rose, déserte il y a peu de temps, et où s'élèvent aujourd'hui de nombreuses maisons, sévit la diphtérie qui fait des ravages épouvantables. Les habitants n'ont encore ni église ni cimetière et enterrent leurs morts dans le sous-bois, à quelques pas de leur habitation. Dès que la chose est connue, les agents du gouvernement arrivent à la maison mortuaire, la font évacuer, avec défense d'emporter quoi que ce soit, à l'exception des habits dont on est vêtu, qu'ils font désinfecter. On vide ensuite les écuries et toutes les autres dépendances, et bientôt le feu purifie tout. Comme dédommagement, ces malheureux colons expulsés et ruinés ne reçoivent presque rien. C'est la loi qui le veut. Le feu doit détruire, consumer tous les lieux où la diphtérie a fait des victimes. Jamais épidémie n'a fait un ravage pareil à celui que je vais vous raconter.

Dans une famille, le bébé est atteint. On court chercher, à Sainte-Rose, le bon monsieur Béasse dont le dévouement et la charité sont à toute épreuve. Que de malades il a déjà guéris! Malgré son âgé avancé et ses infirmités, qu'il fasse froid ou chaud, rien ne l'arrête; il se rend aussitôt auprès des malheureux souffrants qui le réclament. Quand il arrive, l'enfant est mort. Après lui, deux autres enfants sont atteints et meurent à leur tour, puis c'est le quatrième, le cinquième, le sixième et le septième. La mère, folle de désespoir, suit du regard l'un après l'autre les cercueils que le père va déposer dans la fosse qu'il a creusée lui-même. Maintenant, c'est le tour d'un enfant de sept ans qui meurt après avoir embrassé monsieur Béasse, pour le remercier de tous ses soins; après lui, c'est l'aîné de la famille, enfin c'est le père... monsieur Béasse avait été appelé trop tard. La malheureuse mère, ayant perdu ses dix enfants et son mari, s'éloigne de ces lieux maudits où le feu va bientôt faire son oeuvre de destruction. Pauvre femme! pauvre mère!

* * *

Et pour nous, bonne maman? Depuis quinze jours nous n'avons plus rien, pas même de farine. Nous sommes disposés à vendre une vache à n'importe quel prix. N'ayant plus de biscuits pour faire la popote de Bébé, je lui ai fait une petite bouillie avec un reste de farine que j'avais précieusement conservée pour lui; malgré sa faim, il la refusa obstinément et ne fit que crier la journée entière et toute la nuit. Notre désespoir était grand et je pleurais à chaudes larmes. Le lendemain, il était très pâle et vomissait tout. Que faire?

Allons chez nos amis! N'est-il pas d'usage, ici, d'avoir recours les uns aux autres? Pourquoi ne pas faire comme les autres? Avons-nous jamais refusé notre secours à qui que ce soit? À de semblables distances, n'est-ce pas tout naturel?

En nous voyant arriver, les bons Métis viennent à notre rencontre. La mauvaise mine de bébé est vite remarquée. On questionne et nous ne pouvons nous décider à parler; enfin, la vérité sort, et ces braves gens en sont tout émus. On envoie acheter au village une boîte de biscuits et, avec leur délicatesse, sans dire quoi que ce soit, on bourre la voiture, à notre insu, de pains, de bidons de crème, d'oeufs et on nous prie de revenir bientôt. La boîte de biscuits a été offerte directement au bébé.

– Je suis marraine, dit madame Vital Naud, je l'ai tenu au baptême, j'ai ben le droit de lui faire ce p'tit cadeau.

N'est-ce pas très délicat, chère maman?

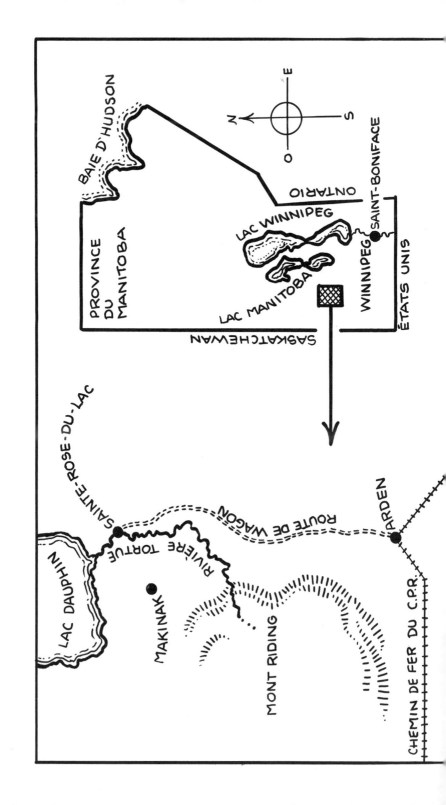

## Chapitre 21

Peu de jours après le départ de cette lettre, j'ai reçu une bonne nouvelle : l'annonce d'un envoi de deux mille francs, cadeau que nous fait une parente pour nous permettre d'attendre nos fonds. On nous écrit qu'on ne comprend rien au retard que le notaire apporte à nous envoyer la somme demandée. De plus, mon mari ayant livré ses boeufs a touché l'autre moitié de la somme. Il n'était que temps, car nous étions au bout du fuseau. Je me décide donc à confier mon bébé à nos bons amis et à entreprendre avec Joseph un voyage à Neepawa, afin de nous ravitailler et d'acheter tout ce dont nous avons un besoin urgent : souliers, cotonnades, farine, etc.

Madame Vital Naud garde Bébé et son mari nous accompagne. Il mène une wagon et nous, une autre. Par précaution, nous emportons quelques provisions, des couvertures et une tente.

L'aller a été ravissant. Un beau soleil d'été à travers prairie et sous-bois. Sans doute nous avons rencontré, de loin en loin, des chemins pierreux qui me procuraient de violents soubresauts, aussi de nombreux marécages mais, en général, le parcours n'était pas désagréable. Tout est si frais, si vert, que je trouve le voyage charmant. Ici, c'est un bouquet d'arbres au milieu d'une prairie où l'herbe pousse à hauteur d'homme; là, une coulée bordée de roseaux qui se bercent et ondulent au gré de la brise. Je suis de plus en plus ravie du spectacle enchanteur et toujours varié qui se déroule à mes yeux. Notre voyage est d'autant plus gai que l'espoir est revenu à nos coeurs. L'inquiétude en est bannie. Le soir du troisième jour, nous apercevons Neepawa assis gracieusement sur une colline et nous dressons notre tente dans la plaine.

Le lendemain se passe en courses. Je vais consulter un médecin anglais, qui promet de me soulager, mais non pas de me guérir. Neepawa me plaît, je le trouve plus pittoresque qu'Arden. Nous nous approvisionnons de mille choses utiles, mais surtout d'articles de mercerie et d'épicerie, et un peu de cordonnerie. Vital achète des machines, une lieuse Massey Harris. Joseph en choisit une aussi. On charge les charrettes et nous voici en route pour le retour sur ces bancs, d'autant plus incommodes que nous sommes surchargés, non seulement par nos propres achats, mais aussi par les nombreuses commissions qui nous ont été demandées.

Le second jour, je perds mon parasol, un très beau parasol, souvenir de France. Nous apercevons bien les voleurs qui l'emportent et disparaissent sous-bois, avec la veste de notre compagnon et un fusil que les secousses ont fait tomber par terre, mais nous sommes trop chargés pour les poursuivre.

Le ciel s'obscurcit, le vent s'élève, les éclairs commencent à sillonner la nue et déjà les grondements du tonnerre se rapprochent. Nous sommes en pleine prairie, pas le moindre gîte pour nous abriter.

– Arrêtons, dit Vital, et dressons la tente.

– Oui, répond Joseph, si le vent le permet.

– *Enfargeons* les chevaux.

Sitôt dit, sitôt fait. En un tournemain, les quatre chevaux sont dételés, et on les entrave en leur liant ensemble les deux pieds de devant. De cette façon, ils n'avancent qu'à petits sauts et ne peuvent aller bien loin. On dresse la tente et on jette des couvertures et une bâche sur les *wagons*, pour empêcher que la lieuse, avec ses pièces d'acier poli, n'attire la foudre. Il pleut à verse, le vent fait rage. La toile claque à se déchirer. Debout, à l'entrée et au fond de la tente, Joseph et Vital font des efforts inouïs pour maintenir les piquets que le vent menace à chaque instant d'arracher. Accroupie à terre, je les regarde, me demandant comment tout cela va finir. Intérieurement, je me félicite de n'avoir pas exposé Bébé à pareille aventure.

Après une bonne demi-heure, l'orage s'éloigne. Nous songeons aux chevaux, deux seulement sont visibles. Vital va à la recherche des deux autres et les ramène une demi-heure après. On casse la croûte et on part. La pluie a éveillé les maudits maringouins qui bourdonnent et piquent les chevaux qui s'affolent. On se croirait au milieu d'une ruche à miel.

Une heure après, nous sommes en présence d'un vaste marais. Debout sur les *wagons*, les conducteurs examinent par où il faut passer, car il ne s'agit pas de caler avec de telles charges. Je n'ose rien dire. Je sais le spectacle qui m'attend et combien il me déplaît. Je m'apitoie intérieurement sur le sort de ces vaillantes bêtes qui rendent tant de services à l'homme. Joseph a ses deux grosses juments clyde. On riait à Sainte-Rose de le voir partir avec un tel attelage.

– Vous n'en sortirez pas, lui disait-on, vos chevaux caleront, ils sont trop lourds…

– Et moi, je prétends le contraire, répondait-il, mes bêtes ont les sabots larges. Elles s'embourberont moins facilement.

Le moment décisif est arrivé, le lieu du passage est choisi. À force de cris, de hélements, de rugissements, les chevaux ont vite franchi un bourbier. Mais nous voici en présence d'une nappe d'eau d'une cinquantaine de mètres, et assez profonde. Il ne s'agit pas de noyer les chevaux ou de paralyser leurs mouvements. Les deux braves conducteurs font le tour de la berge. La charge est immense, et il y a gros à parier. Mais les voilà décidés.

– Tiens-toi ferme, me dit Joseph.

Debout, les guides en main, il fait claquer le fouet avec un retentissant «Get up now!».

Les chevaux ont compris et s'élancent. Les roseaux plient sous leur passage et leur offrent une certaine résistance. Bientôt, retentit derrière nous un formidable «Get up now!». C'est Vital qui vient de lancer ses chevaux après nous. Les guides sont tendues à se rompre. Joseph ne perd pas d'un fil son aplomb et il crie comme un diable. Nous sommes au milieu du marais, les chevaux font de vigoureux efforts, ils calent jusqu'aux genoux; un terrible G... D... résonne à leurs oreilles. Ils savent que le coup suit de près; ils bondissent en renâclant, soufflant, les nerfs tendus à se rompre, entraînant la pesante charge, et ils tombent dans le terrain mouvant jusqu'au ventre.

Je gémirais, si j'osais, mais je sais qu'il ne faut pas distraire le conducteur une seconde. Les cris redoublent, les coups pleuvent dru, les chevaux font des efforts désespérés, trouvent un point d'appui et se relèvent tout couverts de boue. Nouveaux cris, nouveaux hurlements : «Up, up! Get up you son of a b...! On, on, get on now you d... brute!». Et les bêtes piétinent, tirent, enfoncent, se relèvent, renâclent, tombent encore, se relèvent de nouveau et, cette fois, naseaux au vent, avec toute la force de leurs jarrets d'acier, s'élancent d'un bond vraiment sublime et nous tirent de ce gouffre.

Mais voici devant nous un talus de cinq mètres qu'il faut escalader. Allons, braves bêtes, un dernier grand effort! Elles comprennent que c'est la fin. Réunissant leurs efforts, vives, alertes, comme si elles sortaient de l'écurie, elles partent, gravissent la pente grattant le sol, s'arcboutant pour empêcher l'immense charge de les ramener, et dans un clin d'oeil nous enlèvent sur la berge. Oh! les vaillantes bêtes, soufflez maintenant de toute la force de vos poumons, et reposez-vous.

Les cris continuent derrière nous, sans interruption. C'est Vital qui essaie en vain de faire avancer ses chevaux embourbés jusqu'aux épaules. Ils ne peuvent plus bouger. Nous avions haché les bois, les roseaux qui offraient déjà si peu de solidité, et maintenant, n'en trouvant plus, ils sont bel et bien embourbés jusqu'aux épaules.

– La *wagon* est calée jusqu'aux essieux, crie Vital.

– Il faut dételer, lui répond Joseph, pas autre chose à faire.

Et l'un et l'autre sautent dans la boue noire et liquide. Allégées de leur charge, les courageuses bêtes parviennent, non sans peine, à se tirer de la boue, et sont conduites sur la terre ferme. Alors, à l'aide d'une longue chaîne que mon mari avait apportée par précaution, on attelle les quatre chevaux à trois mètres de distance de la wagon embourbée, les généreuses bêtes malgré leur fatigue, parviennent, après de longs efforts, à la démarrer et à la traîner tout doucement jusqu'à sur la berge.

Hommes et bêtes ont besoin de repos. La tente est dressée et la boucane allumée devant la toute petite entrée qui nous préserve des maringouins. Toutes ces aventures ne nous empêchent pas de causer et de rire de bon coeur. On allume un feu pour sécher les habits, et je pars d'un bon éclat de rire, en voyant ces visages tout noircis et barbouillés de boue.

– Quel sale pays tout de même! dis-je; en France on n'a pas idée de choses pareilles. Je n'y connais personne capable de faire traverser à ses chevaux un semblable marais, avec un tel chargement. Et quand je pense que là-bas, on croit encore qu'on peut faire fortune au Canada. Quelle illusion!

– Moé, dit Vital, j'vous comprends pâs. Vous changez un beau pays comme le vôtre pour un vrai pays de Sauvages.

– Non pas. Je ne le trouve pas un pays de Sauvages, mais un pays sauvage. Je vous ai toujours trouvés aimables et hospitaliers, vous surtout, Métis et Canadiens. Je ne déteste que les Anglais, sauf quelques rares exceptions, comme le juge de paix du *settlement* anglais et quelques autres encore, avec qui mon mari a été en relation d'affaires; et au reste, je remarque que ceux-ci sont en général des Écossais! Mais ne soyez pas étonné, Vital, si j'ai quitté Nice pour Sainte-Rose, j'ai voulu suivre mon mari.

– Mais, votre mari, qui le força?

– *That is the question.* Il serait trop long de vous

expliquer cela; notre genre de vie en France est si différent du vôtre! Les pères de famille cherchent à caser leurs enfants quand ils sont parvenus à l'âge adulte. Les uns s'engagent dans l'armée ou la marine, les autres embrassent une carrière libérale ou se livrent au commerce; chacun selon son goût, ses aptitudes, ses moyens ou sa naissance. Autant que possible, on choisit une position lucrative.

– Mon mari a toujours aimé les chevaux, la culture, continuais-je. Or, sa naissance, pas plus que la mienne, ne pouvait lui permettre de se livrer en France aux travaux des champs, ce qui est le lot exclusif des fermiers, des paysans, des gens pauvres. Les agents d'émigration, qui parcourent la France dans tous les sens, font miroiter le Canada comme un pays de cocagne où le travailleur, qu'il soit manouvrier ou gentilhomme, n'est estimé que selon la réussite de son travail; un pays où règne une égalité absolue et la vraie liberté. Voilà ce qui entraîne ici tant de jeunes gens de nobles familles qui ont des goûts prononcés pour l'agriculture. Ils croient trouver au Canada le pays de leur rêve, le pays où l'on vit de peu et où l'on gagne beaucoup; le pays, enfin, où l'on aura bientôt fait fortune. Et un beau matin, ils prennent la mer, pleins d'espoir. Mais une fois débarqués, quel désenchantement! Comme il faut en rabattre! De tous les Français venus ici, combien sont satisfaits? Tous sont déçus, même les fermiers. Et combien sont découragés?

– Oui, mais ça dure pâs, dit Vital. Cartain, les

premières années sont dures. Des privations en masse. Mais aprà, le farmier s'en tire.

– Et la fortune?

– Oh! pour ça, pas si vite. Ça prend ben du travail. Vous pourrez arriver à mettre de l'argent d'côté mais seulement vos p'tits-enfants et vos p'tits-p'tits-enfants, si y travaillent fort, pourront faire de l'argent.

– Et c'est pour cela que nous sommes venus si loin? Que nous avons quitté un bien-être que nous n'aurons jamais ici?

\* \* \*

Arrivés à Sainte-Rose, je trouve mon cher Bébé propret et frais comme une rose. Il ne me reconnaît que lorsque je lui dis :

– Maman, viens voir maman.

Quelle joie intense de le revoir, ce cher trésor! Que de caresses! Que de baisers!

*Chapitre 22*

Depuis quinze jours, il pleut et il tonne sans cesse. Les coulées débordent, les marécages ne présentent plus que l'aspect d'un immense lac. On commence à s'inquiéter. Ma petite Marie, assez fatiguée, m'a demandé huit jours de congé. Pendant son absence le travail n'a pas manqué. Bébé est très souffrant, je le tiens au bras tout en travaillant et cela m'épuise. Pendant ce temps, j'ai été boulangère, cuisinière, repasseuse, blanchisseuse, bonne et fille de basse-cour. Le travail ne manquait pas non plus à mon mari. Le foin était épuisé mais où en prendre avec l'inondation? Joseph en trouve enfin sur une petite éminence de la prairie. Il s'y rend avec ses chevaux et fauche pendant deux jours. Le lendemain quand il va le chercher il ne trouve plus rien : l'eau a tout envahi.

Une de nos grosses juments nous a donné une si grande pouliche qu'elle fait l'étonnement de tous. Elle mesurait en naissant, trois pieds quatre pouces et quart. La jument que je monte habituellement nous a aussi donné une ravissante petite pouliche, superbe de formes; cela compense un peu les autres pertes.

Comme notre terre est très élevée, l'eau ne nous a pas encore atteints et Joseph peut travailler tout à son aise. Il *casse* environ un acre et demi par jour; il veut avoir une quarantaine d'acres à ensemencer pour l'année prochaine. Il travaille toujours dehors, c'est la saison qui le veut. Quand il rentre, harassé de fatigue, il fume vite une ou deux pipes et, assez inquiet de mon état de souffrance, vient aussitôt à mon aide.

Marie est revenue à la fin de sa huitaine, accompagnée de son père et de sa mère qui voulait se faire arracher une dent et aussi de son frère Gustave qui désirait s'embaucher chez nous. Ils ont franchi dix-neuf milles en wagon à travers l'inondation. C'était bien imprudent de leur part.

– Parfois, disaient-ils, on ne voyait plus que la tête des chevaux.

Gustave est très petit de taille, mais très robuste pour ses quatorze ans. Nous l'avons accepté à raison de quatre piastres, bien que son père en voulût six. C'est une famille de fermiers, arrivée depuis peu de Parthenay en Vendée; eux-mêmes portent le nom de cette ville. La présence de Marie me procure un peu de repos. C'est une bonne travailleuse. Gustave est bon enfant. Il est silencieux, doux et docile; il s'amuse beaucoup avec Bébé qu'il pouponne admirablement. Il s'amuse à appeler Bébé «le marchand de Marie». En effet, les cinq filles de service qui ont travaillé chez nous portaient ce nom. Enfin, mon bébé va de mieux en mieux. Il se traîne tout seul et se sert des chaises pour se relever.

J'ai profité de mes petits moments de loisirs pour fabriquer des fleurs artificielles. J'ai reçu de France tout l'outillage nécessaire pour leur confection. J'ai déjà monté quatre gros bouquets pour le maître-autel qui font l'admiration de tous. Je fais aussi de petites boutonnières que je vends cinquante centimes aux jeunes gens; ils en raffolent. Les pluies continuelles nous condamnent tous à l'inaction, ce qui nous vaut de nombreuses visites. L'eau monte, monte toujours. Plusieurs, ayant eu l'imprudence de vouloir franchir l'inondation, ont noyé leur équipage.

Nous voici bientôt au mois d'août.

Nos parents nous avaient annoncé l'envoi d'une certaine somme d'argent nous permettant d'attendre nos fonds. J'ai immédiatement écrit en France pour remercier, bien entendu, et voici qu'à notre demande, le banquier d'Hochelaga nous répond que nous devons faire erreur, qu'il n'a rien reçu pour nous. Avant qu'une nouvelle lettre soit écrite et que la réponse nous soit parvenue, cela demande deux bons mois si encore on n'apporte aucun retard à nous répondre. Heureusement que nous avons touché le reliquat de la vente des boeufs, soit 50 $, ou environ 250 francs. *D'autre part, mon notaire a envoyé à Joseph un modèle de procuration, sans laquelle, dit-il, il ne peut rien faire. C'est une simple formalité,* ajoute-t-il, *qui n'engage à rien.* Tout cela ne nous dit rien de bon et nous avons hésité. Mais, comme il faut en finir, j'ai envoyé la procuration signée à maman, la priant d'en prendre connaissance et si elle y voyait quelque chose de louche, de la détruire.

* * *

La réponse de maman est arrivée. Elle nous conseille
de quitter le Canada et de nous associer avec mon frère
qui dirige une entreprise à Nice dont le succès promet
beaucoup. Qu'allons-nous faire? Il est certain que la vie
ici n'est pas tenable. Cependant, malgré la joie que j'aurais
à retourner, j'hésite. Il me semble que ce serait une lâcheté. Quel ennui pour Joseph de quitter cette terre où
il a tant peiné! Et puis, on a l'orgueil de son entreprise
et on voudrait réussir.

Nous voici cependant à la fin du mois d'août et pas
un mot du notaire. De plus, le blé, l'avoine, l'orge, ont
beaucoup souffert des pluies incessantes et le rapport sera
des plus minimes. Alors, ne pouvant vivre des revenus
de la terre, comment vivre sur les fonds qui ne nous
arrivent pas?

Nous avons vendu une vache. L'acheteur propose à
mon mari d'hiverner dix bêtes à cornes, à raison de cinq
piastres par tête et de plus, ce qui serait une magnifique
affaire, un étalon, pur pedigree, qu'il veut nous vendre
à raison de cent vingt-cinq piastres. Joseph part pour
Rapid City, afin de l'examiner.

Nous venons d'apprendre le changement de notre
curé. Voilà une autre affaire qui a son importance. Dieu
sait qui on nous donnera. Dans tous les cas, je m'afflige
peu de son départ.

Le premier dimanche de septembre à mon retour de

la messe, j'entre Bébé à la maison, en même temps, mon mari nous suit dans l'intention sans doute de prendre sa veste de travail. Il n'avait pas mis le pied sur le seuil de la porte qu'éclate un coup de tonnerre. Les chevaux effrayés tournent bride, renversent la voiture et s'emballent de la belle façon. Ils passent devant nous comme un éclair, franchissent d'un bon un immense bûcher de bois à brûler, brisent la barrière qui aurait dû les arrêter et s'élancent en rase campagne. Nous nous élançons après eux, mais je suis bientôt obligée de m'arrêter. Joseph continue à les poursuivre et les ramène un quart d'heure après, avec la voiture, une voiture toute neuve qui n'a plus que les brancards et les roues!

Cette course m'a totalement bouleversée. Mon état actuel aurait dû me l'interdire, mais je n'y songeais guère. Depuis trois jours, je suis étendue sur le canapé et Bébé qui n'y comprend rien vient pleurer auprès de moi en demandant «hop là». Pauvre ange!

Nous sommes décidés à quitter le pays, mais non pas sans avoir obtenu notre patente de propriétaire. Me trouvant un peu mieux depuis mon repos forcé, nous sommes allés à l'*English settlement* pour *appliquer* comme on dit ici, accompagnés de Vital et de Patrice comme témoins. Les administrateurs ont prétendu que nous n'avions que deux ans de séjour, tandis qu'il en faut trois. Joseph prouve bien qu'il a habité le pays et travaillé sur notre terre avant son mariage mais il ne peut rien obtenir.

Au retour, nous sommes gratifiés d'une pluie

torrentielle. C'est en vain que nous dressons la tente, l'eau la traverse de part en part, tombe sur nous et inonde le sol. Impossible de dormir pendant la nuit. Le lendemain, trempés jusqu'aux os, nous nous remettons en route. Nous côtoyons les bords ravissants du lac Dauphin, parsemés de framboisiers à profusion. Nous jouissons plusieurs fois du beau spectacle des mirages; ils sont si parfaitement nets qu'il est bien difficile de ne pas s'y laisser prendre.

* * *

Les récoltes sont très médiocres. Les pluies incessantes ont tout gâté. Sauf l'avoine qui a bien rendu, l'orge et le blé n'ont rien produit de bon. C'est dire : encore une année de perdue. Mais ne nous plaignons pas. Combien d'autres n'ont rien récolté du tout et n'ont pu faire aucun labour, à cause de leur terre située dans des basfonds qui n'ont jamais séché.

* * *

On nous a amené l'étalon. Mon mari a aussi acheté au juge de paix du lac Dauphin un taureau pur sang avec pedigree; c'est une race anglaise perfectionnée au profit de la chair et au détriment des os, bas de taille, mais d'une carrure extraordinaire. Quand nous sommes allés le prendre, je ne pouvais m'empêcher de penser à la tragique aventure de l'année dernière, quand nous nous perdîmes dans les environs du lac.

* * *

Notre voisin vient de nous avertir, en présence de nos petits domestiques, qu'un loup s'est avancé jusque sur ses terres. Le soir, comme à l'ordinaire, Joseph et ses aides se rendent à l'écurie pour traire les vaches. À peine sorti, mon mari soulève le châssis et pousse de toute la force de ses poumons un hurlement formidable. Quelle panique! Marie et Gustave, épouvantés, retournent en courant. Marie, elle, plus morte que vive, s'affaisse sur ses jambes. Je cherche à la rassurer, en lui expliquant l'origine du grognement; elle ne veut rien entendre et refuse de ressortir. Joseph, le coupable, dut pour sa pénitence aller seul traire les vaches et panser les bêtes. Jamais de la vie, je n'avais vu une pareille poltronne. Pour l'aguerrir, une leçon nous avait paru nécessaire...

Nous l'avions avertie qu'il ne faut jamais rire ni se moquer des Sauvages, sinon, ils jettent des sorts et se vengent méchamment. Or, un certain jour, un Sauvage au teint plombé et aux yeux pétillants ouvre la porte et s'accroupit sur le seuil. Après un moment de silence, il se met à parler la langue des Saulteux. Marie, en l'entendant baragouiner de la sorte, ne peut y tenir et part d'un grand éclat de rire. Aussitôt le Sauvage se lève comme un ressort, se précipite sur elle avec des yeux effrayants en allongeant ses bras pour la saisir. Celle-ci pousse un cri déchirant, enjambe d'un seul bond trois grands seaux, gagne l'escalier, le gravit comme un chat et disparaît dans le grenier. Je la suis pour la rassurer. En entendant mes pas, elle croit que c'est le Sauvage et pousse des cris assourdissants. Je parle haut pour calmer son épouvante et je la trouve, la pauvre petite, blottie au fond de la grosse malle. Je lui dis que le terrible Sauvage n'est autre que Vital qui s'est mâchuré le visage. Ce ne fut pas sans peine que je parvins à la rassurer. Mais Ciel! que nous avons ri!

Les maringouins abondent cette année. Nous allons tous les soirs à la boucane avec mon mari et là, assis sur le dos de quelque gros boeuf qui rumine, nous faisons la causette. C'est l'heure du crépuscule, l'heure où nous aimons à respirer les mille arômes que nous apporte la brise du large, l'heure où après une journée laborieuse on aime à jouir de ces mille bruits mystérieux que la nuit réveille dans la forêt.

Que le Canada a son charme! Je n'hésite pas à croire que je m'y plairais beaucoup si nous étions logés à meilleure enseigne. Nous jetons les premières assises d'une ville, nous sommes venus planter notre tente à plus de cent milles d'aucune voie ferrée et, ma foi, nous en supportons les conséquences. Mais malgré tout, je m'y fais, j'ose presque dire que j'y suis faite. Bébé m'a réconciliée à tout. C'est de tout cela et de bien d'autres choses encore que nous causons tous deux tout en caressant le gros Jerry sur lequel je suis assise. Mille étourneaux volent autour de nous et quelques audacieux viennent haper sur le dos de nos bêtes les légions de maringouins qui les tourmentent. Les crapauds volants ou coupe-vent viennent souvent nous frôler le visage de leurs ailes. Il paraît que leur chair est très fine, très appréciée, mais dès que je vois cette tête de crapaud sur mon assiette, j'en ai assez. Les femelles de ces étranges oiseaux sont appelées ici bois-pourri.

Et que vous dirais-je de la danse des faisans, du concert des perdrix? La chose est assez singulière pour mériter d'être contée. Disons tout d'abord que le faisan du Canada, appelé poule des prairies, ne ressemble au bel oiseau qui porte ce nom en France que par la forme de son corps, mais nullement par son plumage. Ses plumes sont grises tachetées de brun. Le mâle a deux taches jaune d'or sous les yeux. Sa chair est fine et délicieuse.

En automne parfois, au printemps à la saison des amours, sitôt la fraîcheur venue soir et matin, on entend au loin un bruit étrange incomparable.

– Qu'est cela? demandez-vous?

Et le Canadien de vous sourire et de répondre :

– C'est la danse des poules des prairies. Ne vous en déplaise, c'est un bal, un vrai bal d'oiseaux.

Les poules des prairies ont un lieu de rendez-vous éloigné de toute habitation, enfoui dans la profondeur des forêts et là, elles se livrent au captivant plaisir de la danse. Le chef, un vieux mâle, s'avance le premier et ouvre la danse par un battement d'ailes; après quelques pas, il tourne sur lui-même et accompagne ses entrechats d'étranges gloussements. Tous les autres mâles et femelles se suivent à la queue leu leu, en imitant les mêmes mouvements, les mêmes gloussements, les mêmes battements d'ailes. Les poules des prairies ont leur pas, leur chant, leur musique. Elles avancent, marchent, sautillent, piétinent, font la roue très gracieusement avec une précision inouïe.

Elles sont tellement absorbées dans leur plaisir, tellement attentives, appliquées, éprises, qu'un coup de feu ne saurait les distraire. Aussi, le chasseur a beau jeu, s'il n'est pas aperçu. Il peut les abattre une à une, sans crainte de les effaroucher. Elles restent sourdes et aveugles et ne s'inquiètent pas le moins du monde des dernières convulsions de ce camarade ou de cette compagne de plaisir... et la sarabande continue tandis que la poudre meurtrière sème la mort dans leurs rangs.

Bêtes et gens se ressemblent. Qu'avons-nous à leur reprocher? Combien de fois ne sommes-nous pas sourds et aveugles aux avertissements? La foudre gronde, l'éclair fend la nue, tout menace et nous, gais et insouciants, nous continuons à danser, à chanter, à rire et à nous amuser sans songer à l'au-delà. La légèreté française n'est-elle pas proverbiale? Nos courageux petits pioupious rient et plaisantent sur le champ de bataille, pendant que les balles sifflent autour d'eux. Leur dernier mot est encore une facétie et un éclat de rire. «Tiens, attrape ce pruneau, vilain singe!» et ils roulent, blessés à mort, sous les sabots des chevaux.

Nos poules des prairies dansent donc des heures entières, tant et si bien qu'elles foulent l'herbe et le terrain. C'est ainsi que l'emplacement du bal est vite découvert et le chasseur, en vrai diable, vient les guetter à l'heure de la danse et les fait tomber dans... sa gibecière.

Les perdrix préfèrent à la danse la jouissance des bruyants concerts. Par centaines, elles se réunissent à l'entrée de la nuit dans un bois et se tiennent perchées sur les arbres. Tout est silencieux. Mais au signal donné par le chef d'orchestre, on entend la musique des battements d'ailes, redoublant de plus en plus fort. On dirait la batterie de dix, vingt, cinquante, cent tambours du Premier Empire, entrant triomphalement dans une capitale d'Europe après une grande victoire.

Pauvres petites bêtes! Vous aussi, comme les poules des prairies, vous ne voyez pas le péril; votre grand concert vous enivre; vous ne faites pas attention à l'ennemi qui sème le sol de vos jolis petits corps... demain, succulents... tandis que vous continuez à battre du tambour.

*Chapitre 23*

L'autre matin, on est venu chercher mon mari en toute hâte pour une bête de prix qui se mourait. Ayant beaucoup à faire à ce moment-là, il n'avait aucune envie d'y aller. Mais devant les instantes supplications, la désolation, les lamentations du pauvre propriétaire, il consent à le suivre. Ce n'était pas petite affaire; il y avait de nombreux milles à franchir. Joseph me dit qu'il ne pourra revenir que le lendemain, me fait ses recommandations, attelle et les deux partent.

À midi, je pense que les bêtes n'ont personne pour les soigner. J'en fais la remarque à la bonne, mais bah! elle ne veut pas en entendre parler, elle a trop peur.

– Allons, me dis-je, du courage, pas de lâcheté et soignons tout cela.

Le coeur battant bien fort, je me rends à l'écurie où se trouvent Jenny, Belle et Margot. Je m'arrête un instant sur le seuil pour reprendre ma respiration car je n'en peux plus. Quel train d'enfer là-dedans! Tout cela piaffe, hennit, meurt de faim. Comment oser les affronter, moi qui ai toujours eu une frayeur affreuse des chevaux et des bêtes à cornes? Je ne puis… la peur l'emporte, je vais retourner. Et mon coeur bat la générale à tout rompre… et puis après… Ces bêtes vont tout casser, gagner la caisse à avoine, manger leur saoûl… et après? après? les gourmandes se rouleront à terre, comme je l'ai déjà vu maintes fois; elles geigneront et crèveront de coliques… Et que dira Joseph à son retour, en voyant ses chevaux morts par ma faute?

Cette réflexion me rend à moi-même et éveille toute l'énergie de mon caractère. Il le faut, me dis-je et j'avance hardiment. Jenny baisse les oreilles et cherche à me mordre. Dieu! quelle peur bleue! La longe est attachée je ne sais comment; jamais je n'en viendrai à bout… La bête trépigne… enfin, ça y est. Je l'amène, j'ouvre la porte et lui jette la longe sur le cou. Selon son habitude, elle part aussitôt à la course vers la rivière pour aller boire. Aux deux autres maintenant… ma frayeur n'est que plus grande; elles hennissent avec colère, s'impatientent et remuent dans tous les sens; je les détache enfin et leur donne la liberté.

Je sors pour fermer la porte à l'extérieur et je rentre vite en courant, par la porte du parc à veaux qui, protégée par des barrières, ne peut être franchie par les chevaux. Me voici donc de nouveau dans l'écurie, bien rassurée, bien tranquille cette fois. Je puis distribuer l'avoine sans aucun danger, ce que je redoutais le plus. J'ouvrirai quand tout sera fini.

J'étais à préparer le troisième picotin quand j'entends

donner des coups de sabots contre la porte : «Frappez, frappez, mes belles, je ne vous ouvre pas encore». Oh la coquine! Jenny a saisi la porte de ses dents, elle la soulève, la fait rouler sur gonds et la voilà dans l'écurie, sautant, folâtrant comme un chevreau. Je fais vite tomber le couvercle de la caisse à avoine; aussitôt, elle court vers moi et cherche en me poussant et me bousculant, à manger la provision que je tiens en main. Je me précipite à sa stalle pour verser l'avoine et elle me poursuit avec ce petit hennissement particulier que fait tout cheval réclamant sa portion.

Les autres l'ont entendue et se précipitent dans la stalle où je me trouve. Le danger me donne du courage. Je leur fais face et cherchant à rendre ma voix terrible, je crie à tue-tête : «*Get back now! Back! Belle! Back! Maggy!*». Je les saisis par la bride et parviens à les attacher. N'ayant plus si peur, je leur distribue leur provende.

Le plus difficile est fait. Ouf! voilà, fini jusqu'à ce soir! Mais non, que dis-je? Et les deux grosses juments qui sont au pacage? Ne leur donne-t-on pas aussi l'avoine à cause du grand travail qu'on leur demande chaque jour? Joseph ne m'a-t-il pas dit en partant de ne pas les oublier? Oh! lui ne connaît pas la peur et il ne se fait aucune idée de ce qui se passe en moi en présence de ces bêtes... C'est vrai, qu'à la vue de ma mine allongée, quand il me faisait sa recommandation, il a ajouté :

– Tu sais, petite femme, si tu as trop peur, va chercher de l'aide auprès de Jacob, le voisin; mais il ne faut pas que les bêtes soient négligées et puis, Patrice viendra peut-être ce soir et il pourra panser les bêtes. À propos des grosses juments, fais comme moi, prépare un gallon d'avoine dans chaque caisse que tu déposeras contre la barrière du parc; mets-en une poignée dans la boîte et secoue le grain. Elles connaissent ce signal et s'amèneront à grand train. Ne t'expose pas; va chercher de l'aide s'il t'en faut; surveille le travail, fais-le faire par la bonne et pas d'imprudence. N'oublie pas, petite femme, que tu dois ta santé au chéri que nous attendons. Allons, au revoir, à bientôt, ne t'inquiète pas de moi, je reviendrai au plus tôt. Tout de même, il me coûte de te laisser ainsi.

Tout cela est vite dit, mais il ignorait, le cher ami, que Jacob était parti depuis une heure pour le village avec sa femme et son enfant; Patrice ne s'annonce pas, la bonne a peur et moi donc!

C'est curieux, j'ai quinze fois plus peur de ces bêtes au large que de celles de l'écurie. C'est qu'il y a Flammy. Flammy est une masse imposante; c'est à peine si je lui arrive à la naissance du cou. Flammy est jeune encore et a sa manière à elle de gambader en liberté; elle sautille, serpente comme une jeune chatte avec une grâce infinie. Flammy aime à faire miroiter aux rayons du soleil sa belle robe de jais, sa longue queue d'ébène qui traîne jusqu'à terre; on dirait qu'elle a connaissance de sa beauté et des défauts de son sexe; elle est étourdie et folle d'amusements. Flammy aime les courses effrénées, c'est elle qui dans son emballement a démoli il y a quelques jours, notre voiture. J'ai remarqué qu'elle n'aime guère les jupons; elle renâcle, roule de grands yeux et donne tous les signes d'une vive inquiétude quand j'entre à l'écurie.

Sa compagne, Queen, est plus grosse encore; c'est une bête carrée à la taille très élevée et forte comme un percheron. Ses pieds, proportionnés à sa taille, sont larges comme des assiettes. Elle est aussi jeune, aussi vive, aussi folle que Flammy.

Pendant que je prépare l'avoine, toutes ces pensées me harcèlent et ne font qu'accroître ma frayeur. Je m'en veux de me voir si poltronne. Songeant qu'en me laissant aller à ces émotions, je puis nuire au tout petit, je prends la résolution d'agir comme une machine, c'est-à-dire automatiquement, sans aucune réflexion et pour mieux m'étourdir, je chante très fort un vieux rondeau du pensionnat.

Allons du courage! Je grimpe sur la barrière et je secoue fortement la boîte... Mais qu'elles sont loin... Non, elles n'entendent pas. À l'heure de la ration, elles ont l'habitude de se rapprocher. Je suis en retard, elles ont perdu patience et les voilà maintenant à l'autre extrémité du parc, presque à un kilomètre... Que faire? Les laisser? Mais alors, comment auront-elles la vigueur nécessaire pour s'acquitter du rude travail qui les attend demain?

Oh mon Dieu! est-ce possible d'être si lâche? La honte que je ressens de ma poltronnerie me rend toute mon énergie. Et quoi! si quelqu'un me voyait, mais il se moquerait de moi. Et quoi! les fillettes de cinq ans vont ici au milieu des chevaux sans frayeur aucune et moi je tremble? Allons donc! Et, légère, je saute dans la clôture et m'avance... doucement une vingtaine de mètres. Je secoue la boîte... Peste soit du vent! Il souffle dans une direction diamétralement opposée. Je ne puis pourtant pas trop m'approcher. Quand elles entendront, elles vont faire une charge sur moi, comme elles l'ont faite sur Joseph l'autre jour. Il a eu tout le mal du monde pour garer ses pieds et ne pas se laisser renverser. Les deux bêtes s'étaient élancées sur lui ventre à terre; elles l'entourent, l'entortillent dans tous les sens et les gourmandes, qui ne sont pas méchantes pour deux sous, mais très jalouses l'une de l'autre, cherchent à qui la première aura la bouchée. Elles le suivent, l'enlacent. Amusé de leur gambades, Joseph tient caché la boîte sous sa veste et elles cherchent toujours. Elles portent dix fois, vingt fois leur museau sur son cou, sur son chapeau, sur ses mains, ses poches, partout, pour trouver, comme des enfants gâtés, la friandise. Mais, en même temps, elles hennissent, reniflent, s'impatientent, se mordent, se lancent des ruades et mènent, selon l'expression locale, le diable et son train. Ça se gâte. Ne pouvant les calmer par ses cris redoublés, vite, il donne une poignée à l'une, une poignée à l'autre.

Il a pu s'en tirer à bon compte; mais, moi, pauvre petite, que va-t-il m'arriver? Pour le moment, je ne risque rien; les bêtes ne s'occupent pas des passants; mais tout à l'heure, quand elles s'apercevront que j'ai du grain? Oh là là!

Je m'avance encore quinze à vingt mètres plus loin et je secoue vigoureusement la boîte, tout en les appelant... Mais, indifférence de leur part. Cela devient sérieux, je ne puis m'aventurer davantage, je dois me conserver une avance sur elles pour ne pas être attrapée, écrasée, renversée. Oh mon Dieu! que c'est ennuyeux! Pourtant, mon état devrait me défendre de me risquer.

Tout en broutant, elles se sont considérablement rapprochées.

– Flammy? Queen? Flammy? Queen? Bon, elles m'ont entendue, elles redressent la tête et pointent sur moi leurs oreilles... Allons, allons, du courage. Queen? Flammy? Queen? Flammy? Tiens! elles ne m'écoutent plus... elles s'éloignent et se remettent à brouter.

Poltronne que je suis! allons, un peu de courage... Je dépose ma boîte et relève haut mes jupons... pas de crainte... les bêtes seules me voient. Je reprends ma boîte et la secoue de plus belle : Queen? Flammy? Flammy?

Dieu du Ciel! Quel hennissement de joie! Les voilà lancées... Je ne les attends pas. Non! non! Je cours, je n'ai plus de jambes mais des ailes qui m'emportent. Je dévore l'espace, je franchis les obstacles, saute les broussailles, les taillis de saule... Oh! là là! derrière moi, quel bruit de tonnerre, quel crépitement de sabots, quel galop désordonné! Je ne cours plus, je vole, les voilà à quelques mètres seulement : l'une à droite, l'autre à gauche... elles vont me renverser, me piétiner, m'écraser.

Effrayée, je laisse tomber ma boîte de grains; elles ne l'ont pas vue et elles continuent après moi leur course effrénée... Je les entends souffler! Encore un taillis à franchir. Une branche me fouette le visage; une autre m'accroche la robe et la déchire, une ronce me déchevelle, je perds mes mocassins, je galope sur les racines et le bois mort... Le côté me fait bien mal, je n'en puis plus. Je tourne la tête. Mon Dieu! les voilà, elles me touchent, elles galopent le cou allongé... La frayeur fait des miracles, je bondis, gagne du terrain... Voici la barrière, je roule dessous... et me voilà de l'autre côté. Les bêtes s'arrêtent et, voyant leur caisse bien garnie, s'y précipitent. Pour moi, eh! bien! moi, je retourne à la maison clopin-clopant, moulue, brisée, rompue, anéantie... en pensant qu'à la nuit – j'en tremble déjà de frayeur – il me faudra panser les bêtes à cornes.

Oh! non, ami lecteur, ne riez pas trop de moi. Les jeunes filles, à quelques exceptions près, me comprendront. On peut bien entrer avec un certain courage, dans une écurie, pour caresser un cheval; mais si c'est pour le panser, c'est une tout autre affaire. Notre vie de pensionnaires, de citadines, ne nous a pas formées du tout à ce genre de travail dont s'acquittent à merveille et sans frayeur nos grosses et fortes fermières de France; pour nous, nous restons toujours timides, craintives et passablement nerveuses. Il ne faut donc pas comparer une fille de fermier breton ou auvergnat, qui se trouve tout aussi à l'aise à l'écurie qu'à la maison, avec une jeune fille de bonne famille qui sort des Dominicaines ou du Sacré-Coeur!

Or ce soir-là, par une chance extraordinaire, les vaches ne sont pas rentrées à l'heure habituelle pour se faire traire. Comme les soirées sont plus fraîches et que les maringouins se font plus rares, elles laissent, en mères dénaturées, leurs petits se désoler dans l'étable vide, pour passer la nuit dehors et se prélasser voluptueusement dans l'herbe haute et fraîche. Seule, je ne puis songer à aller les chercher. Le souvenir de ce matin, bien loin de m'aguerrir, n'a fait que me rendre plus poltronne.

Cependant, comme mon mari n'est pas encore rentré à minuit, je me décide à allumer le falot et, par une de ces nuits où l'on ne voit pas plus loin que le bout de son nez, je me rends, le coeur dans les souliers, à l'écurie. Pendant que mes trois chevaux vont boire à la rivière, je mets l'avoine et, très lestement, je vous l'assure. J'ai le temps d'achever et tout est prêt quand j'entends les coups de sabots à la porte. C'est encore Flammy qui travaille des dents pour l'ouvrir. J'en suis énervée au dernier degré. De plus, le moindre bruit me paraît si anormal, la lumière de mon falot est si incertaine, elle fait danser autour de moi des ombres si fantastiques, que je sens les jambes m'échapper. Et je suis toute seule!

La porte s'ouvre sous une poussée formidable. Dieu du Ciel! Que vois-je? Non pas seulement mes trois chevaux qui rentrent, mais quatre, cinq, six qui se bousculent, se mordent, se ruent et d'autres têtes à l'entrée qui s'allongent pour pénétrer au plus vite. Je n'ai pas le temps de songer que tout ce troupeau, harcelé par les maringouins, vient chercher un abri à l'écurie; je n'ai souci que de moi-même. Si par malheur, ces bêtes trouvent l'avoine elles vont se battre et je vais être criblée de coups. Mais comme il n'y a rien de plus courageux, dit-on, qu'un poltron, je cherche à me tirer au mieux de cette mauvaise situation. Je repousse un cheval qui me barrait le passage et je saisis le fouet suspendu. Il était temps. Deux ont trouvé l'avoine; ils se battent et les coups de pieds passent par-dessus ma tête. Ce n'est que hennissements, ruades et coups de dents. Alors, de toute la force de mes poumons et de ma voix et dans le style d'un fermier anglais au paroxisme de la colère, je crie des «G... d...! You, brute, get on, now!», en veux-tu en voilà.

Heureusement, dit-on, que le bon Dieu ne comprend pas l'anglais. Et les coups de fouet tombent dru comme grêle sur les plus éloignés, bien entendu, pour ne pas recevoir leurs coups de pied. Je parvins ainsi à faire sortir les sept intrus, je ferme la porte et mets à mes trois bêtes leur provision de foin. Je suis envahie par une nuée de maringouins qui veulent sans doute, les coquins, me faire leurs adieux jusqu'à l'année prochaine. Ils ont pénétré en si grande quantité dans mon falot qu'ils ont fini par l'éteindre. Mais mon travail est terminé et, dans l'obscurité profonde, je regagne mon *home*.

Non, non, je n'oublierai jamais cette grrrrrande journée.

*Chapitre 24*

Sainte-Rose-du-Lac
Le 11 décembre 1896

Petite Mère chérie,

La dernière poste m'a apporté deux lettres de vous, l'une du 14 novembre et l'autre du 21. J'en ai aussi reçu une du vice-consul, m'informant que le 13 novembre, il a expédié notre procuration légalisée à M. X. et celui-ci m'écrit n'avoir rien reçu. Tout cela me paraît très louche et m'inquiète beaucoup.

Chère petite mère, quelles bonnes et affectueuses lettres vous m'avez envoyées! Elles m'ont causé tant de bonheur que j'en ai perdu le sommeil. Toute la nuit j'ai pensé à vous, à toutes ces caresses dont j'ai tant soif. J'aurais ri, crié, chanté, pleuré, tellement les sentiments de joie inexprimable se mêlaient, s'entrecroisaient, se confondaient dans mon coeur.

La joie du retour! Oh! comme j'en sens l'avant-goût.

Pour le comprendre, il faudrait avoir souffert tout ce que j'ai souffert et avoir versé autant de larmes que j'en ai versées. Non, il n'est pas possible de s'imaginer ce mélange de joie, de paix, de bonheur que donne le mariage quand les deux coeurs n'en font qu'un, avec cet amas de douleurs cruelles, d'angoisses déchirantes, de souffrances physiques et morales de tout genre, que cause l'éloignement de ceux que l'on chérit.

Vous vous étonnez sans doute, petite mère, de m'entendre parler ainsi; c'est que je ne crains plus de vous le dire, maintenant que nous touchons à la fin de nos épreuves.

Comme vous aviez raison de nous dire, qu'*on ne vit pas que d'amour et d'eau fraîche*. Je l'ai constaté cent fois. Il faut aussi vivre de sacrifices, de privations et de souffrances de tous genres. Depuis longtemps, je suis sous le pressoir. La violente secousse que j'ai éprouvée à l'emballement des chevaux, la rigueur du climat, la mauvaise nourriture et les perfidies de cet homme d'affaires n'y sont pas étrangères. J'ai beau constater que les femmes ici me ressemblent sous le rapport de la santé, mon découragement n'est que plus grand.

J'ai gardé la chambre, bonne petite mère, pendant trois semaines. L'estomac est toujours en révolte; j'ai le dégoût jusqu'à la nausée du beurre, du lard, des pommes de terre. Joseph en est navré. Quand il voit sur mon assiette la minuscule pitance que je me suis servie et que je ne toucherai peut-être pas, il ne peut s'empêcher de me dire avec un triste sourire : «Tout cela?». Que faire? Je ne peux pas.

Le voyant si inquiet, j'essaie bien de surprendre sa vigilance en me levant de table, soit pour Bébé, soit pour tout autre chose; mais il n'en est pas dupe. Sa tendresse lui inspire mille moyens pour me soutenir. Tantôt, il part, le fusil en bandoulière et va me chercher un lièvre, un faisan, de petits oiseaux. Tantôt, il me mène prendre un repas chez un de ses amis du village. Cela réussit un jour ou deux mais après, l'inappétence n'est que plus grande et le dégoût plus prononcé.

Vous attribuez au thé mon état d'énervement et vous nous engagez à prendre une autre boisson. Nous le voudrions bien, mais que c'est difficile! Nous pourrions bien prendre le cidre de pommes sèches qui se vend assez bon marché, mais il faudrait vider le fût et nous n'avons pas de bouteilles, moins encore de bouchons, impossible d'en trouver ici. Quand je pense que je n'ai eu à ma disposition qu'un quart de litre d'huile d'olives de Nice, qu'on m'a fait payer quatre francs, alors que chez nous il y en a en abondance!

Dernièrement, j'avais acheté cinq gallons de vinaigre. Je les ai payés les yeux de la tête. Car, que peut être une cuisine sans vinaigre, sans vin, sans arôme, sans épices, pour un palais européen? Combien souvent je soupire après une feuille de laurier, un bouquet de thym, une poignée de fines herbes, un paquet de ciboulettes! Mais rien, rien de ce qui pourrait tant soit peu relever les mets.

Et pour comble de malheur, voici que la dame-jeanne qui contenait mon vinaigre tombe de la charrette qui me l'apportait et se brise en route. Les commissionnaires ne pouvaient se décider à abandonner un pareil trésor; ils le hument comme ils peuvent dans les tessons et, en respirant le parfum, ils s'exclament: «Que ça sent bon! Que ça sent bon!». Mais mon vinaigre est perdu.

Je m'étais fait un tout petit jardin où j'avais semé des radis, de la laitue, des carottes, etc. Seule, la laitue a réussi. Nous l'avons mangée au beurre fondu et au vinaigre. Je trouve cet assaisonnement préférable à la crème douce qu'on emploie ici. La première fois que j'ai porté à ma bouche une feuille ainsi humectée, elle n'a pas voulu passer malgré tous mes efforts.

Ce n'était pas assez du manque d'appétit, il a fallu endurer encore des tortures intolérables. Je viens de sortir d'une crise de coliques hépatiques et néphrétiques compliquées, qui a duré cinquante-quatre heures, et a été suivie d'un rhumatisme goutteux aux entrailles. Et point de remèdes, parce qu'il n'y a point de pharmacien. J'ai fait appeler, au milieu de la nuit, la bonne madame Naud. Malgré le froid intense de fin novembre, elle s'est rendue aussitôt à mon appel. Comme elle avait raison de me dire à mon arrivée ici: «Comptez sur moi comme sur votre mère; vous serez ma fille et j'en aurai une de plus».

Malheureusement, ne connaissant rien à mon mal, elle ne put me procurer aucun soulagement. On décida alors d'aller chercher monsieur Béasse. Il est à quinze milles de chez nous. C'était mon unique espoir et je l'attendais comme un sauveur. Combien les heures d'attente me parurent longues! Malgré tous les soins, la crise dut suivre son cours. Je craignais beaucoup que de telles tortures ne fussent préjudiciables à la vie du petit être que j'attends. Heureusement il n'en fut rien.

Pendant ces jours d'épreuves, il nous a été permis de discerner nos vrais amis des amis de la bourse. Hélas! c'est ainsi dans le monde entier. Combien sont rares les amis fidèles et désintéressés! J'ai eu aussi l'occasion, en cette circonstance, de faire une plus ample connaissance avec notre nouveau curé. Il venait souvent prendre de mes nouvelles et m'encourageait toujours de ses bonnes et pieuses paroles. Il s'est montré pour nous, comme pour tous ses paroissiens, un ami fidèle et dévoué. Il nous a engagés à retourner en France, à cause de ma santé et, en attendant, il s'est mis à notre disposition, pour tout ce qui pourrait nous être utile. Après la Noël, il se rendra à Winnipeg et plaidera notre cause pour obtenir la patente de notre terre; s'il échoue, personne ne réussira. Quelle différence avec l'ancien curé qui ne savait que me dire sèchement: «La souffrance c'est notre lot, vous devez la supporter sans régimber et sans vous plaindre»!

L'église est moins fréquentée que jadis. Les paroissiens se montrent beaucoup moins empressés. Que va faire le nouveau curé pour ramener au bercail le troupeau qui s'égare? La situation est délicate... J'ai cependant confiance.

Je suis si changée depuis cette cruelle crise, que je me fais peur à moi-même. Voulez-vous, petite mère chérie, que je vous fasse un peu rire? Un de ces jours je me coiffais et voilà ma petite domestique qui me dit :

– Madame, il y a quelque temps, vous vous frisiez toujours et maintenant, plus. Pourquoi?

– Que veux-tu, ma fille, lui répondis-je en riant, je n'en vaux plus la peine, je suis devenue trop laide depuis ma maladie.

– C'est bien vrai, Madame, vous êtes bien plus laide; mais quand même, les frisettes vous allaient bien.

La vérité sort-elle de la bouche des enfants? J'en doute encore et, pour ce fait, vous devez penser comme moi, n'est-ce pas, bonne maman?

Bébé a percé trois dents. Il marche tout seul, il est superbe. Ses yeux sont très noirs, ses cheveux se dorent de plus en plus et sa peau blanche comme du lait, est d'un bel incarnat. Gras et dodu, il tapage en vrai garçon et n'est heureux que quand il a réussi à faire du bruit. Il est très intelligent, un amour de poupon. Petit monsieur imite les fumeurs; il se met un morceau de bois à la bouche et puis fait semblant de tousser et de cracher. Quand il voit les vaches, il fait comme elles : «mou ou ou, mou ou ou», et penche la tête comme pour donner des coups de cornes. Quand son père conduit, il fait claquer la langue et fait des efforts inouïs pour dire : «*Get up!*». Il adore son père et lui tend toujours les bras pour qu'il le fasse sauter en l'air. Je l'ai mesuré contre le mur, son année accomplie; il a 74 centimètres. C'est déjà un petit homme. Qu'il me tarde de vous le présenter!

Voulez-vous connaître l'état actuel de notre ferme après deux ans de travail? Nous avons six juments, une pouliche, un étalon Clydesdale ayant son pedigree et portant le nom pompeux de Kirlralday Chief; deux vaches (les trois autres sont mortes), quatre taures, une génisse, deux veaux, un taureau, quatre truies, un porc; je ne compte pas les deux truies à l'engrais; vingt et une poules et deux coqs. Les instruments de culture sont au complet : trois charrues, une herse à roulettes et une à dents, une faucheuse, un râteau, une moissonneuse-lieuse, une semeuse, deux camions ou wagons, une voiture; et tous les autres instruments aratoires et outils nécessaires, comme scies, marteaux, rabots, haches, etc.

Enfin, à ce jour, quarante arpents de terre sont *cassés*.

Joseph s'est fait faire un bateau. Quand il fait beau, je vais faire un tour toute seule, ramant ou laissant glisser le canot au fil de l'eau. Si mon mari m'accompagne, je tiens le gouvernail et il rame. Alors, j'assieds Bébé sur la cale et mon trésor roucoule et chante. Mais le beau temps a disparu, le froid est revenu et nous a amené la neige un mois plus tôt que l'année dernière. Les canards ont presque tous émigré vers un ciel plus clément. Nous avons passé des soirées entières à regarder le vol des outardes, des pélicans, des canards se dirigeant vers le sud. Ils forment une grande équerre et poussent des cris discordants. On voit parfois le premier ralentir son vol et aller se placer le dernier, tandis que le second prend sa place et fend l'air à son tour. Ils sont parfois très nombreux, si nombreux qu'il est impossible de les compter.

À l'automne, les poules des prairies se rapprochent des habitations pour manger le grain des moissons. Les meules de foin s'achèvent. On signale quelques feux de prairies, les maringouins se font encore sentir mais les premiers froids nous en délivreront. Les rats musqués abondent cette année. Je m'amuse à les voir nager les uns après les autres et faire de rapides plongeons à la moindre alerte. Ils coupent les roseaux avec leurs petites dents aiguës et se construisent un abri pour les froids rigoureux de l'hiver. Ils les tressent, les enlacent et en font de véritables monticules. Il est donc très facile de découvrir leurs nids, mais pas ceux des rats musqués. Ils se terrent à une grande profondeur et y passent l'hiver, Dieu sait comment, peut-être comme les marmottes. Ils reparaissent dès que la glace fond et qu'ils peuvent nager. On m'a dit qu'ils se creusent des galeries sous le lit de la rivière et passent ainsi d'une rive à l'autre; d'autres, qu'ils vont aboutir à fleur d'eau sous la glace; ils trouvent ainsi leur proie, aussi facilement en hiver qu'en été. Quant aux castors qui pullulaient autrefois, ils ont complètement disparu; très rares aujourd'hui sont les endroits où on les trouve.

La femme du juge de paix m'a apporté des champignons magnifiques, des potirons, des melons, etc. Cette dame d'origine anglaise est, tout comme son mari, charmante et aimable. C'est l'exception, ici. J'ignore s'il en est ainsi dans le reste du Canada, aussi je retiens mon jugement. Mais à Sainte-Rose-du-Lac, contrairement aux Français et aux Canadiens français qui exercent une large et cordiale hospitalité, les Anglais, les Canadiens anglais et les Sauvages ne savent que se montrer grossiers, bourrus, brutaux, inhospitaliers. Aussi, pour les peindre d'un seul mot, les appelle-t-on, et tout particulièrement les Anglais : des chiens. Combien de Sauvages, de Canadiens anglais et d'Anglais refusent impitoyablement leur porte aux pauvres voyageurs égarés pendant les nuits d'hiver et les trouvent le lendemain matin devant leur maison, debout dans la neige, morts de faim et de froid? Les exemples abondent et on n'en cite pas un seul cas à la charge des Français et des Canadiens français. Mais je le répète, il ne faut pas juger une nation entière par ce qui se passe dans un canton.

Ainsi les Métis de Fannystelle, où se trouve mon frère Frédéric, sont d'une malpropreté révoltante, tant dans leurs vêtements que dans leurs logis. Au contraire, ceux de Sainte-Rose savent tous, hommes et femmes, maintenir sur leur personne et dans leur intérieur une propreté exquise, je dirais même méticuleuse. Chez eux, chaque samedi, c'est un lavage à l'eau et au savon des parquets qui sont maintenus blancs comme neige; c'est le vernissage à la mine de plomb, des poêles, des fourneaux, des tuyaux qui brillent comme des miroirs. Cependant, ici et là, ce sont des Métis.

Les Sauvages, par exemple, l'emportent sur tous en fait de saleté. Ils ne peuvent supporter sur eux l'absence de la vermine. Quand ils n'en ont pas, ils vont en emprunter au voisin, car d'après eux, en être privés c'est un indice de maladie; au contraire, en être bien approvisionnés est un signe de bonne santé et un préservatif souverain contre les maladies contagieuses!

N'allez pas croire qu'ils se promènent avec des plumes ou des oripeaux, comme ces pseudo-sauvages qu'on montre dans les foires; non, ils portent le costume des Canadiens, ce qui les distingue ce sont leurs longs cheveux descendant jusque sur leurs épaules. Leur capot, c'est-à-dire leur manteau ou pelisse, se compose d'une couverture de laine qu'ils enroulent autour du corps et maintiennent à la taille par un cordon.

Habitués au grand air, il est impossible de les faire séjourner trop longtemps dans les quatre murs d'une maison, même pendant l'hiver. Un Sauvage qu'avait hébergé chez lui un Métis, à cette saison, fut bientôt mal à l'aise et sortit pour aller s'étendre sur la neige, enveloppé tout simplement de sa couverture.

Pendant l'hiver, les Sauvages vont à la chasse en raquettes. C'est merveilleux de les voir faire leurs grandes enjambées, franchir tous les bancs de neige et filer à toute vitesse. J'ai voulu m'y essayer, mais l'écartement des pieds, exigé par la largeur des raquettes, est si fatigant que j'ai dû y renoncer.

Voilà, chère petite mère, quelques renseignements qui pourront vous intéresser.

Ah! bravo, pour le mariage de V.! Vous ne me dites pas qui elle épouse. Est-ce X? Est-ce Y? Je renonce à le deviner, je donne ma langue au chat. Et M. songe aussi à se marier? Hourra! Voilà que mon mauvais exemple devient contagieux. La première, je me suis envolée du nid, maintenant les autres se trémoussent et veulent essayer leurs ailes. Qui sait où elles iront poser pieds? Auront-elles un climat plus doux, une vie moins mouvementée que la mienne? Je la leur souhaite, mais ce que j'espère par-dessous tout, c'est qu'elles aient un mari aussi bon que le mien.

C'est donc vrai, bien vrai, je vais vous revoir. J'en rêve le jour et la nuit. Mon imagination représente mon arrivée de vingt façons différentes. Tantôt, je vous vois m'attendant à la gare, avec une vive impatience, tantôt, je vous surprends à l'improviste et toujours la joie est sans borne.

Oui, oui, mon Dieu! nous allons retourner. Nous allons quitter ce pays de souffrance pour la Patrie, la France, ma France bien-aimée. Cette pensée décuple mon courage, mon ardeur, il me semble maintenant que plus rien n'est au-dessus de mes forces. Oui, nous placerons un fermier à notre terre, mais auparavant il faut la mettre en bon état.

Je vous apporterai des mocassins comme souvenir

curieux. Et qui sait? Tout dépend de la délivrance de notre patente – peut-être, vous amènerai-je deux petits Canadiens au lieu d'un...

À bientôt, petite mère chérie, je rêve au revoir...

Mille baisers.
Christine

## Chapitre 25

Noël! Noël! C'est le cri de joie qui retentit aujourd'hui d'un bout du monde à l'autre. *Christmas! Christmas!* Heureux Noël! *Happy Christmas!* c'est le cri qui s'échappe de tous les coeurs. Noël, pour moi? C'est l'anniversaire de ma naissance qui me donne aujourd'hui vingt-deux printemps. Noël, chère Maman? C'est très grande fête et j'en suis bien loin. J'en ai été un peu dédommagée par les belles solennités que nous avons eues à Sainte-Rose-du-Lac. Monsieur le curé m'avait priée d'organiser quelque chose, comme chant ou musique, pour rehausser la splendeur de la fête et, malgré mon bébé qui réclame des soins incessants et ma bonne qui est allée passer une semaine dans sa famille, j'ai fait de mon mieux.

Après le souper, vers les huit heures, Joseph attelle le traîneau, vaste fauteuil où l'on est bien à l'aise. Voulez-vous savoir comment on s'attife en cette belle saison d'hiver? Mon mari est revêtu d'un capot ou manteau en peau de chien, au poil noir et frisé comme de l'astrakan, avec un col très élevé se croisant sur la poitrine, descendant jusqu'aux mollets et serré autour des reins par une ceinture de cuir. Son casque ou bonnet de fourrure lui descend par devant jusqu'à l'arcade sourcilière et par derrière jusqu'à la nuque. Ses mains sont protégées par des mitaines de laine tricotée, recouvertes d'une autre paire en peau fourrée. Il porte sur son pantalon trois paires de bas de laine qui montent au-dessus des genoux et ses pieds sont chaussés de mocassins.

Sa petite femme a un manteau de fourrure, un casque en loutre qui descend jusqu'aux yeux, une palatine qui lui couvre tout le visage, une double paire de mitaines et des mocassins et sur le tout, un immense châle qui l'enveloppe de la tête aux pieds.

Je suis prête. De la chambre, j'entends les grincements stridents du traîneau sur la glace, les joyeux aboiements des chiens et les appels impatients de mon mari qui stoppe devant la porte. Il l'ouvre avec fracas et je vois apparaître devant moi l'image vivante du bon Papa Noël. Son capot noir est tout blanc de neige, ses cils, ses sourcils tout blancs, sa barbe et ses moustaches cristallisées. En un tournemain, j'ai enveloppé Bébé de plusieurs châles et, le serrant sur moi sous tous mes manteaux et couvertures, je monte sur le siège du traîneau que Joseph a eu soin de recouvrir d'une large peau de boeuf. Il m'entoure d'une nouvelle couverture, en fait autant pour lui et étend enfin sur nous, deux autres peaux de boeufs. Je ménage une petite ouverture à Bébé pour lui permettre de respirer, et en avant la glissade sur la neige.

Les chevaux vont bon train, le traîneau bondit par-dessus les obstacles, nous traversons les prairies, les rivières gelées et nous arrivons chez madame Naud à qui je confie mon bébé endormi. Nous repartons aussitôt et nous arrivons à l'église un peu après neuf heures. L'harmonium est déjà ouvert et m'attend. Le religieux oblat vient à notre rencontre et nous invite gentiment à prendre un air de feu.

Eh quoi? direz-vous, vous avez froid avec cette montagne de couvertures? Froid? Oui, mes pieds ont l'onglée et mes mains sont de glace.

Deux violons m'ont précédée, ce sont des Métis qui jouent d'oreille et habilement, je vous l'assure; ajoutez mon mari, excellent piston, et huit chantres, hommes et femmes. Pour mettre tout ce monde d'accord et ménager les susceptibilités, ce n'était pas petite affaire. Cinq répétitions ont suffi; mais ce qu'il a fallu se donner de peine! C'est inimaginable.

À minuit et demi tout est terminé. Nous sommes tous très fatigués; comme Monsieur le curé qui dirigeait le chant, ces hommes et ces femmes qui n'ont pas craint, après les pénibles travaux de la journée de venir, par un pareil temps, fêter dignement l'Enfant-Dieu, et moi qui chantais avec entrain, tout en faisant manoeuvrer les dures pédales de l'harmonium.

En chemin, après avoir accepté un réconfortant chez madame Naud, nous reprenons Bébé toujours endormi et, avec les mêmes précautions, nous nous remettons en route vers la maison.

La nuit sombre est parfois éclairée d'une aurore boréale qui, dans sa marche en zigzag à travers l'espace et dans ses lignes et ses contours capricieux, affecte les formes les plus bizarres, les plus fantastiques. Quelquefois, la lune daigne montrer son croissant argenté et fait étinceler la nappe de neige de milliers de diamants. Souvent le vent souffle en bourrasque et il *poudre*. Quelque bien *gréé* que l'on soit, comme on dit ici, la neige soulevée nous cingle le visage et le froid ne devient que plus vif. Les yeux très endoloris laissent couler des larmes involontaires qui se figent et se congèlent sur le visage, comme elles se succèdent les unes après les autres, elles forment bientôt un double glaçon qui finit par souder les paupières. C'est le supplice que j'ai éprouvé en revenant de la messe de minuit.

Nous avons donc célébré à Sainte-Rose la fête de Noël comme jamais elle ne l'avait été. Nous avons eu messe en musique à minuit et un gentil petit sermon en français, traduit d'abord en anglais et ensuite en langue crise pour les Sauvages; grand'messe à dix heures; Vêpres et Salut solennel, le soir. Quelle belle journée! Encore un peu, je me croyais transportée à Sainte-Réparade, notre belle cathédrale de Nice. Mais, inutile de le faire remarquer, le soir, j'étais tout heureuse de rentrer dans mon lit.

*  *  *

Enfin, mon fameux tonneau est arrivé, après plus d'un an de voyage. Il était bondé de toutes sortes de choses : des robes en quantité, des pèlerines, des couvertures pour Bébé, toute une layette au complet, des bouts de rubans de dentelle, des morceaux d'étoffe, des pipes, des jeux pour les longues veillées, des jeux de courses, des jonchets et des colliers de jais. Le jais fait fureur ici, on l'appelle *rassade*. Rien ne manquait : boîtes de biscuits, savon, poudre de riz, éponges, vaseline, papiers à lettre, médicaments, etc.

Quelle joie pour moi de vider ce beau tonneau! J'en retirais les objets très lentement, pour faire durer le plaisir, un à un; le parfum qui s'en dégageait me rappelait la maison, les chers absents de Nice, son soleil, ses fleurs, son ciel bleu magnifique, sa mer d'azur. Je me croyais transportée loin, bien loin, et à tout jamais, de ce pays de glace et de neige.

* * *

Je viens de passer trois semaines bien mauvaises. Nous étions tous malades. Bébé a été atteint du faux croup; Joseph et Gustave, de la grippe; Marie, de la fièvre muqueuse; et moi, d'une bronchite. Marie est si malade qu'elle veut nous quitter, dans ce cas, son frère la suivra. J'ai déjà embauché un homme pour le remplacer. Joseph était si malade et éprouvait de si violentes douleurs névralgiques qu'il a gardé le lit plusieurs jours et ne savait comment se tenir. Et mon beau Bébé! après l'avoir veillé cinq nuits consécutives, j'ai fait appeler monsieur Béasse qui s'est empressé de venir. Le cher mignon m'a rendu folle de peur. Il souffrait tant de la tête qu'il la pressait dans ses petites mains, en pleurant à chaudes larmes, ce qui me brisait le coeur. Et moi, avec une forte fièvre et une toux qui me déchirait la poitrine, je ne valais pas mieux; mais j'ai pu satisfaire à tout.

\* \* \*

Grâce aux bons soins de monsieur Béasse, Bébé va beaucoup mieux, mon mari aussi, mais non pas nos deux petits domestiques qui ont dû retourner dans leur famille. La diphtérie fait d'effrayants ravages sur petits et grands. L'hiver est très rigoureux. C'est la saison des visites mais nos santés ne nous permettent pas encore de les rendre; en revanche, chacun s'extasie devant la beauté, la gentillesse de Bébé; tous admirent son intelligence et sa vivacité. Il court chercher une brosse, un chiffon, se met à genoux et fait mine de nettoyer le plancher. Il s'avance près du poêle, fait semblant de le toucher, puis dit : «Ça bû... bû (brûle)», et se sauve en éclatant de rire. Il est si fort que, malgré tous nos soins de barricader l'escalier de la grange, il arrache tout et passe quand même. S'il est fier des nouvelles robes que lui a envoyées sa grand'maman? On ne peut en douter, en voyant avec quelle gentillesse il les montre aux visiteurs en disant : «Beau, beau!».

Ces jours derniers, nous avions le père Lecoq à dîner. Il s'est fort amusé de ses gentillesses et de son langage enfantin. Bébé lui tend son petit pied pour lui faire admirer ses jolis souliers et lui dit : «Ié, ié, beau.» Un mouton, c'est mééé, une vache, c'est un mou... ou... ou. Mais il a tapé son père en lui disant, marchee (mot qui équivaut ici à f...che le camp); je l'ai grondé et il a beaucoup pleuré. Puis soudain, il a couru vers lui et lui a tendu sa petite menotte en signe de réconciliation. Il est si caressant qu'il quitte ses jeux cinq ou six fois pour venir m'embrasser. Le lendemain de la visite du père Lecoq était jour de fête. Nous nous sommes rendus à l'église et j'ai pu communier. Mais le jeûne qu'il m'a fallu garder jusqu'à midi, par un pareil froid, m'a valu une longue défaillance.

Sans parler de la maladie qui nous a tous visités, je puis dire que tout n'a pas été rose pour nous, pendant ce mois de janvier. L'autre matin, le froid était si intense que la glace a soudé la porte. Pour l'ouvrir, il a fallu la briser à coup de hache.

Un autre jour, c'est un cochonnet qui, bêtement, va se noyer dans la tranchée pratiquée dans la glace pour servir d'abreuvoir aux bestiaux.

Nous faisons percher les volailles à l'écurie pour les préserver du froid; elles trouvent préférables d'aller se jucher sur le dos des vaches pour avoir plus chaud et les coquines leur picorent la peau pour boire leur sang.

Deux chevaux ferrés à glace se sont détachés et en

ont battu deux autres. Les crampons de leurs fers leur ont fait d'affreuses blessures, larges comme la main.

Non! pas de chance. En sortant de la maison, je glisse sur la glace et tombe sur le dos. La nuque a porté sur l'arête de l'escalier si violemment que j'en ai perdu connaissance.

Et que sera février? Écoutez.

Nous avions une vache qui avait voué aux femmes une haine féroce. À plusieurs reprises, je ne lui avais échappé qu'à force de ruses. Elle m'avait fait prendre de telles frayeurs qu'il était temps de nous en débarrasser pour éviter un malheur; or, au commencement de février, avons-nous prononcé, Joseph et moi, son arrêt de mort.

Bien que je redoute ces bêtes-là, vous le savez, mon bon coeur m'avait pourtant poussé à demander sa grâce.

– Gardons-la comme l'année dernière, dis-je à mon mari, elle est bonne laitière en hiver et est assez supportable; au printemps nous la lâcherons dans la prairie.

– À quoi bon? me répond-il, elle ne nous donne que des veaux si laids, si affreux, qu'il est presque impossible de nous en défaire. Excellente laitière, dis-tu? Oui, mais...

– Ah! je m'en souviens; elle te fouettait le visage avec sa queue et quand tu la lui as attachée, elle a planté son pied dans le seau plein de lait.

– La sale bête!

– J'ai bien ri de ta colère. En a-t-elle reçu, la pauvre! mais quand même, tu n'as pu la corriger.

– La rosse!

– Eh! bien, renonçons à son lait et laissons-la courir.

– Y songes-tu, petite femme, as-tu oublié notre aventure avec ton frère, l'année dernière?

– Point du tout, je me la rappelle comme si elle était d'hier. Tu m'avais emmenée dans la *wagon* avec toi et Charles caracolait à cheval autour de nous. Tu m'as descendue au bord de la coulée, où je me suis occupée à déraciner des gadelles françaises. J'en avais déjà une petite provision, quand je cherche à me rendre compte où vous étiez et je vous vois loin, bien loin; à peine si je discernais un cavalier qui galopait à travers les roseaux. Je me remets à mon travail. Soudain, j'entends des cris perçants, multipliés; je lève la tête et te vois venir vers moi. Bon, me dis-je, ils ont déniché le veau, ils l'ont mis sur la charrette, et la vache les suit. Et je te vois gesticulant tant et plus, criant de plus fort en plus fort, si bien que je ne comprenais pas du tout ce que tu me voulais. Et moi, oh! bien tranquillement, je te l'assure, sans me presser, je ramasse mes plantes et mes outils et tu arrives sur moi au galop, en criant : «Vite, laisse tout, la vache est enragée, vite, vite». La vache bondit sur moi, tête baissée; tu mets ton cheval en travers et moi, que veux-tu, j'avais presque plus peur des sabots de ton cheval que des cornes de la vache. Plus aguerrie qu'à mes débuts, je ne voulais pas tout lâcher. Mais Charles me frôle avec les roues, me saisit, me rafle je ne sais comment, me hisse, m'enlève comme une plume, je lâche tout et me voilà dans la voiture.

– Mon Dieu, oui, c'est cela et je ne savais pas pourquoi tu ne comprenais pas le danger.

– Non, je ne comprenais rien à tes cris et à tes gestes désespérés, mais quand j'ai aperçu la vache, oh! alors, j'ai tout compris.

– Et quel mal pour la faire entrer à l'écurie! Heureusement que j'ai la poigne solide et que j'ai pu la maintenir par les cornes.

– Oui, sans doute, mais quand plus tard tu lui as rendu la liberté, dès qu'elle m'apercevait, quelle vie endiablée elle menait! Ne cherchait-elle pas à franchir la barrière pour m'atteindre? Mais, Joseph, raconte-moi comment tu as fait pour t'emparer de son veau.

– Ça n'a pas été facile. Pendant plusieurs jours je la guettais et j'étais parvenu à découvrir sa cachette au milieu des roseaux; mais elle a éventé mes traces et est allée cacher son petit beaucoup plus loin. Je la guette de nouveau; la rusée coquine s'en méfie et fait mille tours et détours pour me dépister. Je parvins enfin à deviner où pouvait se trouver la nouvelle cachette. Charles part à cheval au milieu du troupeau, la fine bête s'en dégage immédiatement et se met à trotter dans une direction diamétralement opposée. Moi, avec mille précautions, je me faufile vers le lieu où je soupçonnais le petit, je le trouve en effet et le charge sur mes épaules. Il était déjà très fort, il gigote tant et plus, mugit comme si on l'écorchait; la mère l'a entendu, elle comprend que nous avons déjoué sa ruse et revient en courant, comme une désespérée, les yeux pleins de colère, de fureur et de rage. J'ai joué des jambes, comme bien tu penses, et je suis arrivé juste à temps pour le jeter dans le wagon et monter à cheval. La mère aurait sauté auprès de son petit sans le trot allongé des chevaux; elle bondissait autour, mugissant, belle de fureur; et, c'est à ce moment, pauvre petite femme, que je t'aperçois à quelques mètres de nous, nous attendant, tes outils et tes plantes à la main, avec un calme renversant. Oh! quelle angoisse!

– Mon pauvre ami!

– Eh! bien, il faut en finir. Il vaut mieux prendre la peau de cette bête enragée, nous nous en ferons des mocassins et nous aurons des chaussures pour l'hiver.

Nous nous rendîmes donc chez Patrice Naud qui approuva notre dessein. Nous savons que la bête hiverne sur les bords de la rivière Tortue, mais comment l'approcher? Chacun s'arme d'un fusil et d'un revolver. Patrice tire à quelques pas et lui crève l'oeil gauche; elle chancelle sur ses genoux, on la croit finie. Non, elle se relève, secoue la tête, mugit, gratte le sol et s'élance.

Joseph se place devant et lui envoie une balle qui s'aplatit sur le front de la bête. Elle s'arrête net et pivote un moment sur ses pieds de derrière. Patrice tire et l'atteint en pleine poitrine, sans doute au coeur; elle fléchit les genoux, touche terre, pousse un douloureux mugissement, mais, surmontant sa souffrance, elle se précipite, furibonde, sur la rivière gelée. On la suit aux traces sanglantes qu'elle laisse sur la neige; elle aperçoit Patrice qui s'est imprudemment exposé et se précipite sur lui. Joseph, voyant le danger, court à son secours, saisit la vache par la corne, du côté où elle ne voit plus et la maintient malgré ses violents efforts. Il appuie le canon du revolver au-dessus de l'oeil, fait feu et la balle lui brise le crâne. La bête se soulève, tombe sur ses genoux, se relève et bondit encore. C'est beau, mais c'est affreux.

– Finissons-en, dit Patrice, et il lui loge un nouvelle balle dans l'oreille.

Assise, la langue pendante, les yeux presque éteints, couverte de sang, elle éclabousse ses ennemis et les défie du regard. Elle ne meurt pas, elle ne veut pas mourir. Ses flancs sautent convulsivement sous les soubresauts du petit qu'elle porte.

– Elle ne crèvera pas, dit Patrice, avant son petit.

Et la voilà, se redressant pantelante, comme pour mourir debout. Joseph l'approche et elle se défend d'un coup de corne à peine évité. Il sort alors le couteau et lui tranche la gorge, d'où s'échappe un long flot de sang. Toute tremblante, la bête s'assied, mais ne se couche pas; elle ne peut plus mugir, mais cette mère veut vivre.

Nos hommes reviennent vers nous, essoufflés, mais émus quand même de cette héroïque défense. Après avoir fumé tranquillement leur pipe, Patrice, en secouant la cendre de son calumet, dit :

– Allons chercher les chevaux, nous les attellerons aux cornes de la vache et nous la traînerons ici pour préparer la viande.

Ils redescendent à la rivière et trouvent la bête encore vivante, essayant un simulacre de défense. Les hommes, moins sensibles que nous, attellent les chevaux et un grand coup de collier brise la colonne vertébrale à cette superbe bête.

– Dommage, dit Patrice, que les Sauvages ne soient pas là. Ils retiendraient le petit, car, pour eux, c'est le morceau de choix.

## Chapitre 26

Chère Petite Mère,

Malgré les grandes douleurs que je ressens, je me fais violence et je prends la plume pour vous faire part, bonne petite Maman, du prodige que saint Antoine de Padoue a daigné faire en notre faveur. Ce bon saint m'a rendu Henri, mon bébé chéri, alors que rien ne pouvait le sauver.

C'était le samedi 9 février 1896. Nous partîmes en traîneau sur la coulée gelée à un mètre de profondeur, pour aller faire une visite à des voisins qui habitent à plusieurs milles au-dessus de chez nous. Bien que pour arriver, il fallut gravir une berge presque taillée à pic, la promenade fut charmante. Tant il est vrai qu'on s'habitue à tout. Ce qui pour moi était jadis un épouvantail est maintenant un vrai plaisir.

À peine arrivés, Bébé se met à s'amuser tout seul quand il aperçoit de la viande sur une assiette. Il en demande, mais voyant que nous cachons l'assiette, il reprend ses jeux.

J'avais apporté mon ouvrage et je cousais, quand, peu d'instants après ce petit incident déjà oublié, la jeune femme s'écrie : «Mais, qu'a donc Bébé? Il étouffe.» Je me retourne et le vois, assis par terre, secouant ses petites épaules avec un mouvement convulsif. Je me précipite vers lui et le prends dans mes bras. Ce seul souvenir me glace le sang dans les veines. Hélas! Bébé étouffait de la plus horrible façon. Je le renverse la tête en bas, je le secoue, je mets mon doigt dans sa bouche, aussi loin que je puis sans rien sentir. Je lui souffle sur le visage, tout est inutile… rien n'y fait, rien, absolument rien. Sa tête retombe sur mon épaule… il s'en va… Quel cri de désespoir s'échappe de ma poitrine. Il résonne encore affreusement à mes oreilles. J'étais folle de douleur! Je reprends courage et refais la même pénible opération; rien, encore rien… jamais rien. Bébé n'a presque plus de mouvement, plus de vie. Ô mon enfant chéri!

Je le jette dans les bras de son père, qui contemplait cette scène muet d'épouvante, en criant : «Joseph, sauve-le, sauve-le, il étouffe».

À son tour, Joseph, plus blanc que la mort, le visage contracté, essaie comme moi, mais en vain. Les témoins navrés tremblent d'émotion et d'épouvante. Je regarde Bébé, ses petits yeux sont fermés, son visage défiguré… il se meurt. L'impression que je ressens est si violente, le désespoir si intense, la douleur si poignante, que je tombe évanouie.

Bientôt j'ouvre les yeux, j'étais par terre, je ne vois qu'une seule chose, Bébé sans vie, dans les bras de son père.

Fou de douleur et de désespoir, Joseph s'écrie: «Ô mon Dieu! mon Dieu, rien, rien, je n'y puis rien».

À ce mot, la pensée de saint Antoine qui opère tant de miracles traverse mon esprit, je me jette à genoux et, les bras tendus vers le Ciel, je m'écrie: «Grand saint Antoine, rendez-moi mon enfant et je vous promets cent francs de pain pour vos pauvres!».

À peine avais-je achevé que mon chéri qui semblait sans vie, fait un léger soubresaut de la tête, ouvre la bouche et laisse tomber à terre, un morceau de viande, gros comme une pièce de cent sous, tout sanguinolent; et puis un mince filet de sang s'échappe de la bouche de l'ange qui nous est rendu.

L'émotion fut trop vive... Quand de nouveau je rouvris les yeux, j'étais étendue sur un lit. Une plainte bien faible frappa mes oreilles et je reconnus la voix de mon bébé. Je le vis alors dans les bras de son père, encore tout tremblant d'émotion, qui le berçait en le promenant.

– Il est sauvé, me dit-il.

Alors une immense reconnaissance pour ce bon saint Antoine me remplit le coeur. Il avait fait pour nous un grand miracle.

La jeune femme installe aussitôt un ber, y dépose

Bébé, dont tout le corps est inondé d'une sueur glacée et l'enveloppe dans de la flanelle chaude, qu'elle a soin de réchauffer sans cesse. Enfin, après une demi-heure, une douce transpiration se produit et il s'endort.

Pour moi, j'essayais de me lever, mais impossible, je restais clouée sur le lit, brisée de douleur. L'émotion si violente que j'ai eue ne peut qu'être fatale à moi-même, ainsi qu'à l'enfant que j'attends. Cette pensée me déchire... Mais pourquoi m'inquiéter ? Dieu n'est-il pas là ? Rien ne nous arrive que par sa permission... aussi, je m'abandonne en toute confiance entre Ses mains.

Joseph, nullement remis de son effroi, encore tout livide et les traits contractés, prend l'enfant qui s'éveille et l'assied dans son ber; mais le cher poupon est sans force, il ne peut se soutenir. Ses lèvres sont pâles, ses yeux cernés, sa bavette pleine de sang. Il me fait compassion. Enfin, après une bonne heure, je puis surmonter ma faiblesse et me lever pour aller à mon enfant.

Le jeune ménage n'a pas moins été ému que nous. La jeune femme me dit : «Je me souviendrai toujours de saint Antoine; on ne peut douter du miracle qu'il a fait, quand on l'a vu comme nous; je ne l'oublierai jamais».

Nous repartons à sept heures. Il fait nuit encore. Vous savez, petite Mère chérie, qu'il ne fait jour, en cette saison, que de neuf heures à trois heures. Il n'est pas d'usage à la campagne d'avoir des lanternes aux voitures ou aux traîneaux. Quand la nuit est trop sombre, ce qui arrive rarement en hiver à cause du reflet de la neige, on abandonne les chevaux à leur flair; cependant on les surveille pour leur faire éviter tout danger. Je dis toujours que mon mari a été créé pour ce pays; il s'oriente admirablement dans l'obscurité la plus profonde et prétend qu'il y voit toujours suffisamment; ce qui me fait dire qu'il a des yeux de chat.

*16 février*

J'ai attendu quelques jours avant de vous envoyer ma lettre, dans l'espérance de vous annoncer du mieux. Hélas! non, je ne quitte plus ma chaise longue. Aucune nouvelle du notaire, jamais rien.

*18 février*

J'ai une nouvelle bonne, mais bonne à rien, sinon à faire du très bon pain. C'est une Métisse, très grande, très bête et par-dessus le marché, point du tout sympathique. Elle parle surtout le cris et très peu le français. À peine si nous pouvons nous comprendre.

Le Père est de retour de Winnipeg et n'a rien obtenu du Bureau des terres. Nous ne pouvons songer à rentrer en France sans la patente, nous perdrions notre terre et toutes nos souffrances auraient été inutiles. Il en coûte beaucoup à Joseph de se séparer de son entreprise. Il a eu la peine et n'aura pas le plaisir. Tout le monde ici s'accorde à dire qu'il faut trois ans à une terre pour rapporter quelque chose; et il en est de même de l'élevage du bétail. On nous dit tous les jours : «Pourquoi donc vous nous quittez, *juste au bon moment?*».

## 22 *février*

Nous avons eu à Sainte-Rose un affreux accident. Un jeune homme a été tué par une planche mal assujettie à la machine à scie. La planche a été lancée avec une telle force, qu'après avoir renversé le jeune homme, elle est allée tomber cinquante pieds plus loin. Lorsqu'on l'a relevé, il était défiguré; il avait la mâchoire brisée, le crâne défoncé, les dents arrachées et la moitié du nez emporté. Il avait dix-sept ans et était l'aîné de six garçons. Je n'essaierai pas de vous décrire le désespoir de la mère qui venait à peine de le quitter en parfaite santé, ni du père qui le trouve en bière à son retour d'Arden. Ce malheureux jeune homme a vécu encore huit heures dans cet affreux état. On courut chercher le prêtre et monsieur Béasse, mais il est mort sans avoir repris connaissance.

## 13 *mars*

Voici vingt jours aujourd'hui que je souffre; vingt jours que je suis dans des tortures cruelles. Maman, que n'êtes-vous là! Monsieur Béasse voyant qu'il n'y avait rien à faire, m'a quittée. Madame Naud et sa fille, Vital et sa femme ont emmené Bébé chez eux, puisque je ne puis plus m'en occuper et que ma bonne, tombée malade, m'a quittée. Heureusement qu'ici, on se vient en aide mutuellement. La jeune voisine, chez qui Bébé a failli mourir, dès qu'elle a eu connaissance de mon état, est venue s'installer auprès de moi avec son mari et son bébé. Elle est très bonne ménagère et me soigne bien. Elle s'occupe de tout dans la maison.

Le père Lecoq, toujours prêt à rendre service, va partir pour Winnipeg, afin de me trouver une bonne. Ici, une jeune fille de quatorze à dix-sept ans qui ne sait absolument rien faire, et qui de plus est fière et susceptible, vous demande bientôt de 40 à 60 francs par mois – et encore on ne peut pas en trouver quand on veut.

Quand me sera-t-il donné, chère petite Mère, de vous embrasser et de vous présenter mes deux trésors ?

De jour en jour mes souffrances augmentent, le danger devient de plus en plus grand.

Petite Mère chérie, priez pour votre fille qui vous aime, comme vous le savez.


*Fin de mars*

Tous m'ont quittée; ils ne pouvaient s'éterniser ici… Je ne comprends que trop qu'il n'y a plus rien à faire. La sage-femme, cette bonne et brave madame Naud, m'a laissée pour aller auprès de sa mère mourante. Elle m'a dit que sa présence était inutile, mais qu'elle viendrait au premier appel... Beaucoup de monde passe tous les jours pour prendre de mes nouvelles; tous retournent, le visage consterné... On m'a dit qu'on priait beaucoup pour moi dans la petite chapelle de la mission. Les Sauvages même viennent prendre de mes nouvelles.

Quand la femme de Vital a emporté Henri, j'ai eu le coeur brisé... Je mourrai sans doute sans le revoir, car, sans un miracle, je suis perdue... Un chirurgien expérimenté me tirerait de cette mauvaise passe... Allons, il n'y a rien à regretter, je savais bien en venant ici ce que je risquais. Dieu seul est Maître, soumettons-nous.

\* \* \*

Vingt-huit jours que je souffre! La douleur sera bientôt à son paroxysme... Mon Dieu! j'ai peur.

\* \* \*

Trente-quatre jours aujourd'hui que je suis sur le Calvaire. On ne s'entretient que de moi dans toute la paroisse. Tout le monde est très impressionné, très inquiet, on me croit perdue.

Mon Dieu! mourir ici à vingt-deux ans quand j'ai un mari qui m'adore et que je chéris. Mourir, laissant un tout petit être, mon enfant, mon bébé bien-aimé! Mourir, sans revoir ma mère, ma petite maman! Oh! maman, maman!

Malgré la distance, n'avez-vous pas un de ces pressentiments pénibles qui ne trompent jamais le coeur d'une mère? Rien ne vous dit que je souffre à mourir? que je me meurs? que vous ne reverrez plus votre Christine?

Maman! Maman!

* * *

Il est là, couché dans son berceau, le second ange envoyé par Dieu! Le voyez-vous, celui qui fait accourir le monde de tous les environs pour admirer le petit prodige? C'est un amour de beauté, une merveille de petitesse et admirablement proportionné. À sa naissance, le 2 avril, il pesait trois livres et quart. Il a été baptisé quelques heures après sa naissance, par le bon Père accouru après la grand'messe. Le pauvre petit était mourant, il fut ondoyé dans son berceau; il était si infiniment petit et délicat, que personne n'osait le prendre au bras. Qui m'aurait dit qu'il vivrait? qui m'aurait dit que je reviendrais à la vie, après avoir été si près de la mort? Oh! merci, mon Dieu!

* * *

Aujourd'hui, Bébé a trois mois. Ses pieds mesurent six centimètres de long; douze centimètres de l'épaule à la ceinture; quatorze de largeur de poitrine; et trente-six et demi, la longueur de son corps. Ses cheveux sont châtain foncé; il a de très grands yeux noirs comme du jais, un très joli nez, un amour de bouche, rouge comme une cerise. Il est né le 2 avril, un Jeudi saint.

Une de nos voisines, Clémence, la femme d'Alfred Normand, n'a cessé de m'entourer de ses soins pendant plus d'un mois. Elle a soigné mes bébés et moi avec un dévouement de tous les instants.

Je me plais ici à reconnaître le dévouement dont j'ai toujours été l'objet de la part de plusieurs femmes métisses, qui ont compris combien je me sentais isolée loin de ma mère et qui n'ont eu d'autre souci que de chercher à me faire oublier mes peines et mes souffrances.

J'ai été très bien soignée, autant qu'on peut l'être dans un pays tel que celui-ci, par mesdames Benjamin Naud, Vital Naud, Clémence Normand, Ritchot, et Ladéroute, nées Naud toutes les deux. Qu'elles reçoivent toutes, mes plus vifs remerciements pour les soins dévoués et affectueux qu'elles m'ont prodigués. Je conserverai toujours pour elles un souvenir de sincère amitié et de profonde reconnaissance.

*Chapitre 27*

Comme l'année dernière, le printemps s'est fait en trois jours. En trois jours, les arbres se sont couverts de feuilles et les prairies de verdure. Le fracas et les détonations de la débâcle m'ont paru beaucoup plus étourdissants que l'an passé. C'est toujours avec un *nouveau plaisir* que j'admire ce spectacle féerique et ces îlots de glace se pourchassant et se heurtant sur les rivières. Il n'est plus besoin de creuser des tranchées pour faire boire le bétail ni de tailler des blocs de glace pour l'approvisionnement de l'eau domestique. Mais hélas! Si l'eau coule à plein bord, elle est toujours puante; aussi songeons-nous sérieusement à creuser un puits. Et puis, voici les maringouins qui viennent renouer connaissance.

Joseph passe toutes ses journées dehors et souvent une bonne partie de ses nuits. Il est si bon vétérinaire qu'on vient le chercher fréquemment. En partant, il me dit bien : «Je serai de retour ce soir vers les cinq ou six heures». Quand même, les heures me paraissent alors d'une longueur sans fin. À six heures, à sept heures, le couvert est mis, la soupe mijote et il n'arrive pas. Neuf heures, dix heures sonnent et il n'est pas encore là. Combien de fois, l'ai-je attendu jusqu'à minuit, une heure! Mille idées folles trottent alors dans ma tête. En hiver, je le vois surpris par la tourmente, perdu et gelé dans une fondrière, comme tant d'autres hélas! ou bien attaqué et dévoré par les loups noirs qui parcourent en bande les environs. Au printemps, je le vois embourbé jusqu'aux essieux, sans aucun secours, ou encore – ce qui m'effraie le plus – englouti dans l'affreux terrain mouvant.

Les terrains mouvants n'ont rien à l'extérieur qui les distinguent des autres terres; ils sont aussi beaux, aussi luxuriants d'aspect : rien ne peut faire soupçonner le gouffre qu'ils cachent. On les trouve surtout dans les lieux marécageux ou *muskegs* et ils abondent ici. À peine le voyageur y a-t-il posé le pied que la mince croûte se casse sous ses pas et il s'enlise soudain jusqu'aux genoux, dans un liquide boueux et gluant. Le poids du corps fait descendre peu à peu la malheureuse victime jusqu'à ce que la boue épaisse se referme sur lui; et, s'il se livre à des mouvements désespérés, il ne fait que précipiter son affreuse fin. Une horrible catastrophe s'est passée à un mille seulement de chez nous, il y a trois ans à peine. Trois jeunes Anglais, venus pour affaires à Sainte-Rose, retournaient à leur *settlement* sur une voiture attelée à deux chevaux. Ils demandent leur route et s'élancent à travers un marécage où les roseaux très épais s'élevaient bien à deux mètres de hauteur. La végétation était si belle que rien ne pouvait faire soupçonner le moindre danger. Après avoir galopé à tort et à travers, pour aboutir toujours au même point, ils piquent droit devant eux et soudain les chevaux, comme sur un abîme, sentent la terre manquer sous leurs pieds, ils descendent lentement.

Ce n'est pas là un fait isolé. L'année dernière, des jeunes Métis étaient allés à la chasse dans le muskeg. Chacun avait pris son poste derrière les monticules de roseaux, coupés et tressés par les rats de rivière. Les canards volaient nombreux; les coups de fusil partaient de tous côtés et le gibier tombait un peu partout. Le plus jeune de la bande, oubliant toute précaution, s'élance prestement au large pour ramasser les canards abattus. Tout à coup, la terre s'enfonce sous ses pieds; il est devenu la proie de la pieuvre souterraine qui l'aspire peu à peu, le suce petit à petit, jusqu'à ce qu'elle l'ait complètement absorbé dans ses entrailles de boue. Il jette un grand cri de détresse. Il est entendu heureusement par son cousin qui accourt à toute vitesse à son secours. Quand il le voit enlisé, déjà jusqu'à la ceinture, avec mille précautions pour ne pas partager son sort, il lui jette de longues branches pour se cramponner, puis un bout de sa longue ceinture et, tout doucement le tire de son côté; il parvient ainsi à l'arracher des lèvres boueuses de l'abîme et à le traîner sur la terre ferme.

Je ne sais pourquoi ces souvenirs me poursuivent comme des cauchemars, quand mon cher mari s'attarde trop. Je le crois toujours en pareil péril. Je passe alors des heures d'angoisses affreuses. Le front collé contre les vitres, je cherche, à travers la nuit épaisse, à discerner si je le vois venir, mais jamais rien; je prête l'oreille, espérant entendre le bruit des grelots et le galop des chevaux... et jamais rien.

Plus les heures s'écoulent et plus intense est ma douleur. Je finis par me persuader qu'il est mort de cette mort affreuse. Et, quand j'entends au loin le bruit des clochettes, je crois à l'arrivée d'un messager de malheur, ou à un cortège horrible...

Et c'est mon mari bien-aimé qui ouvre la porte, tout heureux de rentrer chez lui, après un si long retard; et le voilà tout consterné en voyant un visage bouleversé, en entendant une voix remplie de larmes...

Oh! qui comprendra le coeur de la femme?

* * *

Je suis consternée. J'ai la mort dans l'âme. Voilà deux ans que je réclame mon argent à mon notaire, et le monstre daigne enfin m'écrire pour m'annoncer... quoi?... Trois mille francs! Mais que signifie donc tout cela? C'est à ne pas y croire. Mais que puis-je donc entreprendre pour faire cracher à ce misérable ce qui m'appartient? Ne puis-je donc pas confier mes intérêts à quelqu'un pour défendre mes droits? Mais la justice est si lanterne! Nous sommes si loin! Non, non, je n'aurais jamais cru que de misérables questions d'argent puissent m'agiter de la sorte... Si, au moins, nous ne devions rien à personne? Et, faute d'argent, nous exposer, nous, à passer pour de malhonnêtes gens! Non, non, cette pensée me révolte, j'en perds la tête. Et cependant, j'ai le pressentiment, rien ne me l'enlèvera, que ce monstre-là a joué mon argent et qu'il va nous faire banqueroute... Peut-être une vaine frayeur m'égare, me fait déraisonner, mon imagination me présente tout en noir. Peut-être mon notaire n'est pas un voleur; peut-être a-t-il des raisons que je ne comprends pas... Non, non, c'est un monstre, je dis. Depuis plus de deux ans que je réclame tout mon avoir, il m'envoie 3 000 francs!!! Comment pouvoir couvrir avec cela toutes les dettes que nous avons contractées, pendant les deux ans que nous avons passés sans rien du tout? Il y a là des monstruosités que je veux découvrir coûte que coûte. Je vais écrire et demander justice. Dieu fasse que je n'arrive pas trop tard.

Et voici maintenant le père de nos deux petits domestiques qui vient nous réclamer les gages de ses enfants. En vain, je lui demande de patienter encore une quinzaine de jours; il ne veut rien entendre, il veut être payé *illico* et il nous tend sa main calleuse pendant un quart d'heure, tantôt à mon mari, tantôt à moi, en criant sans cesse : «Payez-moi mon argent! Je veux mon argent!».

Un Anglais, de qui nous avions hiverné dix bêtes à cornes, assistait à cette pénible scène. Outré, indigné, il se lève et s'adressant à mon mari, il lui dit : «Mon cher Monsieur, dites à cet individu que je vous connais assez pour répondre moi-même de la somme que vous lui devez, quelle qu'elle soit. Que je suis prêt à m'engager par écrit tout de suite devant témoin».

Voilà un bon coeur qui me réconcilie avec les Anglais. J'ai été fort touchée de son intervention. Mais le vieux paysan ne veut rien entendre : «Du papier, du papier? Mon argent! Je ne partirai pas sans avoir mon argent!».

N'y tenant plus, je prends le balai et le menaçant, je lui fais gagner la porte. Il part... Mais il n'avait pas fait cent pas, qu'il revient plus furieux encore, en criant : «Mon argent, mon argent, je veux mon argent!». Alors, mon mari, qui commençait à en avoir assez, lui dit sèchement : «C'est assez! Avez-vous compris?».

Oui, il avait compris, car il est prêt à accepter la caution de l'Anglais. On se rendit donc chez les voisins et là, nouvelle scène, nouvel emballement. Il prétend qu'il faut lui donner, selon l'accord six piastres par mois, et non pas quatre. Mon mari lui fait remarquer que, d'après convention faite devant témoins, ce n'est que quatre piastres et qu'il n'en fallait pas discuter davantage. Il se fâche, crie, tempête et finit par accepter le papier. Mais huit jours après, citation devant le juge de paix, où, bien entendu, il perdit son procès.

Mais, mon Dieu! Qu'allons-nous devenir! Que nous restera-t-il de ces 3 000 francs, quand nous aurons payé nos dettes? Comment pouvoir retourner en France? Les enfants auront besoin, comme moi, de mille soins, pendant ce long voyage et il me faudra pour eux une bonne provision de linge. Peut-être ne pourrons-nous pas partir; or, pour moi, ne pas partir, c'est mourir. Je ne résisterai pas à une nouvelle épreuve comme celle que je viens de passer. Une terreur folle me saisit, quand je pense que je vais mourir ici, loin de maman ou pis encore, quand je me vois, pendant de longs mois, malade dans un lit... et sans argent... oh! le gueux de notaire.

Oui, sans doute, notre terre est belle et bien tenue. Mais si ma santé retient mon mari à la maison, qui la travaillera? Quatre hommes seraient nécessaires pour le remplacer; et en donnant à chacun cinq francs par jour, comment vivre nous-mêmes? Pour les payer, il faudra donc vendre l'un après l'autre, les veaux, les vaches, les cochons, les boeufs, les grains, les outils, etc. Mais alors c'est la ruine? Et la ruine, ici! Oh! notaire!!!

Heureusement que mon mari ne prend pas comme moi les choses au tragique. Son caractère est tout l'opposé du mien. Je suis vive et très vive, nerveuse et comme beaucoup de femmes, avec une imagination ardente. Lui, au contraire, est calme, très calme, je dirai presque flegmatique. Rien ne l'étonne, rien ne l'ébouriffe. Il sait prendre son temps en toutes choses. On crierait au feu, il ne s'en troublerait pas et se contenterait de dire : «Impossible. Où cela?». Tandis que moi, je bondirais tout d'une pièce et disparaîtrais en un clin d'oeil. Il aime à dire : «Il faut réfléchir avant d'agir». Pour moi la réflexion est un instantané et je pars aussitôt comme un éclair. Si je lui dis : «Qu'allons-nous devenir, si cet argent ne nous arrive pas? Qu'allons-nous faire si...» Il me répond aussitôt en riant : «Avec des si, on mettrait Paris dans une bouteille. Et puis, vois-tu, ajoute-t-il, en me montrant son torse nerveux et puissant, avec cela et la santé, qu'importe le reste?».

Il est heureux, il voit tout en beau. Gardons le silence pour ne pas troubler son bonheur. Renfermons tout en nous-mêmes... Cependant, je commence à craindre, et à craindre beaucoup. Souvent, j'ai vu ses espérances frustrées. Nous admirions avec satisfaction nos grains se dorer au soleil, nos avoines, nos orges, qui nous promettaient à bref délai une riche moisson. Et qu'a-t-il fallu pour voir anéantir nos légitimes espérances dans une seule nuit? La grêle; des grêlons gros comme des oeufs de pigeon qui, en même temps, ont brisé toutes nos vitres, tué plusieurs de nos bêtes à cornes, haché toutes nos récoltes et nous ont ainsi ravi le pain de l'année. Une fois, nous avions mis tout notre espoir dans nos sept juments; deux seulement ont porté. Une autre fois, de nos six vaches, deux crevèrent, une tarit, et l'autre, vous la connaissez, était si méchante qu'il a fallu l'abattre.

Voilà pourquoi je n'ose plus espérer, je n'espère plus. Voilà pourquoi je vois tomber mes belles illusions les unes après les autres, comme tombent les pétales d'une tendre fleur, secouée par un vent sans pitié.

Tombez, mes ailes...

Pour chasser toutes ces noires idées, portons nos regards sur la campagne. La neige a disparu, mais la terre n'est pas encore assez dégelée pour permettre le labour. Le lac a brisé ses glaces. Nous entendions de chez nous, à quatre milles de distance, les craquements et les détonations. Bientôt le mirage nous le montrera à une cinquantaine de mètres, pour nous inviter à aller nous promener sur ses bords.

La coulée a aussi fondu. J'ai passé de longues heures à contempler le défilé de ces immenses blocs de glace, revêtant toutes les formes. Tantôt c'est une cathédrale avec ses dômes et ses flèches que le soleil fait resplendir de mille diamants. Tantôt c'est un pont gigantesque qui flotte à la dérive. Voici maintenant une pyramide qui se balance; une île aux arbres de cristal, avec des maisonnettes en pierres précieuses et bientôt tout change d'aspect, enfin tout se disloque et s'effrite.

La coulée est libre. Elle va nous servir pour le transport des *logs*. Mon mari se rend au bois avec Normand pour abattre les arbres et les pousser à l'eau, où il les relie avec de fortes chaînes, tandis qu'Albert et Patrice Naud, et parfois Titon, font aux *logs* de fortes échancrures. Quand la rivière est rapide, on les laisse aller au fil de l'eau jusqu'au barrage qui les arrête. Mais quand le tirant est insensible, comme sur notre coulée, on est obligé de les relier ensemble en forme de radeau et de les diriger avec une longue perche.

Joseph veut construire les dépendances de la ferme; étable, porcherie, grainerie, laiterie avec glacière, un parc pour les veaux et un autre pour les vaches. Si nous devons partir cette année, il nous sera plus facile de trouver un fermier avec notre ferme dans de meilleures conditions. Il n'y a pas de temps à perdre et trois hommes sont employés à ces divers travaux. Il va aussi construire une nouvelle cuisine, adossée à la maison, du côté de la coulée, car pendant l'été nous avons trop souffert de la chaleur dans celle que nous occupons. Nous aurons ainsi beaucoup plus de place.

Il pleut sans cesse; la coulée nous est donc bien utile en ce moment. Mais pour combien de temps encore? Dieu seul le sait.

*Chapitre 28*

Si les incendies présentent de nombreux dangers, les inondations en offrent bien davantage. Nous pouvons assez facilement restreindre le feu, mais nous ne pouvons arrêter la marche envahissante, ascendante des eaux. Nous sommes forcés, en spectateurs impuissants, de les voir ravager nos récoltes, inonder nos demeures, bien heureux parfois si le flux ne les engloutit pas sous ses flots.

Il pleut. Il pleut à torrent et sans répit depuis plusieurs semaines. L'eau du lac et les deux coulées débordées menacent de ne faire bientôt qu'un. Dès le début de l'inondation, la terre n'étant pas suffisamment dégelée ne peut absorber les eaux et aujourd'hui les prairies présentent à la vue le spectacle d'un immense lac.

Notre maison, située sur une éminence, n'est exposée à aucun danger, pour le moment. Nous ne sommes donc pas trop inquiets.

*25 avril*

Les jours et les nuits se succèdent et l'eau monte toujours. Aujourd'hui, nous avons constaté une hausse de 17 centimètres.

*30 avril*

L'émotion fait place aux plus vives alarmes. Plusieurs ayant leur maison bâtie dans les bas-fonds ont dû les abandonner; les écuries et les étables étant inondées, ils ont lâché au large leurs bestiaux.

Dix fois le jour, des messagers de malheur nous arrivent. Après avoir attaché leur monture à la porte, ils nous disent les uns après les autres : «La rivière Tortue est montée d'un pouce depuis ce matin... Dieu sait où nous serons ce soir.» «L'eau vient d'envahir la maison d'un tel et d'un tel; les caves sont pleines.» «Ici, vous êtes bien placés. L'eau de votre coulée monte moins vite que celle de la rivière Tortue.» «Pour venir ici, mon cheval avait de l'eau jusqu'au poitrail.» «Savez-vous que toutes les communications sont interrompues? Que la poste ne fait plus le service?»

*5 mai*

Depuis quatre jours l'eau monte de sept pouces toutes les vingt-quatre heures. Elle a envahi un grand nombre de maisons. Dans plusieurs, on a tout déménagé.

Joseph a l'intention de construire un radeau si la

hausse continue. Il a justement demandé une grande quantité de planches de la scierie Marschal, située à quelques milles au-dessus de chez nous. Quand le chargement descendait, on aurait dit une vaste maison ambulante. Mon mari et Alfred Normand dirigeaient le radeau à l'aide de deux longues perches et de temps en temps s'amusaient à jeter à l'eau nos deux chiens colleys qui ne tardaient pas à remonter et à galoper de long en large.

*7 mai*

Tous nous annoncent que l'eau nous atteindra. Aussi, j'engage Joseph à construire un radeau capable de soutenir tout notre mobilier. Les monts sont emportés. Les plus audacieux traversent l'inondation sur le dos de leurs chevaux. Jusqu'à maintenant, l'église est à l'abri et nous aussi.

*8 mai*

L'eau continue à monter. On fuit d'une maison dans une autre. Plusieurs familles sont entassées dans la même maison.

Notre cave est inondée; les pommes de terres y pourrissent. La farine manque. Nous en avions une bonne provision; mais comme nous en avons prêté un peu partout, il ne nous en reste plus que deux sacs. Plusieurs familles sont réduites à se nourrir de blé grillé. Quelle triste nourriture! On se demande avec anxiété comment on pourra se ravitailler et ce que nous deviendrons si l'inondation continue à monter. Les bêtes, ne trouvant plus de foin, ont gagné les hauteurs. Nous les voyons en troupeau tout autour de notre maison.

## 11 mai

Je suis très effrayée. Dix fois le jour, nous allons constater la hausse. L'eau ne tardera pas à atteindre notre maison. J'insiste auprès de mon mari, afin qu'il mette au plus vite la main au radeau. Il a toujours le temps. «Ne t'effraie pas, me répond-il, je veux finir mes constructions.» Oui, finir, finir ses constructions! là, je le reconnais bien. Il se persuade toujours que la hausse est arrivée à son maximum. Moi, je n'y crois pas, car un vieux Sauvage m'a dit être passé en pirogue dans sa jeunesse, sur l'emplacement qu'occupe aujourd'hui Sainte-Rose.

## 13 mai

Le lac a débordé et l'eau s'étend sur toutes les prairies environnantes. Les meules de foin paraissent comme de gigantesques vaisseaux à l'ancre.

Tous les animaux sont au large. Impossible d'aller dans l'eau chercher le foin pour les nourrir.

La nuit, je ne puis dormir. Tout m'épouvante et me fait sursauter... Le moindre petit bruit, le craquement d'un meuble. La situation me paraît des plus critiques. Il me semble voir l'élément envahisseur s'infiltrer chez nous par toutes les fissures. Que faire si pareil désastre arrive? Où fuir avec mes bébés?

*15 mai*

Encore deux jours d'écoulés et l'eau continue à monter. Hier, dans l'après-midi, elle s'est élevée de deux pouces trois quarts.

*17 mai*

La poste a pu arriver aujourd'hui. Impossible de pouvoir déchiffrer un mot des lettres reçues. Elles ont pris un bain forcé. Un pont improvisé s'est effondré sous les pieds du cheval qui portait le facteur, et cheval et cavalier se sont sauvés à la nage.

*18 mai*

Aujourd'hui l'eau est stationnaire. Faut-il espérer? Demain, très probablement deux familles métisses viendront, sur notre invitation, s'installer chez nous.

*24 mai*

Dieu soit béni! L'eau a baissé. Nous respirons enfin. L'oppression que nous avions sur nos poitrines a disparu. Les fronts sont plus joyeux et les moustiques commencent à nous caresser.

Un bon Métis, étant allé au large pour se rendre

compte de l'état des foins, a trouvé les prairies inabordables et a eu toutes les peines du monde pour s'en sortir avec son cheval qui s'enfonçait dans cette terre trop longtemps détrempée. Il est venu aussitôt chez nous pour nous avertir qu'il avait aperçu au large une bête embourbée, très probablement à nous, qui faisait de vains efforts pour se dégager. À nous ou à un autre, Joseph ne balance pas, il faut la délivrer. Ne pouvant l'atteindre, ni avec la charrette qui aurait enfoncé jusqu'aux essieux, ni avec le traîneau, il attelle la boîte à *wagon* et part. Quand il arrive sur les lieux, il était temps. La vache embourbée jusqu'au ventre était épuisée et ne faisait plus aucun mouvement. Il cherche à l'exciter avec le fouet, mais peine perdue. Il attelle alors les chevaux aux cornes de la bête et parvient avec des efforts inouïs à la tirer sur terre ferme et à la placer dans la boîte. L'équipage est arrivé à bon port, mais que de difficultés pour rentrer la bête à l'écurie. Joseph l'a suspendue, car ses jambes ne pouvaient plus la soutenir. Elle doit bientôt mettre bas, et mon mari espère la tirer d'affaire.

J'aurais bien dû m'en douter. La vache est morte dans la nuit. Voilà encore une perte sèche. Joseph l'a dépouillée et sa peau nous servira au moins à faire des mocassins.

* * *

Faut-il rire ou pleurer? Je viens de passer par la plus pénible des épreuves que j'ai jamais eue de ma vie. Un jour, nous sommes arrivés au fond du sac de notre provision de farine. Ayant mangé notre dernier pain, nous sommes partis pour en demander aux voisins, et nous les rencontrons à mi-chemin, venant eux aussi nous demander le même service. Quelle triste mine nous avons fait les uns devant les autres!

Le lendemain, je me lève pour préparer, selon mon habitude, le déjeuner et je me rappelle que pour tout potage, nous n'avons que du thé. Mon petit Henri pleure et demande sa soupe et je n'ai rien à lui donner. Jusqu'à maintenant, il avait toujours mangé des biscuits que je faisais cuire à l'eau ou au lait et aujourd'hui, plus de biscuit, plus de pain. J'ai encore une écuelle de farine en réserve, je lui en fais une bouillie et il la crache, la refuse. Et le cher petit criait, avec de grosses perles brillantes dans les yeux qui me fendaient le coeur : «Maman! Bébé, mame, mame, poupou, poupou».

Et nous n'avions plus rien! Comment allaiter Bébé si la nourriture me manque? Comment Joseph pourra-t-il travailler avec le ventre creux? Demander? Non, je ne puis m'y résoudre. Cependant, il n'y a plus à hésiter, nous avons faim. Peut-il y avoir de la honte à dire : «Nous avons faim»? Je dis *nous*, qu'importe *nous*? Mais mes enfants, mes bébés, mes tout petits?

Ô mère qui me lisez, comprenez-vous bien les déchirements de coeur d'une pauvre mère, quand elle entend son enfant pleurer de faim et qu'elle n'a rien à lui donner pour apaiser ses cris et arrêter ses larmes?

Comme vous, j'étais née dans le luxe, comme vous, étant jeune fille, j'avais fait des rêves dorés. J'avais lu parfois, dans des récits tragiques, des drames poignants où des mères pauvres et désolées avaient assisté aux tortures de leurs tout petits, mourant de faim; mais jamais je n'avais compris, parce que jamais je n'avais vécu la réalité. Quelque courte qu'ait été cette demi-journée, jamais je n'oublierai les angoisses de ces heures. Ne puissiez-vous jamais, ô mères heureuses, boire l'amertume de ce calice de fiel.

Le soir, nous allâmes chez nos bons amis, Vital Naud et sa femme. Ils trouvèrent Bébé émacié et souffreteux. Jamais ils ne l'avaient vu ainsi. Je racontai simplement l'histoire et aussitôt madame Naud envoya ses filles au magasin acheter deux boîtes de biscuits et Bébé avala gloutonnement sa popotte.

Ils nous retinrent à souper et je leur demandai un peu de farine. «Nous partagerons, me dirent-ils gaiement, vous en avez bien fait autant et si vous êtes dépourvus aujourd'hui, c'est grâce à votre bon coeur aux jours de l'inondation.»

En arrivant chez nous, mon mari voulut rentrer la farine. Quelle ne fut pas notre surprise de trouver plusieurs gros pains, deux grands pots de crème, une petite provision de beurre, un gallon de lait. Oh! braves gens! Non, je n'ai pas oublié et n'oublierai jamais combien j'ai été touchée de la délicate attention avec laquelle ils nous firent ce magnifique cadeau que beaucoup n'auraient pu obtenir au poids de l'or en ce moment-là.

Le plus riche de l'endroit avait offert la veille des poignées de billets contre un peu de farine à un habitant. Celui-ci répondit avec sa grande sagesse : «La farine se mange, les billets ne se mangent pas».

Ce n'est pas tout. Non seulement la farine a manqué, mais aussi le sel, le poivre, le thé, le sucre. On va tuer des animaux pour faire de la viande de boucherie, mais comment la manger sans sel?

Un mois après ces événements, Bébé m'a donné bien d'autres transes. C'était par un bel après-midi de fin juin. Tandis que Bébé Henri jouait avec une petite balle qui fait ses délices, et Bébé Antoine (Tatane comme dit Bébé Henri) dormait dans son ber, je monte un instant au grenier pour y chercher un fromage et redescends aussitôt. Plus de Henri! J'interroge la bonne qui m'indique un coin de la chambre. Je ne le vois pas; je vais à la chambre à coucher, pas de Bébé. Apercevant la porte ouverte, il est sorti, dis-je. Je sors, je regarde, j'appelle, pas de réponse. Effrayée, je me précipite à l'écurie, redoutant de le trouver sous les pieds des chevaux. Le coeur me manque, mes jambes flageolent; je vole plutôt que je ne cours et je passe, aussi vite que je le puis, d'une écurie à l'autre, en appelant sans cesse... Pas d'enfant. Je cherche autour de la meule de foin; rien, pas de trace. Je n'appelle plus, je mets mes mains en porte-voix et toujours plus angoissée, je crie : «Henri, Henri...». Cruel silence.

La rivière? la coulée? Cette pensée entre comme un poignard dans mon coeur, et je ferme les yeux, craignant de voir un petit chapeau flotter sur l'eau. En un instant, je suis au bord de la rivière, je me tais, j'interroge la terre molle... pas de traces, pas d'empreintes de ses petits pieds. Dieu soit béni! Je parcours les chemins à travers l'herbe et les taillis et jamais rien.

Désespérée, en voyant baisser le jour, je pense à aller chercher les voisins pour faire une battue avant que la nuit n'arrive. Autant que l'émotion me le permet, je cours à travers champ dans la direction des voisins qui sont à un demi-mille, ne cessant d'appeler et de regarder à droite et à gauche. Je pénètre dans le vaste champ de blé, où les épis, à certains endroits, me dépassent la tête. S'il est là, grand Dieu! comment le découvrir? Oh! l'horrible pensée! elle me cloue sur place. De nouveau, j'appelle, je crie le nom de mon chéri. Je me rappelle que l'année dernière, un enfant s'étant égaré de la sorte à la nuit tombante ne put être retrouvé malgré toutes les recherches. Ce ne fut qu'à la moisson qu'on rencontra son petit corps. Quel affreux souvenir! Pauvre petit! Pauvre mère! Mais, que vois-je? Qu'est-ce que j'entends? Je vois le blé s'agiter là-bas... je me précipite, et là, je vois Bébé qui sanglote, en serrant son minet dans ses bras... Bébé! Henri! Mon petit amour! Quelle joie, après une telle frayeur! Comme je le serre sur mon coeur! Encore quelques minutes, il se serait enfoncé davantage dans le champ et alors, alors?

Je n'oublierai jamais l'angoisse de cette heure. Depuis,

j'ai une idée fixe qui me suit partout et me fait trembler, comme si la vie de mon cher ange était en danger, comme si ses jours étaient comptés!

Oh! Ciel!

*Chapitre 29*

J e ne sais ni quand, ni comment nous partirons. Nous n'avons pu trouver encore un fermier ou un métayer pour nous remplacer. Le travail déjà accompli est considérable, mais il en reste encore autant à faire. Les maringouins sont beaucoup moins nombreux que les années précédentes, on nous dit qu'ils s'éloignent au fur et à mesure que le défrichement avance.

À notre arrivée ici, vous vous en souvenez, nous n'avions trouvé que quelques petites maisons de *logs* à une ou deux pièces, que des forêts d'arbres aux bords des rivières, et des vastes prairies coupées ça et là de saules ou de trembles, dont la configuration seule permettait au voyageur de reconnaître sa route. Maintenant tout a pris un autre aspect, la hache a fait son oeuvre et cédé la place à la charrue qui a métamorphosé ces forêts vierges en terrain d'une luxuriante production; maintenant il faut aller au large pour faucher son foin et chercher les animaux qui pâturent en liberté; maintenant de belles maisons se sont élevées et les colons arrivent toujours plus nombreux. D'Arden à Sainte-Rose, nous n'avions vu à notre premier parcours que trois ou quatre pauvres maisons et maintenant, on en voit surgir de spacieuses un peu de toutes parts. De quelque côté qu'on se dirige, on ne rencontre que défricheurs et cultivateurs là où régnait il y a trente mois à peine le silence du désert. J'admire ce peuple de travailleurs qui se passionnent d'autant plus à leur oeuvre qu'ils rencontrent de plus grandes difficultés. À quelque nationalité qu'ils appartiennent, tous en général, brûlent d'ardeur pour le travail.

Les premiers arrivés, maintenant à l'aise, s'installent plus confortablement. Les uns rehaussent leur maison ou les agrandissent; d'autres les convertissent en grainerie et s'en construisent une nouvelle dans des dimensions plus grandes et sur des emplacements mieux appropriés. Le maître des postes vient de se bâtir un splendide chalet, avec vaste cuisine, salon et quatre pièces au rez-de-chaussée, et la même distribution au premier. Les tuyaux d'un calorifère passant dans tous les appartements entretiennent une douce température. Chaque chambre a ses armoires et ses meubles. Quel luxe, mon Dieu, pour Sainte-Rose!

Le projet du chemin de fer a été approuvé. Le gouvernement promet 40 à 45 piastres par semaine à tout habitant qui viendra avec un attelage de deux chevaux travailler sur les chantiers. Cette simple annonce nous amène chaque jour de nouveaux immigrants et, dans quelques mois, quand le train sera mis en circulation, ils arriveront en plus grand nombre.

Nous nous sommes rendus au *settlement* anglais avec Patrice et Vital Naud, comme témoins, afin d'obtenir notre patente qui nous a été encore refusée. À tout hasard, nous avions emporté la tente et bien nous en a pris. Au retour, nous sommes arrêtés par un orage épouvantable. Impossible d'avancer; les éclairs et le tonnerre, accompagnés d'une pluie diluvienne, se succèdent sans interruption. Nous dressons la tente sur l'herbe trempée; le vent s'élève et on a toutes les peines du monde pour la maintenir. Ce n'est qu'une rafale qui disparaît, mais la pluie continue de plus belle. Après quelques heures, nous étendons la couverture à terre pour essayer de prendre un peu de sommeil. Je suis bientôt éveillée par un quelque chose de froid, d'humide qui me chatouille très désagréablement le visage. J'y porte vivement la main; c'était la pluie qui, battant avec fureur contre la tente, la traversait et m'aspergeait. Peu après, un voisin endormi se tourne et fait clapoter l'eau de sa main; effrayée, j'examine, et je m'aperçois que l'eau a pénétré sous la tente et nous inonde. Qu'y faire? Rien pour le moment, je prends mon mal en patience, en attendant le point du jour. Au réveil, tous ont un air assez comique en se voyant tout trempés. Nous nous consolons, en riant de notre mieux de notre jolie situation, car nous avions dormi dans sept à huit centimètres d'eau.

Après un très frugal déjeuner, nous nous remettons en route. Les chevaux, sentant le retour, bondissent à travers les prairies. Joseph a toutes les peines du monde pour modérer leur allure quand nous côtoyons les muskegs. La boue noire vole de tous les côtés, nous éclabousse et achève de nous donner à tous le plus risible aspect.

Malgré mes préventions, je ne puis m'empêcher d'admirer ce beau pays, avec sa luxuriante verdure et sa puissante végétation. Tout est délicieusement vert, bien qu'on devine déjà l'approche de l'automne. Le long des coulées, les roseaux ondulent et bercent leurs tiges souples, comme pour nous saluer au passage. Les arbres, jeunes encore, pressés les uns contre les autres, semblent faire des efforts inouïs pour monter plus vite, étendre leurs branches et jouir de l'espace. Je les contemple à regret, ces charmants amis des rêveurs et des poètes, je songe alors aux feux des prairies qui viendront bientôt les atteindre, et les coucher à côté de leurs nombreux aînés carbonisés qui gisent à leurs pieds. Nous saluons bien des amis sur notre route. Tous, très accueillants et très hospitaliers, nous offrent le thé. Enfin, nous rentrons à Sainte-Rose.

\* \* \*

C'est décidé, nous partirons en automne. À mon avis, Bébé Antoine est assez fort pour supporter le voyage. Il commence à prendre de petites joues grassouillettes, ses mains sont potelées. Il est toujours délicat; sa petitesse est extrême; il est plus frêle qu'un roseau; c'est une miniature d'enfant, un rêve... Son teint a la délicatesse d'un pastel; ses lèvres sont peut-être un peu trop rouges, et ses beaux grands yeux sont noirs comme la nuit. C'est un amour, une beauté. Vivra-t-il? Dieu seul le sait. J'ai presque peur de l'aimer. Je voudrais étouffer mon coeur tant je crains, tant je prévois, dans un avenir prochain, la catastrophe. On me dit qu'il ne résistera pas à l'hiver et alors, comment pourra-t-il résister au voyage?

Il faudrait partir tout de suite, avant le froid; mais nous le pouvons pas, sans être sûrs d'obtenir la patente de notre terre.

Joseph, qui a quelques heures de liberté, me propose un petit bout de promenade charmante, une visite chez des voisins. La journée est belle, quoique l'été soit à son déclin. Le ciel est d'un bleu intense. Le soleil darde sur nous ses rayons brûlants, comme jaloux de voir son règne d'été toucher à sa fin.

Pendant que Joseph attelle, j'habille mes bébés et nous nous rendons ensuite chez Alfred Normand. J'ai un poupon au bras et l'autre sur mes genoux. Bientôt, mon petit Henri commence à gigoter et son père le prend sur lui; mais comme il est gêné pour conduire les vaillantes bêtes, nous l'asseyons au fond du boghey. La promenade devient bientôt insupportable. Des milliers de maringouins nous accompagnent. À chaque pas nous en soulevons de nouvelles légions qui, se joignant aux autres, nous enveloppent comme d'un épais brouillard. Pour défendre les enfants, nous sommes forcés de nous laisser odieusement piquer. C'est un vrai supplice.

Enfin, nous voici arrivés. Nous nous précipitons aussitôt dans la boucane allumée devant la porte. Une minute à peine suffit pour nous débarrasser des maringouins. Nous causons naturellement sur ces vilaines bêtes, dont l'ardeur et le nombre, dit-on, annonce à bref délai un gros orage, aussi de notre prochain départ et de mille autres choses.

Au milieu de la conversation, voilà un gros coup de vent qui vient nous surprendre.

– Sauvons-nous vite, dit Joseph, voici l'orage, et les bêtes ne sont pas rentrées.

On attelle aussitôt et nous partons. Nous n'avions pas fait un quart de mille que le vent fait fureur, c'est à croire qu'il va nous balayer comme un simple fétu. Je presse mes enfants contre moi. Les chevaux n'avancent qu'avec peine. Les nuages pourchassés s'obscurcissent rapidement, les éclairs déchirent les nues et la pluie s'abat avec fureur. Les chevaux épouvantés se cabrent, mais la voix du maître les rassure. À la pluie s'ajoute la grêle qui tombe dru. Joseph, inquiet pour nous, cingle de toutes ses forces ces pauvres chevaux qui bondissent à travers la prairie; il les excite tant qu'il peut de la voix et du geste. Leur allure est vertigineuse, mais de courte durée.

– *Pull up*, s'écrie-t-il.

Nous arrivons et les chevaux bien dressés s'arrêtent sec.

Mon mari met immédiatement les chevaux à l'écurie

et moi, je m'empresse d'abriter les enfants qui n'ont pas souffert de cette équipée. La petite coulée si placide en temps ordinaire, se ressent de la tempête; les vagues se poursuivent, se heurtent, se brisent et viennent clapoter violemment sur les bords. Les arbres plient et quelques-uns se déracinent. Le vent qui continue a balayé les nuages. Bébé vagit doucement dans son sommeil. Petit à petit, les ombres descendent à l'horizon, la lumière diffuse pâlit peu à peu et s'efface. Il fait nuit.

Un joyeux toc toc me fait sursauter.

– Entrez, entrez.

La porte s'ouvre et livre passage à une bande de gais jeunes gens.

– Où est Joseph? me demandent-ils après la familière poignée de main.

– À l'écurie.

– Je vais l'aider, ce sera plus vite fait.

– Combien êtes-vous, six? Nous souperons ensemble.

Profitant du sommeil des enfants, je prépare le repas.

– Vite, Marie, la farine et les confitures. Mettez cette tarte au four, et encore celle-ci. Plumez-moi cette poule de prairie. Mettez le riz...

La lampe est allumée, la table dressée. Joseph arrive, heureux, toujours ravi d'accueillir des amis et de passer avec eux une agréable soirée. Au souper on parle de notre promenade dans la prairie et on en rit beaucoup. Après le souper, une idée lumineuse me traverse l'esprit.

– Je vais, leur dis-je, vous enseigner un jeu, oh! très innocent, un vrai jeu d'enfants, que m'ont appris, il y a quatre ans, les jeunes princesses de Caserte qui me faisaient l'honneur de m'appeler leur amie.

Conformément à la règle du jeu, je prends un grand plat de farine que je tasse et élève en cône très pointu, au sommet duquel je dépose une de mes bagues.

– Voici le jeu, dis-je. Voyez cette bague. Chacun à tour de rôle coupera une tranche de farine avec ce couteau. Celui qui fera tomber la bague devra la ramasser, sans l'aide des mains, avec les dents. Vous comprenez le jeu. Il faut beaucoup d'adresse, surtout quand le couteau a déjà fait deux ou trois fois le tour...

L'excitation est grande et, pour encourager les amis, je commence la première, à couper avec le couteau une large tranche de farine. Je passe à mon voisin qui en fait tout autant. Au second tour, le tas était bien aminci et la bague tellement penchée qu'un rien pouvait la faire tomber. Chacun s'applique de son mieux et retient son souffle, tant il a peur d'être le dindon de la farce. Mais enfin, l'un d'eux a fait dégringoler la bague, au milieu de joyeux éclats de rire.

– Allons, vite, les mains derrière le dos, les mains derrière le dos... avec les dents... en avant, en avant.

Un jeune Métis, malicieux, saisit le plat et le secoue à la grande indignation du vaincu. À quatre reprises, il plonge la tête dans le plat pour saisir la bague. Son visage, ses sourcils, ses moustaches tout enfarinés lui font une figure d'un comique achevé.

La joie des jeunes gens est sans pareille. Ces grands enfants recommencent cinq fois, dix fois, toujours avec un nouveau plaisir; enfin, après s'être souhaité une bonne nuit, on se sépare en riant.

\* \* \*

Voici encore une aventure sur l'orage dont j'ai été moi-même la principale victime.

Le bon père Lecoq avait organisé un concert. J'avais fait transporter à l'église mon piano – qui est toujours la grande attraction – pour accompagner les chants d'une petite pièce, fort gentille, que devaient jouer trois jeunes filles anglaises, institutrices de la localité. Plusieurs jeunes violonistes prêtaient leur concours et je devais jouer et chanter.

Un après-midi, je me rends donc à la répétition en boghei, avec mon petit domestique Tardiff, surnommé Chambarly, déjà vieux de neuf ans. Sans attendre le retour de mon mari, je laisse Bébé Henri aux soins de la bonne et je prends mon poupon dans mes bras. Le ciel très gris ne m'effrayait guère; je m'attendais tout au plus à une simple ondée.

En route, mon petit conducteur me pose une question bien drôle :

– Madame, me demande-t-il, pourriez-vous ben me dire si lundi prochain, c'est le Mardi Gras?

– Et pourquoi, petit nigaud?

– C'est que, voyez-vous, je suis né le Mardi gras, et que, dame, c'est ma fête et que je voudrais savoir si ça tombe le jour de lundi prochain.

Tout semblable, mon petit Chambarly, au vieux cocher de maman qui n'a jamais pu comprendre pourquoi Pâques tombe toujours le dimanche, et la fête de saint Pancrace, le patron de sa paroisse, tantôt un jour, tantôt un autre, de la semaine.

Nous arrivons à l'église juste au moment où le vent s'élève. La charmante et si prévenante madame Tacher, mère de nos trois maîtresses d'école, prend mon bébé et je me rends au piano. À peine sur place, l'orage éclate, terrible. Le vent et la pluie font rage et secouent tout le bâtiment. Les éclairs qui se succèdent, accompagnés du roulement effrayant du tonnerre, nous aveuglent et nous éblouissent.

C'est déjà sept heures. Je pense depuis longtemps avec angoisse à mon petit Henri. La fillette qui le garde est si poltronne qu'elle l'aura laissé, au premier coup de tonnerre, pour aller s'enfouir la tête sous un oreiller. Il aura beau appeler, crier, rien ne la fera bouger. À chaque instant, je me rends à la porte pour examiner le ciel et voir si je puis affronter la rafale. Chacun se demande avec anxiété, comment rentrer chez soi et je suis la plus éloignée de tous. Madame Tacher m'offre une chambre; je ne puis accepter car la place lui manque et surtout parce que je devine la peur de mon mari.

– La nuit approche, il y a un peu d'accalmie. Au revoir, mon père, je me sauve.

– Mais, Madame, me répond le père Lecoq, vous n'êtes pas sur les routes de France. Ici, quand il fait noir, c'est tout de bon. Vous n'avez pas de lanterne et votre cocher a neuf ans.

– Qu'importe, j'ai laissé là-bas Bébé Henri, je suis folle d'inquiétude.

En vain, on cherche à me retenir, mon coeur entend pleurer Bébé, je ne puis y tenir davantage, et je pars.

Les éclairs qui se succèdent de droite et de gauche, comme un feu d'artifice, nous éclairent un bout de chemin, quand tout à coup, mon petit bout d'homme de neuf ans me dit :

– Madame, les chevaux sont ben durs à tenir, je crois ben qu'ils ont l'épouvante.

– C'est toi, répondis-je exaspérée, qui a l'épouvante. Tiens-les en main et fouette... *Get up, get up; Maggy up; Belle, Maggy, up...* Mon Dieu! mon Dieu! mais où sommes-nous donc? Où nous mènes-tu? Tu vas nous faire verser.

– Ben! Dame, c'est qui vont comme d'enragés et qu'y a du temps que je les tiens pas beaucoup; elles pourraient ben nous mener droit dans la coulée et il fait une nuite d'enfer.

– Voyons, petit Tardiff, tu as peur, dis la vérité.

– Non, Dame.

– Bravo! l'homme, mais arrête tes chevaux.

– Peux point, le poignet manque.

À ce moment éclate un formidable coup de tonnerre et les chevaux épouvantés s'arrêtent sec et se cabrent. Dieu sait comment nous avons pu conserver notre équilibre. Malgré ma frayeur, je crie d'une voix forte, mais calme: «Ho, now, ho, ho», pour inspirer confiance aux chevaux; le petit saute à terre, parvient à saisir la bride et à s'y pendre au moment où les bêtes s'affollent. Une pluie torrentielle succède aussitôt au coup de tonnerre. Le vent retourne mon parapluie, Tardiff veut allumer la lanterne qui est au fond de la voiture, mais ne peut y parvenir; alors il me dit:

– Prenez les guides, Madame et callez-vous ben avec le petiot, moi, je vas chercher le chemin. Y a ben longtemps qu'on l'a perdu, je sais pas ben où il est. Icitte, l'herbe est ben haute…

Et le voilà partir je ne sais où... Après un long moment, je l'entends crier dans le lointain :

– Par icitte, Madame, je crois avoir trouvé le chemin. Icitte, l'herbe est rase, c'est ben ça; faut conduire vous-même, sans ça y fait si noir que je perdrais le chemin en retournant chez vous.

Sa voix m'indique qu'il est à droite. Doucement, j'encourage les juments, mais la rafale les aveugle et elles veulent faire tête à queue. Conservant bébé sur mes genoux, par un miracle d'équilibre, tenant d'une main les guides et de l'autre le fouet, je crie, en enflant ma voix, un «G... d...!» sonore. Elles comprennent, les finaudes, et vont de l'avant.

– Où es-tu, Chambarly?

– Par icitte.

– Allons, nous y voilà; monte vite, petiot, et en avant. Puis, tu sais, je te défends de conduire les bêtes; tiens les guides lâches d'une main et laisse aller les chevaux à leur gré.

Les chevaux partent à travers la prairie; le vent souffle toujours en tempête, et crrrrrrrrac, un formidable coup de tonnerre affolent les chevaux, qui bondissent et prennent un galop endiablé.

– Ah! nous sommes perdus.

– Je crois ben que oui, dit le petit.

– Imbécile, tais-toi! je lui réponds, sans savoir trop ce que je disais.

Soudain, un brusque arrêt. Nous sommes devant une maison...

– Quoi? C'est la chapelle!

Nos jeunes gens ouvrent la porte tout étonnés de me revoir, mais bien plus effrayés en voyant ma persistance à vouloir retourner.

– Voyons, voyons, dis-je, pas un de vous ne se dévouera? Je suis trempée jusqu'aux os. Il me faut rentrer à la maison.

L'un d'eux saute sur le siège, muni d'un parapluie, d'allumettes et d'un fanal allumé. Et de nouveau, en avant! À la grâce de Dieu.

Nous n'allâmes pas loin sans nous perdre encore et les chevaux refusaient d'avancer face au vent. Il fallait retrouver son chemin... Le jeune homme marche devant nous, le fanal abrité derrière le parapluie ouvert. Après vingt minutes, un coup de vent brise le parapluie et éteint le fanal. Nous voulons le rallumer. C'est en vain, toutes les allumettes sont mouillées.

Mais le jour commence à poindre, et nous nous trouvons en face de notre barrière. Le jeune homme refusant d'entrer chez nous, pressé de prendre un repos bien gagné, retourne chez lui. Mon mari, penché en dehors du châssis, le visage bouleversé par l'angoisse, ne peut comprendre que Bébé n'ait pas souffert de cette affreuse course et qu'il dorme toujours. Je vois mon petit Henri dormir comme à son ordinaire, avec son visage de chérubin enfoui dans ses belles boucles blondes et ses petites mains jointes sur sa poitrine.

Le temps de me changer, de me réchauffer et le soleil se lève radieux... Sans prendre une heure de sommeil, il faut se remettre au travail.

*Chapitre 30*

Le concert, dont la préparation m'avait valu une pareille équipée, a eu lieu enfin. La fête a été brillante. Le père curé a annoncé officiellement à la messe que la paroisse ne porterait plus le nom de Sainte-Rose du lac Dauphin, mais celui de Sainte-Rose de Lima.

Les jeunes gens se sont livrés, après la messe à l'exercice du tir aux pigeons. Avant le dîner a eu lieu une vente de charité assez productive au profit de la nouvelle église. Le soir, grand concert, où j'ai revêtu, pour la circonstance, un corsage brodé de jais, ou de *rassade* comme on dit ici. C'est la parure à la mode dans ce pays.

*Avril*

Enfin les trois mille francs annoncés par le notaire depuis si longtemps déjà nous sont enfin arrivés. Il y a juste dix-huit mois que nous avons demandé cette somme. Enfin, ne nous plaignons pas. Cela nous a permis de nous libérer de toutes nos dettes, qui s'élevaient à la jolie petite somme de 1 827,50 francs. Mais avec le reliquat de 1 172,50 francs, comment exécuter notre voyage, alors que la traversée de New York au Hâvre exige déjà un déboursé de 1 800 francs? Comment faire le trajet du Hâvre à Nice? Comment vivre ici, en attendant le départ, puisque la mauvaise récolte nous oblige à tout acheter? Que faire? Que faire sans argent? Je vends tout ce que je puis; je coupe tous mes rideaux pour en faire des langes; et, pour la nourriture, galette et beurre encore et toujours et pas plus, sauf quand nos occupations nous permettent une heure de chasse. Comment, comment, ô mon Dieu, pouvoir nous en tirer, encore une fois?

*Juin*

Dieu! quel désastre! J'ai cru en mourir. J'attendais avec une impatience fébrile l'arrivée de la poste. On me remet une lettre de maman, je l'ouvre précipitamment et, aux premiers mots, je crois rêver. Serait-ce possible? Le notaire parti, en emportant tout mon avoir et celui de bien d'autres. Un voile passe devant mes yeux. Je veux relire, impossible, tout est trouble. Après une heure, je reprends connaissance. Quelle torture est la mienne! Nous voilà ruinés! Qu'allons-nous devenir? Heureusement nous ne devons plus rien. Mais il faut vivre, se vêtir. Maman exige, dans sa lettre, notre retour sans aucun délai. Mais comment? Avec quoi? Ô mes enfants, mes pauvres enfants!

*Mi-juin*

Je reçois une lettre de ma bonne mère. Elle m'annonce les fonds nécessaires pour le voyage et nous fait les plus vives instances pour presser notre départ, car on nous attend avec impatience. Bonne Maman!

Il faut donc et au plus vite, trouver un métayer sérieux, car notre ferme est superbe. Il n'y a plus de dépenses à faire pour l'installation, les bâtisses et l'outillage, tout est au complet. Et c'est après avoir traversé les trois mauvaises années d'épreuves, au moment où nous allions jouir du rapport, qu'il nous faut partir.

*Juillet*

Que de difficultés pour obtenir notre patente! Nous croyions l'avoir au mois de mars, et nous voici déjà en juillet, sans qu'elle nous soit remise. Je suis désolée, découragée. Je me demande avec inquiétude cent fois le jour, comment nous allons faire pour vivre. Maman nous a bien envoyé 3 000 francs, mais la récolte ayant été fort mauvaise et devant laisser la ferme en de bonnes conditions, nous avons dû acheter la provision de farine, les graines nécessaires pour le bétail et les semailles, afin d'offrir au métayer la garantie de la première année. Tout payé, il ne nous reste plus que 1 800 francs. En ce moment, nous faisons les foins, c'est pour la dernière fois. Mais, quelle tristesse est la mienne!

Il faudra bientôt quitter ces lieux où j'ai tant souffert,

dire adieu à cette petite maisonnette où sont nés mes deux premiers amours. Triste et rêveuse, j'ai pris Bébé dans mes bras et je me suis installée commodément avec lui dans la barque. Je la laisse aller paisible au fil de l'eau, parmi les roseaux et les nénuphars, me contentant de tenir le gouvernail. J'ai cru trouver là une heureuse distraction à la noire mélancolie qui m'accable. Bébé, lui, roucoule tout joyeux, en jouant avec les nénuphars et leurs longues tiges qu'il passe autour de son cou de cygne, en guise de collier.

Nous arrivons aux prairies et je vois là-bas mon bon mari qui travaille, toujours heureux et sans souci. Alors, tous les tableaux de notre vie champêtre passe devant mes yeux : les foins, les récoltes de l'été, les parties de pêches miraculeuses, les feux de prairies, les rivières de glace, la débâcle aux coups de mitrailles sur cette coulée, où je suis doucement bercée; la terre qui se dépouille de son blanc manteau et se recouvre presque aussitôt de verdure, nos longues soirées d'hiver, notre bonheur, notre belle union... Mais tout cela va-t-il s'évanouir? Quand la vie renaîtra de nouveau dans la nature, nous ne serons plus là. Qui donc labourera cette terre, que mon cher Joseph arrose chaque jour de ses sueurs? Qui l'aimera comme nous l'aimons? Et nous? Où serons-nous alors? Nice, sans doute. Serons-nous aussi heureux, aussi unis qu'ici? Nous aimerons-nous au milieu de ces fêtes bruyantes, du brouhaha de la ville, comme nous nous sommes aimés ici, dans ce petit coin perdu, où aucune mauvaise influence n'est venue troubler notre union?

Hélas! Hélas! une peur affreuse m'étreint, me serre le coeur. Quelque chose me dit, qu'en m'éloignant de ces lieux, je vais dire adieu au bonheur pour toujours. Oui, en ce moment d'angoisse indicible, je donnerai tout au monde pour nous rattacher ici à tout jamais. Tout m'attriste et je ne sais pourquoi. J'ai comme un pressentiment que l'avenir me réserve quelque chose d'affreux. Serait-ce une ruine complète? La perte d'un enfant? La désunion dans notre ménage? Qui me le dira?

Je voudrais dominer cette pénible impression, la maîtriser, bien mieux, la chasser mais je ne le puis. Dès qu'on parle de départ, je ressens soudainement un violent serrement de coeur. Non, non, ce pressentiment ne saurait être vain. Quelque chose d'affreux m'attend là-bas. Oui, oui, les plus belles roses ont toujours leurs épines. Et voilà le bonheur de mon départ complètement empoisonné.

Mais la barque a dévié... elle glisse mélancoliquement sur l'eau à travers les joncs qui se courbent tristement et les fleurs de nénuphars qui semblent pleurer. Un vigoureux coup de rame me ramène devant notre maison, et je rentre chez moi, moins heureuse, le coeur oppressé, comme sous le coup d'un immense malheur.

À son retour des champs, Joseph a bientôt deviné ma profonde tristesse et il me manifeste la peine qu'il éprouve lui aussi à la pensée d'abandonner cette terre. Je ne sais, mais j'ai le pressentiment que les événements politiques, ou d'autres vicissitudes, nous ramèneront ici un jour tous les deux et que nous serons heureux d'y trouver un abri. Et puis, je n'ai pu vivre ici pendant trois ans, sans aimer ce pays de liberté et ses habitants si hospitaliers. J'aime *maï qué maï* cette petite maison, où nous nous sommes aimés d'un amour vrai, du seul amour qui vaille quelque chose.

Dans nos grandes misères avons-nous été heureux? Oui, certainement. Nous savions nous soutenir dans nos peines, nous cacher nos privations, nous sourire au milieu de nos angoisses : oui, nous étions heureux malgré tous nos déboires. Combien de fois, plus heureux que des rois, avons-nous parcouru, rien que nous deux, à pied, à cheval, en voiture, notre joli petit royaume? Nous chantions à plein poumon, ou nous pleurions à chaudes larmes, insouciants de cacher nos émotions. Mais là-bas où nous allons, quelle vie nouvelle!

Adieu, la belle liberté. Il faudra observer l'étiquette, ne pas sortir en jupon, sans chapeau et sans gants, ne pas rire trop fort, ne pas galoper follement sur les prés, refouler toutes nos larmes; là-bas, il faudra garder l'appartement, recevoir des visites avec mille simagrées et les rendre de même. De ces deux vies, quelle est la plus belle, la plus attrayante, la meilleure? Ici, c'est la liberté bien entendue, là-bas la contrainte menteuse; ici, le vrai, le beau; là-bas, le factice, le faux; ici la vie heureuse, là-bas une existence mortelle. Allons, allons, nous reviendrons peut-être.

Et puis encore, *Sainte-Rose ne sera pas toujours le petit*

*hameau que nous avons vu en arrivant ici;* dans quelques années ce sera un gros bourg, avec de nombreux magasins, des médecins, des pharmaciens et un chemin de fer. Alors, tout sera à souhait, et bien difficile serait celui qui oserait se plaindre; alors, alors, *digué-li que vengué, mon bon!* Les vieux qui ont défriché verront leurs enfants acquérir des titres de propriété et s'établir non loin de la demeure paternelle. Quel bonheur! on vivra d'une vie laborieuse, oui, mais calme et facile; et puis, comme partout, il faudra mourir, mais en paix et entouré de tous ses enfants. N'est-ce pas là un beau rêve? Et pourquoi ne serait-ce pas la réalité? Non, non, en nous éloignant d'ici, ne disons pas un adieu éternel, mais un au revoir à bientôt. Nous partirons, mais nous reviendrons.

*Août*

Le père Lecoq, toujours si serviable pour tous, nous a trouvé un excellent fermier. C'est le frère aîné de nos maîtresses d'école. Il est jeune, plein d'énergie, bon travailleur et très honnête. Nous ne voulons pas vendre notre terre. Sait-on bien ce que nous réserve l'avenir? Ne serons-nous pas heureux un jour de trouver un home ici?

En attendant, mon mari, comme la plupart des habitants, profite de son temps libre pour transporter les pierres et les planches nécessaires à la construction de la nouvelle église. D'après le peu qui existe déjà, elle promet d'être fort belle. C'était bien nécessaire car jusqu'à maintenant nous n'avions pour église qu'une simple bicoque qui sert, tout à la fois, de chapelle, d'école et de presbytère. La paroisse ne pourra se montrer trop reconnaissante envers le père Lecoq. Ce zélé missionnaire a formé le projet, et il le réalisera, de construire non seulement une magnifique église, mais encore une belle école et un presbytère convenables.

*Fin août*

Enfin, le Bureau des Terres nous informe officiellement qu'elle va nous expédier à bref délai la patente de propriétaire. Tout est donc fini. Nous allons dire adieu à ce pays si hospitalier, au moment où il nous *aurait procuré le bien-être*. Nous allons revoir la Patrie, ma France bien-aimée. Est-ce bien vrai? N'est-ce pas un rêve de mon imagination?

Nous avons donné un dîner d'adieu à tous nos amis. La maisonnette était littéralement pleine et on a chanté et dansé. On m'a demandé une chansonnette de mon répertoire. J'ai d'abord refusé, car j'étais trop émotionnée des témoignages de sympathie qu'on nous prodiguait. Je me suis enfin décidée et d'une vois assez émue, je chante : *Adieu, je pars, je m'en vais en voyage.* Tous, en m'entendant, paraissent très impressionnés et quand je chante: *Je pars pour ne plus revenir,* chacun proteste vivement... Que d'amicales poignées de main! Que de souhaits sincères de part et d'autre de nous revoir encore, coûte que coûte.

Tous veulent nous recevoir à leur table et nous

n'avons plus que huit jours pour faire la tournée de la paroisse. Dans la journée, nous restons chez nous pour préparer le départ, mais le soir, nous allons faire nos visites. Partout la table est dressée, la plus belle nappe est sortie de l'armoire et la vaisselle des grands jours est là toute resplendissante. Ici, c'est une belle oie qu'on nous sert; là, c'est une magnifique pièce de gibier. Nous sommes touchés de tant d'attention, des aimables paroles qu'on nous adresse, de la franche amitié de tous sans exception.

Nous comprenons que tous regrettent sincèrement notre départ. Ils font des voeux pour notre prochain retour. Plusieurs nous disent: «Vous savez comment la pauvre France est gouvernée aujourd'hui, vous aurez beaucoup à souffrir, ne dites donc pas que vous ne reviendrez plus. Votre nation vous chassera, vous et tous les vôtres et vous reviendrez dans notre pays demander à nos belles prairies la liberté et le bonheur qui vous seront refusés chez vous».

Le jour du départ arrive. Tous sont là pour nous donner un dernier gage d'amitié, une dernière poignée de main: le patriarche Benjamin Naud, avec tous ses enfants et ses petits enfants; madame Benjamin Naud que j'embrasse de tout mon coeur, comme ma mère et qui nous souhaite bon voyage et heureux retour.

C'en est trop, mon coeur n'y tient plus, je prends dans mes bras mes deux amours, et la voiture s'éloigne. Adieu, adieu, ô mes amis, adieu!

Adieu, belles prairies; adieu, chère coulée; adieu, bonne petite maisonnette où j'ai goûté tant de bonheur, que je ne reverrai peut-être plus; adieu, adieu.

En route, nous nous arrêtons chez le bon Papa Béasse, à qui je dois tant de reconnaissance pour les soins qu'il nous a prodigués à tous.

Nous prenons le chemin de fer à Arden qui va nous débarquer à New York.

Le lendemain, 28 septembre, nous prenons le bateau, nous sortons du port à 10 heures, et je jette un dernier regard sur la colossale statue de «La Liberté».

Adieu, belle Amérique! adieu, mon cher Canada! adieu, adieu, adieu!

La terre de la liberté a disparu à mes yeux, je ne vois plus que le ciel et l'eau. La pénible impression du départ s'est effacée. Je songe au retour et ma joie est immense.

Huit jours se sont écoulés; au lointain, on croit voir une ombre, un épais brouillard; nous sommes tous debout sur le pont les yeux braqués sur l'horizon... le brouillard prend corps.

– Terre, terre, crie-t-on.

Et un seul cri s'échappe de mille poitrines :

– France! France! France!